카이스트
공부벌레들

카이스트 공부벌레들

꿈꾸는 천재들의 리얼 캠퍼스 스토리

· 임은지, 오서희, 원소연, 강승체 외 카이스트 학생들 지음 ·

살림Friends

카이스트를 사랑하는 사람들의 고백

이 책은 카이스트를 사랑하는 동문 기업가의 기부로 시작된 '내가 사랑한 카이스트 나를 사랑한 카이스트 총서'의 첫 번째 책입니다. 카이스트에서 석사 시절을 보낸 한 기업인이, 후배들이 글을 잘 쓸 수 있게 되면 좋겠다고, 후배들이 글쓰기를 좋아하고 글을 잘 쓰는 사람으로 성장하는 데 도움이 되기를 바란다며 보내 준 정성으로 시작된 프로그램입니다.

잘 알려져 있다시피 카이스트 학사 과정은 이공계 중심 대학으로서, 한국 교육 체계에만 있는 문·이과의 구분 속에서 초등학교 때부터 이공계의 길을 택한 학생들이 주로 진학하는 곳입니다. 그 학생들은 소위 '과학 영재'로 양성되기 위하여 초등학교 고학년 이후로는 마음 편하게 책을 읽거나 글을 쓰는 기회나 여유를 가지지 못한 채 대학에 진학하는 경우가 많습니다. 그리고 국내 어느 대학보다도 빡빡하게 진행되는 카이스트의 학사 일정 속에서 강의와 과제에 얽매어 그런 과제와 직접 관련이 없는 책을 읽거나 글을 쓸 틈 없이 지나게 되기 십상이지요. 물론 학교에서 여러 프로그램을 통하여 다양하게 읽고 쓰는 기회를 만들고 있지만 특별히 동문 기업인이 그 필요성을 강조하고 후배들에게 그런 기회를 만들어 주고 싶다고 나선 것은 카이스트 기부 역사에 처음인 듯싶습니다.

인문사회과학과에서는 이런 카이스트 선배 기업가의 후배 사랑을 어떻게 하면 하나의 결실로 맺을 수 있을까, 하고 궁리한 끝에 우선 '내가 사랑한 카이스트 나를 사랑한 카이스트' 라는 주제의 글쓰기 공모전을 열고 그 결과물을 책으로 만드는 작업을 진행하기로 했습니다. 그 첫 작업으로 '기숙사 생활'을 주제로 한 공모전을 벌였습니다. 카이스트 학생들은 전원 기숙사에서 생활합니다. 사실 대학생이라면 기본적으로 대학에서 제공되는 기숙사에서 생활하면서 배움에 집중하는 젊음의 한 시절을 가지는 것이 마땅하지요. 그런데 우리나라는 이렇게 모든 학생이 기숙사 생활을 할 수 있는 대학이 그리 많지 않습니다. 그런 점에서 이 책은 카이스트 학생들에게는 추억이 되고, 카이스트 바깥의 독자들에게는 카이스트라는 울타리 안에서 살아가는 청춘들의 열정과 아름다움, 안간힘과 쓰라림, 그리고 대학 기숙사 생활의 맨 얼굴을 보여 주는 창이 될 것입니다.

  이 책을 나올 수 있도록 물심양면으로 지원한 선배 기업인은 이엘케이㈜의 신동혁 대표입니다. 보통 기부자는 좀 더 생색나는 일을 하기를 원하는데 신동혁 대표는 적은 돈이라고 겸손해하며 티 나지 않게 후배들을 챙기기를 원했습니다. 이렇게 감사를 표하는 것에 대해서도 조용히 언짢아하실지도 모르겠습니다. 앞으로도 이 프로그램은 계속될 예정입니다.

- 이상경 (카이스트 인문사회과학과 교수)

카이스트 캠퍼스의 백로

　카이스트를 처음 방문한 것은 8년 전 따뜻한 봄날이었습니다. 현대시를 전공한 신임 교수 공채에 지원하기 위해서였죠. 한국을 넘어 세계 최고의 연구 중심 이공계 대학으로 성장해 가는 카이스트에 현대시를 전공한 나 같은 사람이 왜 필요할까 하는 의구심이 들기도 했지만, 한국 최고의 영재들에게 시와 글쓰기를 가르칠 부푼 꿈을 꾸며 대전으로 차를 몰았더랬습니다.

　캠퍼스는 휑하니 넓고, 또 아름다웠습니다. 각종 기계와 실험 장비로 가득 차 있을 것이라는 예상과 달리, 보이는 것이라고는 자전거 거치대에 빼곡히 늘어선 자전거들과 아름드리나무들 사이로 여유 있게 비상하는 백로들이었습니다. 연못가에는 거위들과 오리들이 먹이를 찾아 줄지어 아장아장 걸어 다니고 있었지요. 그리고 그보다 더 아름다운 꿈과 열정과 사랑을 가슴에 품은 젊은이들이 있었습니다.

　카이스트는 아무것도 검증되지 않은 젊은 연구자였던 저를 흔쾌히 받아 주었고, 이제 8년의 세월이 흘렀습니다. 대전에 아무런 연고도 없고, 수학과 과학에는 문외한인 한국현대문학 연구자가 한국 최고의 과학 영재들과 부대끼며 지낸 8년은 매순간이 경이로웠습니다. 총기와 호기심이 가득 찬 학생들과 시에 대해, 글쓰기에 대해 생각을 나눈다는 것은 너무나 즐겁고 소중한 경험이었습니다. 8년이 지났건만 지금도 수업에 들어갈 때면, 마음이 설렙니다.

　과학과 인문학은 동떨어진 영역이라고 생각하기 쉽습니다. 하지만 세계의 경이로움과 인간의 본질에 대한 이해, 그리고 창의적인 문제 해결이라는 측면에서는 서로 다른 듯 보이는 두 영역이 일치합니다. 인류에 기여할 수 있는 창의적인 과학자가 되기 위해서는 수학과 과학적 지식 못지않게 인문학적 성찰이 필요합니다.

카이스트 학생들은 복잡한 수학과 과학 문제와 씨름하며 일상을 보낼 것으로 생각하기 쉽습니다. 강의실과 기숙사, 도서관과 실험실이 그들 삶의 전부인 것으로 오해하기도 쉽습니다. 저 역시 그랬으니까요. 세계 최고의 과학자로 성장하기 위해 그들이 세계 어느 대학 학생들보다 열심히 공부하는 것은 사실입니다. 카이스트 도서관과 실험실은 365일, 24시간 불이 꺼지지 않습니다. 그러나 그들 역시 부족한 시간을 쪼개 사랑하고, 고민하고, 즐기고, 봉사하는 것은 다른 대학생들과 마찬가지입니다.

카이스트 학생들에게 8년 동안 시와 글쓰기를 가르치면서 저는 그들의 고민과 꿈에 대해 누구보다도 잘 이해하는 기성세대가 되었다고 자부합니다. 이 땅의 모든 청춘들처럼 그들도 21세기 대한민국에서 태어난 것을 즐기고 또 절망합니다. 무엇을 이들이 자랑스럽게 생각하고, 무엇에 이들이 절망하는지 이들의 목소리를 직접 들어 보는 것도 의미 있는 일이라고 생각합니다.

카이스트 캠퍼스를 비상하는 백로들처럼, 이 아름다운 청춘들이 세계를 무대로 훨훨 날아다닐 그날을 생각하면 마음이 부풀어 오릅니다. 독자 여러분들과 그 설렘을 나누고 싶습니다.

— 전봉관(카이스트 인문사회과학과 교수)

열혈 청춘, 카이스트 학생들의 고군분투기

카이스트의 입학식은 남들보다 한 움큼 더 추웠습니다. 다른 학교보다 한 달 일찍 시작하는 카이스트에 다닐 우리는, 우리와 똑같이 입시를 마친 친구들이 따뜻한 집에서 귤이나 까먹으면서 뒹굴뒹굴하고 있을 때, 새로운 세상으로의 발을 디뎌야 했습니다. 그렇게 우리는 처음부터 남들이 보기에 조금은 '남다른' 선에서 대학생활을 시작했습니다.

우리가 학교를 다니는 4년 남짓한 시간 동안 카이스트는 참 많이 변했습니다. 이제는 한 뼘 이른 입학식도 옛날이야기가 된다고 하니까요. 사실 돌이켜 생각해 보면, 우리가 카이스트라는 대학에 대해서 잘 알고 있었나 싶습니다. 졸업을 앞두고 이제야 학교에 대한 새로운 사실을 발견하면서 흠칫흠칫 놀라곤 하니까요. 하지만 속으로 들어가 보면, 우리보다 카이스트를 잘 아는 사람이 있을까요? 그저 대학으로서의 카이스트가 아닌 카이스트의 사람들이 살아가고 있는 그런 카이스트를 우리만큼 뼈저리게 느끼고, 북받쳐 올라 침을 튀겨가면서 이야기할 수 있는 사람이 있을까요? 정작 카이스트에 다니는 학생들의 삶에 대해서는 아무것도 모른 채 우리의 마음을 다치게 하는 인정머리 없는 기사들보다는 우리가 직접 들려주는 이야기가 더 살아 있지 않겠냐하는 게 우리의 생각입니다.

우리에게 카이스트는 단순히 배우고 익히는 곳이 아니었습니다. 우리는 카이스트에서 살았습니다. 가족과 떨어져 지내는 기숙사 안에서 잠을 자고, 밥을 먹고, 나쁜 자식을 욕하면서 소리치며 울다가, 친구들과 사랑스런 야식을 가져다 놓고 웃고 떠들었던 곳. 그리고 그렇게 살아가는 우리의 모습들을 가장 여실히 드러내게 되는 곳이 바로 기숙사이지요. 아마 공모전 '내가 사랑한 카이스트, 나를 사랑한 카이스트'의 첫 번째 주제가 기숙사였던 이유가 이 때문이었을 것입니다. 같은 울타리 안에 살면서도 별의별 일이 다 일어나는 기숙사에서의 이야기는 새삼스럽게도 우리가 정말 여기서 '살아가고 있구나' 하는 생각을 하게 해 주었습니다.

이 책을 통해 우리가 들려줄 이야기는 솔직합니다. 기숙사란 공간은 우리를 그렇게 만들었습니다. 아마 아침부터 새벽까지 가장 다양한 모습을 우리에게 보여준 공간이 기숙사일 것이고, 그곳에서 우리는 숨겨져 있던 혹은 여전히 숨기고 있는 우리의 모습을 가장 거리낌 없이 드러낼 수밖에 없었습니다.

책을 만들기 위해 여러 이야기들을 다듬어 가는 과정에서 우리는 학교 구석구석 우리가 쌓아 온 추억을 돌아보고 왔습니다. 우리가 나눴던 이야기가 온갖 홍보물로 뒤덮인 화장실에도, 도대체 몇 사람의 손때가 묻어 있을지 모를 기숙사 방문 손잡이에도, 어떤 무리가 좀 전에 야식을 시켜 먹은 것으로 추정되는 휴게실에도 빠짐없이 자리하고 있었습니다. 이렇게 우리 생활의 흔적이 묻어 있는 추억거리들이 걸음걸음마다 쏟아져 나왔습니다. 거기에 룸메이트이던 우리가 함께 생활했던 그 시간들의 이야기를 되돌아볼 수 있는 소중한 시간도 가질 수 있었습니다.

우리는 기숙사 이야기를 담았지만, 기숙사 자체만으로는 조금 아쉬웠습니다. 기숙사는 우리의 삶의 공간이었기에 우리는 우리의 생활에 관한 이야기를 조금 덧붙이기로 했습니다. 사실 우리는 공돌이, 공순이라는 치명적인 호칭에서 벗어날 수가 없습니다. 카이스트가 이공계 대학이니까요. 그리고 우리는 사실 사람들이 갖다 붙이는 그 호칭을 당당하게 거부할 수만도 없습니다. 하지만 우리는 여타 또래들과 같은 열혈 청춘입니다. 스스로도 이상하리만큼 그들과 같은 고민을 하고, 비슷한 경험을 하고. 우리도 그렇게 여전히 자라나고 있습니다. 그런 우리의 솔직하고 꾸밈없는 모습을 최대한 가감 없이 보여 주고 싶었습니다. 그로 인해 다소 격한 표현들이 등장하기도 하지만 꾸미지 않으려고 노력했다는 점에서 고운 눈길로 봐주셨으면 좋겠습니다.

끝으로 책이라는 것을 만들어 볼 수 있도록 값진 기회를 주신 이상경 교수님과 전봉관 교수님께, 재미있는 이야기로 우리가 격한 공감을 할 수 있게 해 준 모든 학우들에게 감사의 말을 전하고 싶습니다.

- 학생 편집자 일동 (임은지, 오서희, 원소연, 강승체)

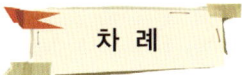
차 례

추천의 글 하나! _ 카이스트를 사랑하는 사람들의 고백 · 4
추천의 글 둘! _ 카이스트 캠퍼스의 백로 · 6
들어가며 _ 열혈 청춘, 카이스트 학생들의 고군분투기 · 8
카이스트 MAP · 14

1부
1장

꿈꾸는 천재들의 기숙사 생활백서

꼴등이 퇴치 작전 _ 산업 및 시스템공학과 10 박재은 · 18
방 밖에 갇혀 _ 수리과학과 11 정의민 · 28
화암기숙사 매뉴얼 _ 물리학과 09 최권 · 35
나만의 기숙사 소리 축제 _ 경영과학과 09 조은진 · 42

🎓 TIP 캠퍼스 라이프 _ 한눈에 보는 카이스트 기숙사 · 50

2장

잊을 수 없는 인연, 기숙사 친구들

몽골인 룸메이트 무기 _ 화학과 10 오서희 · 58
룸메는 외국인 _ 생명화학공학과 09 김진우 · 67
고맙네, 친구여 _ 신소재공학과 11 이호진 · 76
김수민과 나의 이야기 _ 산업디자인학과 10 주성욱 · 84
이제는 잡을 수 없는 이야기 _ 전기 및 전자공학과 10 한정규 · 91
양파는 까면 눈물이 난다 _ 전기 및 전자공학과 11 김건우 · 100

🎓 TIP 캠퍼스 라이프 _ 카이스트에 있는 교내 시설들 · 108

3장

내가 사랑하는 카이스트

공동체의 필요성? _ 전산학과 11 반병현 · 112
1인 시위 _ 수리과학과 11 김형준 · 119
기숙사 일기 _ 전기 및 전자공학과 11 박승운 · 127
제2의 고향, 카이스트 기숙사 _ 산업 및 시스템공학과 07 이희수 · 135

🎓 TIP 캠퍼스 라이프 _ 카이스트의 교통수단 · 144

2부

1장

카이스트 공부벌레들

2318호, 이상한 사람들 _ 물리학과 08 박성윤 · 148

팬티 온 날 _ 산업 및 시스템공학과 09 원소연 · 159

공생 _ 항공우주공학과 11 강승체 · 176

God of Dormitory _ 생명화학공학과 10 배한주 · 191

🎓 TIP 캠퍼스 라이프 _ 한눈에 보는 카이스트 학과 · 209

2장

카이스트는 지금 열공 모드

좁은 문은 다시 열릴까요? _ 화학과 09 정규원 · 216

나는 힘들지 않다 _ 전산학과 07 정연준 · 224

5층 테라스 이야기 _ 생명화학공학과 09 임은지 · 232

두 갈래의 길 _ 화학과 11 김경헌 · 250

🎓 TIP 캠퍼스 라이프 _ 공순이 생활백서 · 262
　　　　　　　　　한눈에 보는 카이스트 · 269

학생 편집자 후기 · 272

1부

전국 최고 수재들의 집합소인 카이스트.
이곳 학생이 아니면 결코 알 수 없는 카이스트만의 캠퍼스 라이프가
진솔하면서도 담백하게 펼쳐진다.
공부와 꿈, 우정과 자아를 고민하는 카이스트 학생들의
유쾌하면서도 뭉클한 이야기 속으로 들어가 보자.

1장 ::

꿈꾸는 천재들의
기숙사 생활백서

꼴등이 퇴치 작전 _ 산업 및 시스템공학과 10 박재은

방 밖에 갇혀 _ 수리과학과 11 정의민

화암기숙사 매뉴얼 _ 물리학과 09 최권

나만의 기숙사 소리 축제 _ 경영과학과 09 조은진

🎓 TIP 캠퍼스 라이프 _ 한눈에 보는 카이스트 기숙사

꼽등이 퇴치 작전

_산업 및 시스템공학과 10 박재은

남자들이여, 아직도 여학생들의 방은 먼지 한 톨 없이 깨끗할 거라는 터무니없는 망상에서 헤어나지 못한 자가 있는가? 나도 고등학교 시절 처음 기숙사에 입사할 때에는 만화에서나 나올 법한 반짝반짝한 방으

여자 기숙사 아름관, 근처 철망은 야식 배달 접선 장소.

로 만들겠다고 다짐했었다. 그러나 기숙사 생활을 4년 남짓한 지금, 그 다짐은 산산이 부서져 없어지고 말았다. 기숙사에서 오랫동안 지내면서 여러 여학생들의 방들을 돌아다녀 본 결과, 밖에서 보기에는 아무리 깔끔하고 세련되어 보이는 여학생들도 기숙사 방만큼은 그렇지 못했다.

하루 일과를 끝내고 기숙사 방으로 들어온 순간 오늘도 숨이 탁 막혀 왔다. 방금 전까지 머리 위를 쨍쨍 비추며 괴롭히던 햇살과 위

로라도 하듯 머리카락을 흩날려 주던 바람은 더러운 커튼이 걸린 창문 앞에서 정지했다. 닫힌 커튼 사이를 뚫고 들어온 햇빛 한 줄기가 방 한가운데를 길게 비추자, 그 줄기를 따라 두둥실 떠다니는 하얀 먼지들이 내게 반갑다고 인사를 했다.

그 눅눅한 공기 뒤로는 마치 어린아이의 장난감 박스 안처럼 알록달록하고 울퉁불퉁한 옷가지며 가방, 신발, 책, 잡동사니들의 향연이 펼쳐졌다. 두 명이 겨우 서 있을 수 있는 크기의 현관에는 대여섯 켤레의 신발과 함께 검은색과 다갈색 머리카락이 실뱀처럼 지저분하게 흩어져 있었다. 불쾌한 마음도 잠시, 현관에 한 무더기로 뭉쳐 있는 머리카락들을 발로 밀어 문 밑 틈으로 내보냈다.

바닥에 아무렇게나 벗어던진 옷들과 그 사이에 여기저기 흩어져 있는 가방들을 보며 조용히 한숨을 쉬었지만, 곧 내 어깨에 있던 가방과 카디건도 그 곁에 내려놓은 뒤, 그것들을 최대한 양쪽 침대 쪽으로 밀어 두 침대 사이로 길을 만들었다. 그렇게 발 디딜 틈 없던 바닥에 겨우 발을 디디고 나자 문득 과제가 생각났다.

만약 책상 위에 읽다 만 책과 노트북만 있었다면 흔쾌히 다가가 과제를 했을지도 모른다. 그러나 의자 위에 올려진 헤어드라이어와 고데기, 그리고 마우스가 있어야 할 자리를 차지한 빈 음료수 캔들을 보니 선뜻 다가가기가 망설여졌다. 언제 올려놓았는지 책 위에 누운 화장품들이 촐랑대며 바로 옆의 탁상 거울에 자신들을 비춰 보는 모습을 보자, 과제를 하고 싶은 마음이 사라졌다. 아침에 나갈 때의 상태 그대로인 침대로 간 나는 중간쯤에 놓인 서너 권의 두꺼운 전공 책들을 베개로 삼고 잠시 눈을 붙이기로 했다.

룸메이트의 책상도 전혀 나을 게 없었다. 안타깝게도 나의 룸메이트 또한 방을 깨끗하게 쓰는 편이 아니다. 대학 신입생 때 새내기 배움터에서 만난 나의 룸메이트. 그러나 요즘 룸메이트를 통 보지 못했다. 나도 룸메이트도 너무 바빠서 우리는 아침 수업에 가기 전, 그리고 늦은 밤 외에는 만나지 못했다. 먼저 들어온 사람이 잠에 들기 전에 다른 한 사람이 들어와야 그나마 얼굴을 볼 수 있었다. 우리 둘 다 아침 일찍 기숙사를 나가 저녁 늦게 돌아오다 보니 가끔 방에서 밤을 새가며 과제를 할 때를 제외하면 우리 기숙사 방은 우리에게 잠잘 공간을 제공해 주는 존재에 불과했다. 내가 어릴 적 상상했던, 색색의 곰 인형과 폭신해 보이는 분홍색 이불에 둘러싸인 채 옹기종기 모여 앉아 함께 인터넷 쇼핑을 하거나 잡지를 보며 수다를 떠는 여학생 기숙사의 로망은, 우리 둘 모두에게 오로지 로망으로만 남고 현실이 되지 못했다.

기숙사가 잠만 자는 공간으로 전락해 버린 지금, 기숙사는 자는 데 불편함만 주지 않으면 된다. 그리고 방이 조금 지저분하거나, 혹은 좀 많이 지저분하다 하더라도 그것은 큰 문제가 되지 않는다. 방뿐만이 아니라 복도의 사정도 마찬가지다. 여학생 기숙사에서는 방 안에 냉장고를 두고 밥을 지어 먹는 학생들이 많은지라 복도에 음식물 냄새가 끊이지 않는다. 매일 기숙사를 청소하는 아주머니가 화장실, 복도, 계단 등을 청소하시지만 그것도 그때뿐이다. 복도에 애정을 가진 학생들의 수는 자신들의 방에 애정을 가진 학생들의 수보다 훨씬 더 적기 때문에, 자기 방에 있는 머리카락 뭉치들을 복도로 슬쩍 내놓는 나 같은 학생들은 있을지언정 복도를 조금이라도 치우려는 움직임을 보이는 학생은 거의 찾아볼 수 없다.

더러운 곳에는 벌레가 생기기 마련이다. 그것이 더러움이라고는 전혀 떠오르지 않는 이미지의 꽃다운 여학생의 방일지라도 예외일 수는 없다. 내가 살고 있는 아름관은 예전부터 벌레가 많이 나오기로 유명했다. 하루살이 같이 날아다니는 벌레는 물론이고 개미도 여기저기 돌아다닌다. 1층 방에서는 타란툴라 거미가 들어왔다는 둥, 화장실에서 팔뚝만 한 지네가 발견되었다는 둥 여학생 기숙사와 거리가 먼 목격담이 심심치 않게 들렸고 심지어 쥐가 나온다는 소문도 있었다. 기숙사 방에 있으면 복도에 징그러운 벌레를 보고 소리를 지르는 여학생의 목소리를 종종 들을 수 있다. 일각에서는 건물을 지은 지 너무 오래 되어서, 문틈이 너무 넓어서, 방충망이 낡아서 벌레들이 많다고 주장하지만, 내가 보기엔 '기숙사가 너무 지저분해서'인 것 같다. 기어 다니는 벌레가 속출하는 빈도는 1층이 다른 층들보다 훨씬 많은데, 나는 1층에 살아 본 적이 한 번도 없기 때문에 벌레와 자주 맞닥뜨리진 않았다. 벌레의 천국이라는 아름관의 명성에도 불구하고 내가 만난 벌레라고는 기껏해야 개미와 아주 작은 거미가 전부였다. 그래서 나는 종종 아름관의 명성에 어느 정도 허풍이 포함되어 있을 것이라고 생각했다.

모처럼 기숙사 방에서 과제를 하고 있던 여유로운 오후(그날 역시 어수선한 방이었다), 책상 위의 잡동사니들을 대충 한쪽으로 밀어 약간의 공간을 만든 후 그 위에 과제 프린트물을 올려놓고 몇 자 끄적거리고 있을 때였다.

"뜨르르뜨르르, 뜨르르뜨르르."

이상한 소리가 바로 내 앞에서 들렸다. 아름관의 방들은 문을 열고 들어가면 양쪽에 침대가 길게 놓여 있고, 침대 끝에 책상이 양쪽의 벽을 보며 놓여 있어서 문에서 창문까지 쭉 비어 있는 구조다. 그러나 우리는 입사 첫날 방의 구조를 조금 바꾸어서 두 개의 책상을 창문 쪽을 향하게 하여 나란히 붙여 놓았다. 나는 무의식적으로 고개를 들어 창문 쪽을 보았고 굳게 닫힌 커튼 위에 이상한 갈색 물체가 붙어 있는 것을 보고 소스라치게 놀랐다. 목구멍까지 올라온 비명 소리는 겨우 삼켰지만, 당황하여 그것의 정체가 무엇인지 정확히 살펴보지 못했다. 그러나 분명 징그러운 벌레라는 것만은 확실했다. 하필이면 룸메이트도 방에 없던 터라 어찌할 바를 모르던 나는, 나름 최선의 방법이라는 생각으로 벌레가 앉아 있는 커튼을 최대한 건드리지 않고 조심스럽게 다른 쪽 커튼과 창문, 방충망을 열었다. 그리고 돌아왔을 때에는 벌레가 밖으로 나가 있기를 바라며 짐을 싸서 과학도서관으로 탈출했다.

저녁 즈음이 되어 방에 들어와 보니 커튼에 붙어 있던 이상한 벌레는 온데간데없이 사라졌다. 그날 밤 룸메이트에게 '우리 방에 이상한 벌레 한 마리가 있었는데, 창문을 열어 놓으니 나간 것 같아'라는 이야기를 했다. 벌레가 어떻게 생겼는지는 정확하게 설명할 수가 없어서 노린재와 닮았으나 색이 좀 진했던 것 같다고만 했다. 아름관 1층에서 살아 본 적이 있는 룸메이트는 노린재 정도는 1층에서 자주 출몰한다며 대수롭지 않게 말했으나, 벌레가 사라진 점에 대해서는 크게 안도했다. 그래도 혹시 모른다는 생각에 우리는 여기저기 널브러져 있는 수많은 물건들을 이리저리 들추며 그 이상한 벌레가 숨어 있지는 않나 하고 한참을 살폈다. 물론 둘 다 커튼 근처에 다가가는 것을 몹시 꺼려했기 때문에 커튼에는 손도 대지 않았다. 우리는 방이 안전하다는 것을 확인한 후 잠자리에 누웠다. 침대에 누워 혹시 들려올지 모르는 '뜨르르' 소리에 귀를 기울이고 있자니 왠지 모를 불안감과 찝찝함이 엄습해 와 그날 밤은 밤새 뒤척일 수밖에 없었다.

그러나 다음 날이 되자 우리 방은 다시 평온을 되찾았다. 방에 들어오면 귀에 맴돌던 '뜨르르' 소리와 함께 엄습했던 불안함과 찝찝함은 사라졌고, 우리 방은 언제 그랬냐는 듯 다시 친근하게 우리를 맞이했다. 조금 바뀐 게 있다면, 바닥에 아무렇게나 벗어 놓은 옷가지들과 가방들이 전부 침대 위로 올려졌다는 점이다. 그 이유는 기어 다니는 벌레인 노린재가 아직 우리 방에 남아 있을지도 모른다는 가능성에 대비하여, 바닥에 있는 옷이나 가방 정도는 치워 놓자던 우리의 기막힌 아이디어 때문이다. 벌레를 내쫓기 위하여 열어 놓았던 한쪽 창문과 방충망은 닫았지만 커튼에는 손도 대지 않았다. 혹시라도 벌레가 앉았을지도 모를 커튼에는 손도 대기 싫은 거였다. 우리는 평소처럼 아침에 방을 나가서 저녁에 들어왔으며, 우리의 잡동사니들은 침대 위로 하나둘씩 쌓여 침대는 점점 높아져만 갔다. 침대를 사용할 때는 침대 위의 잡동사니들을 전부 다 의자로 옮긴 뒤 침대를 사용하면 그만이었고, 사용한 후에는 다시 잡동사니들을 침대로 옮겨 놓았다.

그렇게 3일이 지났다. 그날따라 과제도, 연습반(수업에 대한 보충 수업, 기초 필수 이수과목들은 연습반이 있는 경우가 많다)도, 동아리도, 심지어 다른 약속도 없었던 나는 자유로움을 한껏 느끼며 기숙사 방으로 돌아왔다. 그리고 침대에 누워 뒹굴뒹굴하며 여유로움을 만끽했다. 커튼이 열려 있는 한쪽 창문을 통해 방 안에 들어온 햇살이 실내를 따뜻하게 비추고 있었는데, 조금 눈이 부셨다. '이제 벌레의 위협에서도 벗어났으니 마음 놓고 커튼을 닫을 때가 왔다.'고 생각한 나는 창문 앞으로 다가가 열려져 있던 커튼을 닫았다.

"뜨르르뜨르르, 뜨르르뜨르르."

"으아아아아아!"

오늘은 비명을 참지 못했다. 커튼을 닫는 순간 잊고 지내던 '뜨르르' 소리와 함께, 커튼 반대편에 붙어 있던 약간 길쭉한 몸통에 다리가 여러 개 달린 이상한 벌레가 햇빛에 그 실루엣을 드러냈다. 나는 단숨에 침대까지 달려갔고, 그 이상한 벌레는 내가 보이는 커튼 반대편까지 천천히 기어왔다. 그것은 노린재가 아니었다. 생전 처음 보는 정체를 알 수 없는 그 벌레는 노린재와 전혀 닮지도 않았다. 진한 갈색임에도 투명감이 있는 길쭉한 타원형의 몸통은 위로도 꽤나 볼록했기에 상당히 부피감이 있었다. 통통한 몸통에 달려 있는 6개쯤 되는 가느다란 다리, 그중에서도 가장 뒤쪽에 있는 다리가 가장 길고 두꺼웠다. 더듬이로 보이는 것도 달려 있어서, 언뜻 보면 엄청나게 큰 거미 같았다. 그것은 커튼에 붙어 미동도 하지 않고 '뜨르르' 소리만 내고 있었다.

나는 차마 가까이 다가가지 못하고 침대의 창문과 가장 먼 쪽에 앉아 그것을 멀뚱멀뚱 바라만 보고 있었다. 룸메이트, 넌 이럴 때 어디 간 거니? 나는 쏜살같이 책상에 올려놓은 핸드폰을 가지고 다시 침대로 돌아와 룸메이트가 수업 중임을 알고 있음에도 불구하고 전화를 걸기 시작했다. 마침내 룸메이트와 카카오톡으로 연락이 닿았고, 룸메이트는 방에 거미가 있다는 나의 말에 책으로 때려잡으라는 둥, 사감실에서 에프킬라를 받아와 잡으라는 둥의 제안을 하였지만 벌레 근처에도 다가가지 못하는 나에게는 너무나도 어려운 제안이었다. 사감실에서 받아 온 에프킬라는 기껏해야 벌레가 나에게 곧장 날아올 경우에나 사용해야겠다는 생각으로 한 손에 꼭 쥐고 침대 위로 올라가 이불을 뒤집어 썼다. 혹시나 벌레가 우리 눈에 보이지 않는 방 구석으로 살짝 숨어버리지는 않을까 하는 걱정에 나는 얼굴만 이불 밖으로 살짝 빼냈다. 그것이 실제로 이동한 거리는 1센티미터도 되지 않았지만, 나는 약 1시간가량이나 아무 대책도 없이 그것의 작은 움직임 하나하나를 감시하고 있었다.

나의 계속되는 재촉에 룸메이트는 수업이 끝나자마자 방으로 달려왔다. 아름관 1층에 살면서 많은 벌레들을 봐 온 그녀는 벌레를 잡는데 있어서 일가견이 있었다. 그러나 방에 도착하자마자 창문 앞으로 달려간 나의 룸메이트는 경악하며 뒤로 물러서고 말았다.

"꺄아악! 꼽등이다!"

1시간가량을 한 방 안에서 서로 바라보았던 너의 이름이 말로만 들었던 그 전설적인 꼽등이라니! 꼽등이는 더러운 곳에서나 나타나는 매우 징그러운 절지동물문 곤충이다. 여태껏 징그럽다는 말은 많이 들어왔지만 설마 내 눈앞에 나타날 줄이야. 꼽등이의 통통한 몸통 속에는 연가시라는 연두색의 실처럼 생긴 기생충이 있어서, 꼽등이를 밟아 죽이면 그것의 몸에서 연가시가 흘러나와 몹시 징그러운 광경이 연출된다. 책으로 벌레를 때려 잡지 않은 것이 천만다행이었다. 룸메이트는 나에게 꼽등이를 어떻게 거미라고 할 수 있냐며 핀잔을 주면서도 커튼 근처로 다가가지 못했다. 남학생 기숙사에서 꼽등이가 나타나면 그냥 아무 거리낌 없이 내던지거나 심지어는 잡아서 가지고 놀기도 한다고 한다. 그러나 우리의 방이 그들의 방만큼 지저분할지언정, 우리는 천성적으로 벌레를 싫어한다.

나와 룸메이트는 한참 동안 어떻게 하면 좋을지 몰라 자꾸 망설였다. 사감 선생님은 벌레를 잡아 달라는 우리의 요청을 거절한 지 오래였다. 그 거절의 산물인 에프킬라와 방금 룸메이트가 나가서 들고 온 쓰레받기로 무장한 우리는 드디어 행동에 나섰다. 나의 룸메이트는 꼽등이에게 에프킬라를 마구 뿌려대기 시작했다. 우리 둘은 꼽등이가 꿈틀거릴 때마다 '꺄아악' 하는 비명을 질렀다. 용기를 낸 나는 창문을 열었고 룸메이트는 쓰레받기를 마구 휘둘렀다. 약 5분간의 사투가 벌어진 후, 결국 꼽등이는 그 난폭한 손짓 가운데 하나에 맞아 창문 밖으로 떨어졌다.

우리는 땀에 흠뻑 젖었다. 마치 막 전투에서 승리하고 돌아온 전사가 된 기분을 느끼며 손과 얼굴을 씻었으며, 에프킬라를 사감실에 돌려주었다. 꼽등이가 우리 방에 나타난 이유는 여러 가지가 있을 수 있다. 창문으로 들어온 것일 수도 있고, 옆방에 있던 꼽등이가 문틈 사이를 지나 우리 방으로 넘어왔을 수도 있다. 심지어 우리가 이 방에 들어오기 전부터 살았던 놈일 수도 있다.

그러나 우리는 모든 원인을 '방의 더러움'에서 찾았다. 앞서 말했다시피 방이 더러우면 벌레가 나타나기 쉽고, 한창 방이 지저분할 때 생전 처음 보는 전설적인 벌레가 나타나자 우리의 머리에는 딱 그 생각만이 자리 잡았다. 우리는 창문 앞에 서서 방을 살펴보았다.

그날 밤 우리는 이 방에 입사한 이래 처음으로 대청소를 하였다. 가장 먼저 한 일은 방 안에 돌아다니는 반쯤 남은 음식물들을 전부 내다 버리는 일이었다. 바닥과 의자에 있는 옷가지들은 전부 다 개어 서랍 속에 차곡차곡 집어넣었고, 책과 공책은 책꽂이에 정리했다. 책상 위에 굴러다니던 휴지 조각들과 화장 솜들을 죄다 쓰레기통에 버렸으며, 아무렇게나 뒤섞여 있

드디어 대청소 완료! 반짝 반짝 눈부시게 변신한 방!

던 화장품들 또한 통을 만들어 그 속에 정리했다. 우리는 이불도 개었고 사용하지 않는 신발들은 신발장에 집어넣었다. 바닥은 청소기를 돌렸으며, 비록 걸레로 윤을 내지는 못했지만 물티슈를 사용하여 깨끗이 훔쳤다. 마지막으로 창문과 문을 활짝 열어 환기를 시켰다.

꼽등이 퇴치 작전이 있던 날 이후로 우리 방은 약간 달라졌다. 물론 몇몇 남학생들의 상상 속에서나 존재하는 만화 속 공주님의 방처럼 된 것은 아니다. 그렇다고 매일같이 청소기를 돌리고 걸레로 바닥을 훔치는 것도 아니다. 적어도 우리는 먹다 만 음식물을 방 안에 두지 않았고, 옷가지들을 그때그때 옷장에 집어넣었다. 한때 책상 위를 수북이 채우던 지우개 가루들 역시 이젠 찾아보기 어렵다. 바쁜 학교생활로 인해 잠자는 공간으로 밖에 사용하지 않았던 우리 방은 이렇게 조금씩 여러 가지 생활이 가능한 공간, 집 같은 공간으로 바뀌었다.

오늘도 창문을 활짝 열었다. 방 안이 신선한 밤공기로 가득 차오른다.

방 밖에 갇혀

_ 수리과학과 11 정의민

나는 그놈을 뚫어지게 쳐다보았다. 아니, 정말 뚫어졌으면 좋겠다고 생각했다. 아무리 부서져라 두드리고 심지어 발로 차 보아도 그놈은 눈 하나 깜짝하지 않았다. 그놈은 그렇게 나와 내 방 사이를 가로막은 채 우두커니 서 있었다. 그렇다. 그놈은 바로 내 기숙사 현관문이었다. 내 기숙사 방문의 열쇠는 내 학생증이다. 문을 닫으면 안에서 저절로 잠겼고, 문에 학생증을 갖다 대면 열렸다. 그런데 그만 실수로 학생증을 방에 두고 나와 버린 것이다. 하긴 처음 있는 일도 아니었다.

처음부터 내가 이놈과 악연이었던 것은 아니었다. 오히려 첫인상은 매우 호감이었다. 내가 이놈과 처음 만난 날은 올해 2월 5일, 바로 이번 학기 개강 전날이었다. 나는 매우 최근에 지어졌다는 뜻에서 흔히들 '신신축'이라고 부르는 미르관 401호를 배정받았다. 작년에 살던 곳은 학교에서 배정해 준 북측 기숙사였는데, 새내기들은 전부 1년을 그곳에서 생활해야 한다. 올해 2학년이 된 나는 시설 좋은 기숙사 미르관을 신청했고, 운 좋게도 배정받았다. 문 앞에 산더미 같은 짐을 쌓아 놓은 나는 들뜬 마음으로 초인종을 눌렀다. 먼저 와 있던 룸메이트가 문을 열어주었다. 대충 짐을 풀어놓고 룸메이트에게 물었다.

"여기 열쇠는 사감실에 가서 받으면 돼?"

"여기는 학생증이 열쇠야. 사감실에 가서 등록만 하면 돼."

그 말을 들은 나는 생각했다.

'역시 최근에 지어진 기숙사는 시설이 달라도 확실히 다르구나. 따로 열쇠를 들고 다닐 필요가 없겠네.'

안 그래도 지난 학기에 썼던 기숙사는 방 열쇠를 잃어버려서 이천 원을 물어 주고 온 터였다.

열쇠 말고도 다른 모든 것이 마음에 들었다. 전에 살던 기숙사와는 달리 공용 화장실이 아니라 방마다 샤워실과 화장실이 따로 있었고 매우 깨끗했다. 옷장도 비밀번호를 설정해 놓으면(굳이 그럴 필요는 없지만) 다른 사람이 열어볼 수 없었다. 무엇보다 2인실이라서 3인실이었던 지난 학기보다 방도 넓게 쓸 수 있었다. 다만 한 가지 흠이 있다면 전기를 사용할 때 학생증을 현관에 꽂아 두어야 한다는 것이었다. 하지만 이미 새로운 기숙사의 매력에 푹 빠진 나는 '그 정도쯤이야.' 하고 생각했다. 이 작은 흠이 얼마나 큰 불편함을 초래할지 깨닫지 못한 채 말이다.

나는 포근한 침대에서 푹 자고 일어나 새 학기를 시작했다. 들뜬 마음으로 이산수학과 정수론 개론을 들으러 간 나는 간단한 오리엔테이션을 마치고 기숙사로 돌아왔다. 그때까지만 해도 나는 분명히 기분이 좋았다. 하지만 방문 앞에서 지갑을 꺼낸 순간 모든 것이 달라졌다.

'이럴 수가! 방에 학생증을 두고 나오다니.'

방문 고리를 세게 흔들어 보았지만 소용없었다. 방문은 굳게 잠겨 있었다. 룸메이트도 아침 수업을 가서 방에는 아무도 없었다. 어떻게 해야 할지 몰라 한참을 발만 동동 구르다가 1층 사감실로 향했다. 다행히 사감님이 계셨고 나는 조심스럽게 물어보았다.

"방에 아무도 없는데 학생증을 안에다 두고 나왔어요. 어떻게 해야 하나요?"

그러자 사감님은 빙긋 웃으시더니 말했다.

"학생, 미르관이 처음이지?"

"네, 어떻게 아셨어요?"

"처음 온 사람들이 자주 그래. 여기 이름 적고 임시 카드 받아 가."

"감사합니다."

"감사할 거 없어. 어차피 몇 번 더 올 텐데 뭘, 허허."

나는 임시 카드를 받아가면서 생각했다.

'그럴 일은 없을 거예요.'

하지만 나의 예상은 빗나갔다. 그 후에도 나는 몇 번이나 열쇠를 방 안에 두고 나왔고, 그때마다 번번이 사감실에 가서 임시 카드를 받아와야만 했다.

나중에 아는 선배에게 들어서 알게 된 사실이지만 선배들은 이미 그 임시 카드를 '마스터키'라고 부르고 있었다. 불편한 점은 마스터키를 받으러 1층과 4층 사이를 왔다 갔다 해야 한다는 것이었다.

몇 번이고 빌려 온 마스터키.

내 룸메이트는 술을 매우 좋아해서, 늦게까지 술을 마시고 들어오는 날이 종종 있었다. 문제는 그런 날 룸메이트가 학생증을 두고 간

적이 많다는 것이다. 그래서 술에 취한 룸메이트가 요란하게 초인종을 누를 때면 나는 자다가 문을 열어 주러 일어나야만 했다. 더 이상 참을 수가 없었던 나는 방문에 이렇게 써 붙였다.

열쇠는 챙겼니?

이 요란한 메모 덕분에 몇 주 동안은 학생증을 잘 챙겨 나갈 수 있었다. 그런데 오늘 일이 터져 버리고 만 것이다. 전날 밤 과제 때문에 밤을 샌 것이 화근이었다. 6시에 잠들어서 원래 기상 시간인 8시가 한참이 지나서 일어났다. 대충 급하게 옷만 갈아입고 나가는 내 눈에 학생증이고 메모고 보일 리가 없었다. 덕분에 지금 이 비참한 꼴로 방문만 째려보면서 우두커니 서 있게 된 것이다. 전날 밤을 새고 아침 수업을 2개나 들은 탓에 나는 지칠 대로 지쳐 있었다. 빨리 침대 위에 쓰러져 자고 싶은데 나와 내 방 사이를 막고 서 있는 문이 너무 짜증났다. 하지만 별수 있나. 짜증을 낸다고 문이 저절로 열릴 리도 없으니 말이다.

나는 1층으로 내려갔다 올라오는 내내 짜증이 났다.

'이놈의 기숙사는 처음부터 모든 게 마음에 안 들었어. 누가 이렇게 멍청하게 문을 만들어 놔서 멀쩡한 사람을 고생시켜? 층수도 그래, 왜 많고 많은 층 중에서도 하필 4층인 거야?'

층에 대한 불평이 나와서 말이지만 실제로 4층은 불편했다. 모르는 사람들은 4층이면 걸어갈 수 있을 정도의 높이인데 뭐가 불편하다고 말할지 모르겠지만 이런 인식 때문에 4~5층이 불편한 층인 것이다. 물론 4층이 걸어서 오르내릴 수도 있고 적당히 운동도 되는 층인 것은 사실이다. 하지만 고된 하루 일과를 마치고 방으로 돌아오는 길이거나 운동을 하고 난 후라면 4층은 정말 걸어서 올라가기가 죽기보다 싫은 층이다. 그런데 엘리베이터를 타기도 눈치가 보인다. 8층, 10층 버튼을 누른 사람들 사이에서 4층을 누르고 나면 왠지 모르게 뒤통수가 따끔거렸으니까.

이렇게 기숙사의 온갖 불편한 것들을 저주하면서 4층으로 돌아온 나는 마스터키를 사용해 방 안으로 들어왔다. 방에 들어와 가방을 내려놓은 순간, 나는 사감실에 다시 마스터키를 반납하러 가야 한다는 사실이 너무 싫었다. 하지만 싫은 마음을 추스르고 마스터키를 갖다 드리려고 몸을 일으켰다. 마스터키를 사감님께 반납하고 다시 내 방 문 앞에 돌아왔을 때 나는 뭔가 허전함을 느꼈다. 사감님께 마스터키를 돌려 드리면서 내 학생증은 방 안에 두고 나온 것이다.

'아뿔싸!'

사람들은 흔히 카이스트는 능력 있고 머리 좋은 천재들만 모여 있는 곳이라고 생각하지만, 실제로는 하루에 두 번씩이나 방 밖에 갇히는 나 같은 바보도 있다. 방 밖에 갇혀 나는 생각했다.

'이걸 어떡하지? 이렇게 바로 두 번씩이나 가기에는 너무 창피한데⋯⋯. 한 30분만 친구 방에 있다가 갈까? 아니, 그러기에는 너무 귀찮은데⋯⋯.'

이렇게 한참을 고민한 끝에 결국 다시 마스터키를 받으러 사감실로 향했다. 창피함을 따지기에는 너무 피곤했던 것이다. 나는 사감실 창문을 두드렸다.

"사감님, 저기⋯⋯."

"어, 무슨 일로 또 왔어?"

"그게, 음⋯⋯ 저기⋯⋯."

"그래, 왜 왔냐니까?"

"저⋯⋯ 키 좀⋯⋯ 다시 빌릴 수 있나 해서요."

그제야 사감님은 무슨 일인지 알겠다는 얼굴로 웃으셨다.

"그래? 키를 또 두고 나왔어? 이거 완전 허당이네, 허당. 허허허."

그 말을 듣는 순간 정말 쥐구멍에라도 숨고 싶은 심정이었다.

한 번 더 마스터키를 빌린 나는 방에 들어와 학생증과 마스터키를 챙겨 사감실로 갔다. 그리고 다시 방으로 돌아와 침대에 누웠다. 다시 생각해도 너무 멍청했었다. 가만히 있다가도 얼굴이 화끈거릴 정도였다. 누워서 문을 매섭게 노려보며 생각했다.

'저놈의 문이 웬수지.'

그러다 문득 이런 생각이 들었다.

'내가 왜 문 하나 때문에 이렇게 불평만 하고 있는 거지?'

처음 내 방에 들어왔을 때는 모든 것이 좋아 보였다. 지난 학기에 불편한 기숙사에서 생활했던 탓인지 미르관에 입사하고 며칠 동안은 모든 것이 편했다. 그런데 문 하나가 불편하다는 것을 알고 나서부터는 다른 것들도 덩달아 불평거리가 되었다. 처음 입사했을 때에는 수업을 들으러 가기 위해 오르내리는 4층을 운동이라고 생각하며 즐거운 마음으로 다녔지만, 마스터키를 받으러 계단을 오르내릴 때는 금세 걷기 힘들고 엘리베이터를 타기에는 애매한 불편한 층으로 변했다. 또한 짜증난 내 기분에만 신경을 쓰다 보니 내가 귀찮게 굴어도 항상 웃으면서 대해 주는 사감님의 노고와 친절함에는 감사하지 못했다.

더 크게 생각해 보자. 나는 내가 사는 기숙사가 수업을 듣는 강의실과 멀다는 사실을 불평만 했지 학교 밖으로 놀러 나가는 길과 가깝다는 사실에는 감사할 줄 몰랐다. 나는 이산수학이 어렵다고 불평만 했지 강의를 잘하시는 교수님을 만난 사실에는 감사할 줄 몰랐다.

나는 룸메이트가 술만 마시면 밤늦게 들어온다는 사실에 불평만 했지 평소에 이해심이 깊고 남을 잘 배려해 주는 녀석이라는 사실에는 감사할 줄 몰랐다. 나는 동아리에서 일을 많이 시킨다는 사실에 불평만 했지 좋은 사람들을 많이 만나게 해 주었다는 사실에는 감사할 줄을 몰랐다.

생각해 보면 이외에도 행복할 일들은 아주 많다. 어쩌면 이렇게 조그마한 불행 때문에 일상의 행복을 못 보고 지나치는 것이, 열쇠를 못 보고 지나쳐 나와 밖에 갇히는 것보다 더 어리석은 일일지도 모른다. 지금 이 순간 나에게 불편만 주던 문에게도 감사해야 한다. 이렇게 삶의 주옥같은 진리를 깨닫게 해 주었으니까.

수많은 행복들 틈에 불행은 항상 어딘가에 웅크리고 있다. 그게 너무 눈에 띄어서 문제인 것이다. 어쩌면 행복과 불행은 항상 같이 다니는 떼려야 뗄 수 없는 사이일지도 모른다. 마치 동전의 양면처럼, 문의 안쪽과 바깥쪽처럼 말이다. 그리스 신화에서 문의 신이 괜히 두 개의 얼굴을 가진 야누스가 아니라는 생각이 든다. 내 방의 야누스가 말해 주듯이 행복과 불행은 야누스처럼 두 개의 얼굴로 같이 다니는 것이다. 이것은 당연한 것일지도 모른다. 행복만 있으면 그건 사람 사는 세상이 아니라 천국일 테니까.

'이 간단한 삶의 진리를 왜 이제야 알았을까?'

이제부터는 실수로 열쇠를 방에 두고 가는 바보 같은 짓뿐만 아니라 작은 불행 때문에 큰 행복을 놓치는 바보가 되지 말아야겠다.

화암기숙사 매뉴얼

_ 물리학과 09 최권

매 학기 말에 그래왔듯이, 2010년 가을 학기가 끝나고 다음 봄 학기 기숙사 배정 발표가 있던 날도 우리 학교 인터넷 커뮤니티인 '아라'는 기숙사 관련 글로 가득 찼다. 그중 대부분은 화암기숙사에 관한 글인데, 보통은 관심 없이 지나쳤을 글들이지만 그때는 심각하게 모든 글을 읽어볼 수밖에 없었다. 기숙사 배정 발표 창에 화암기숙사가 적혀 있는, 다음 학기에 화암기숙사로 가야 하는 '선택받은 사람'들 중 하나가 바로 나였기 때문이다. 화암기숙사는 한국정보통신대학교(ICU)와 카이스트가 통합되기 전 ICU에서 보조 기숙사로 사용하던 곳인데, ICU와의 거리도 적지 않게 멀었던 곳이

본원에서 멀리 떨어진 화암기숙사.

라 카이스트 본원에서는 굉장히 멀리 떨어져 있다. 그래서 ICU와 카이스트가 통합된 후에는 거의 버려진 기숙사였는데 최근 카이스트에 입학하는 학생 수가 늘어나면서 기숙사 부족 현상이 생기게 되었고, 기숙사비를 늦게 내거나 졸업 연차를 초과한 학생들은 화암기숙사로 배정되는 경우가 종종 있었다. 하지만 몇몇 운이 나쁜 학생들은 제때 기숙사비를 냈는데도 불구하고 화암기숙사로 배정되었다. 그 운 나쁜 학생이 바로 나였다.

아라(카이스트 학생 인터넷 커뮤니티, http://ara.kaist.ac.kr) 게시판에는 나처럼 화암기숙사에 가야 하는 학생들이 화암기숙사에 배정받았다고 투덜거리는 글, 화암기숙사에서의 생활에 대해 질문하는 글들이 여럿 있었다. 어떤 사람들은 화암기숙사의 기숙사비가 싸다는 장점을 강조하면서 본원 기숙사에 배정된 학생들 중에 화암기숙사와 방 교환할 사람을 찾는 글을 올리기도 했는데 대부분 헛수고였을 것이다. 저렴하다는 이유로 화암기숙사에 입사하려던 사람이라면 처음부터 화암기숙사를 신청했을 테니까. 이렇게 화암기숙사에서 벗어나는 것은 거의 불가능하기 때문에 정말로 화암기숙사에 가기 싫은 학생들은 본원 근처에 원룸을 구하기도 한다. 싼 곳은 한 달에 십오만 원부터 있는데, 그런 곳은 주로 반지하로 굉장히 낡았다. 그럭저럭 살만한 곳은 월세가 이십만 원에서 삼십만 원 사이였다. 신축인데다 좋은 시설을 갖추고 있다면 삼십오만 원까지도 올라간다. 여기에다 전기세, 가스비 등 관리비를 내야 하고 처음에는 보증금도 내야 해서 꽤 큰돈이 들어가기 때문에 돈이 부족한 학생들은 어쩔 수 없이 화암기숙사로 가야만 했다.

그러나 개중에 몇몇 학생들은 화암기숙사에 사는 사람들을 신선이라고 부르기도 한다. 근처에 주거 시설이 전혀 없고 연구소만 몇 개 있기 때문에 밥을 먹거나 물건을 사려면 가장 가까운 마을인 전민동까지 30분을 걸어가야 할 정도로 도심에서 멀리 떨어져 있어, 밤 문화를 좋아하는 학생들에게는 정말 도 닦는 기분이기 때문이다. 화암기숙사로 이사하기 전에 기숙사의 위치도 확인하고 방의 상태도 확인해 볼 겸 셔틀버스를 타고 가 보았는데, 화암기숙사는 호남고속도로 북대전 IC 근처, 그러니까 신탄진 지역을 제외하고 대전의 가장 북쪽 끝에 있어서 셔틀버스를 타고 30분이나 가야 했다. 정말 여기서 몇 달 살면 신선이 될지도 모른다

화암기숙사행 셔틀버스.

는 생각이 들 정도로 멀리 있었지만, 처음 본 화암기숙사는 생각보다 멋졌다. 뾰족한 지붕에 빨간 벽돌로 멋지게 지은 7개의 건물이 가운데 자리 잡고 있었고, 잔디와 벤치가 그 주변을 감싸고 있었다. 그리고 건물들의 일부가 안쪽으로 들어가는 입구를 이루고 있었다. 하지만 그때까지는 몇 주 후 그 멋진 입구가 지옥문처럼 느껴질 줄은 생각도 하지 못했다.

화암기숙사에 가야 한다는 사실을 피부로 느낀 것은 이사 문제 때문이었다. 본원 기숙사에 있던 짐들을 모두 화암기숙사까지 옮겨야 했는데, 자가용이 없는 나로서는 학교에서 제공해 주는 트럭을 이용해야 했다. 짐들을 모두 상자에 넣어 화암기숙사로 가는 트럭에 싣고 나니 신선들의 화암동으로 간다는 것이 실감이 났다. 먼저 출발한 트럭을 쫓아 셔틀버스를 탔다. 나보다 먼저 도착한 짐을 찾아 기숙사로 들어섰는데, 기숙사 방이 하얀 페인트로 칠해져 있어 굉장히

깔끔하지만 그만큼 썰렁하고 차가운 느낌이 들었다. 화암기숙사는 다른 기숙사와는 달리 신발을 신고 들어가는 서양식 건물이라 바닥이 타일로 되어 있다. 여기서 나오는 한기가 새하얀 벽과 함께 있으니 소름이 끼칠 정도였다. 봄 학기가 시작하기 전인 1월 말이라 안 그래도 추운 겨울 날씨가 훨씬 춥게 느껴졌다. 기숙사 내부에서는 전열기 사용이 금지되어 있지만 사감 선생님 몰래 온풍기나 전기담요를 사용하는 학생이 많았고, 나 또한 그랬다.

화암기숙사의 특이한 점 중 하나는 화장실이 방 안에 있다는 것이었다. 처음에는 편할 것 같았지만 화장실에서 냄새가 나기 시작하면 방 전체에 냄새가 퍼지기 때문에 주기적으로 화장실 청소를 해줘야 했다. 본원 기숙사에서 살 때는 화장실 청소가 얼마나 힘든지 알지 못했는데 직접 화장실 청소를 해 보니 화장실 청소도 굉장히 큰일 중 하나였다. 그리고 화장실이 방 안에 있어서 생기는 단점은 이뿐만이 아니었다. 본원 기숙사처럼 큰 공용 화장실이 있다면 화장실이 꽉 차는 일은 거의 생기지 않는데, 화암기숙사에서는 룸메이트가 화장실을 사용하는 동안에는 화장실을 쓸 수가 없다. 이것도 적지 않은 스트레스였다. 만약 화장실을 급하게 사용해야 한다면 식당 옆에 있는 하나뿐인 공용 화장실에 가는 수밖에 없다.

사람들이 말하는 화암기숙사의 유일한 장점은 화암 식당이다. 가격은 본원의 다른 식당들과 비슷하지만 본원과는 다르게 자신이 원하는 만큼 밥과 반찬을 가져갈 수 있다. 반찬 가짓수가 적다는 것이 단점이긴 하지만 조미료도 적게 쓰고 반찬이 맛있는 편이다. 하지만 이것도 식사 시간을 제때 맞췄을 경우의 이야기이다. 이 시간을 놓치게 되면 다른 식당이나 편의점을 찾아야 하는데 화암기숙사는 신선들이 속세와 떨어져 사는 곳이기 때문에 밥을 먹기 위해 왔다 갔다 하는 시간만 최소한 1시간이 든다. 음식을 주문해 먹을까도 생각해 보았지만 1인분을 배달해 주는 곳은 찾을 수 없었다. 친구와 같이 먹으려고 해도 대부분은 이미 밥을 먹은 뒤라 그럴 수도 없었다. 그리고 가끔 운이 좋아서 내가 식사 시간을 놓쳤는데 똑같이 밥을 먹지 못한 친구가 있어서 같이 음식을 주문할 수 있을 때가 있었는데, 그때는 핸드폰이 문제였다. 화암기숙사의 최대 단점은 전파가 잘 잡히지 않는다는 것이다. 그래서 음식을 주문하기 위해서는 기숙사 밖, 전파가 잘 잡히는 곳을 찾아 전화를 해야 했다.

화암기숙사 생활에 조금씩 적응이 되어갈 때 쯤 봄 학기가 시작되었다. 수업을 들으려면 화암기숙사로 올 때 탔던 셔틀버스를 타고 본원으로 가야 한다. 카이스트 기숙사 홈페이지에 셔틀버스 시간표가 올라오는데, 셔틀버스는 시간표에서 거의 1분도 차이나지 않게 오기 때문에 버스 출발하기 5분에서 10분 전부터 미리 나가서 기다려야 했다. 버스 시간표는 주말용과 주중용이 따로 있는데, 주말에 주중용 시간표를 보거나 주중에 주말용 시간표를 보게 되면 한참 동안 버스를 기다려야 한다(주중용과 주말용 시간표가 겹치는 때는 거의 없다). 이렇게 셔틀버스 시간을 착각하거나 늦잠을 자서 버스를 놓치면 수업을 가기가 힘들어진다. 화암기숙사 앞에도 시내버스가 하나 다니지만 배차 간격이 30분이나 되는데다가 버스를 한 번 더 갈아타야 본원에 갈 수 있기 때문에 시내버스를 타고 수업 시간에 맞춰 들어가는 것은 거의 불가능한 일이다. 오히려 30분이나 1시간 뒤에 오는 다음 셔틀버스를 타는 게 더 빠를 정도이다. 정말 중요한 수업이라면 어쩔 수 없이 택시를 타야 하는데 화암기숙사 앞은 택시도 거의 다니지 않아서 콜택시를 불러야 한다. 콜택시를 부르기 위해서는 음식을 주문할 때처럼 전파가 잘 잡히는 곳을 찾아 전화를 해야 한다. 그런데 콜택시를 타는 것도 운이 좋아야만 탈 수 있다. 화암기숙사는 워낙 사람들이 다니지 않는 곳에 있는 기숙사라 근처에 택시가 없는 경우가 많기 때문이다. 만일 운이 좋아서 택시를 탈 수 있게 되면 본원까지 가는데 시간은 10분 정도, 요금은 팔천 원 정도가 나온다. 그리고 만약 택시가 오지 않는다면 그날은 자체 휴강일로 삼으면 된다.

그렇게 4개월간 기숙사 생활을 하고 나면 보통은 화암기숙사를 탈출하게 된다. 하지만 나는 동아리 일 때문에 여름 방학에도 화암기숙사에 남아 있어야 했다. 겨울에 화암기숙사의 문제가 추위였다면, 여름에 문제가 되는 것은 모기와 벌레들이다. 화암기숙사는 산과 가까이 있어 다른 곳보다 벌레들이 훨씬 많았다. 항상 문을 닫고 다녀야 했고 문을 열더라도 방충망은 절대 건드리면 안 되었다. 잠깐 실수로 문을 열어 둔 적이 있었는데, 화암동에 얼마나 다양한 벌레들이 사는지 직접 확인할 수 있었다. 문을 항상 닫고 다니고 방충망을 열지 않았는데도 어디서 들어오는지 벌레들은 항상 기숙사 안으로 들어왔고, 그 벌레들이 책상이나 침대 위에 죽어 있는 경우도 꽤 있었다. 여름에 화암기숙사에 사는 것이 힘든 또 다른 이유는 냉방 때문이었는데, 에어컨이 나오는 시간이 하루에 단 몇 시간으로 정해져 있었다. 내가 방에 있는 시간과 에어컨이 나오는 시간이 엇갈리게 되는 날은 방에서 항상 땀을 흘리며 지낼 수밖에 없었다.

창문을 열면 조금 낫긴 했지만 벌레 때문에 방문을 마음놓고 열 수 없어 별로 시원하지도 않았다. 겨울에는 전기담요를 사용할 수 있었지만 여름에는 딱히 시원하게 지낼 방법이 없어서 힘들었다.

봄과 여름을 합쳐 총 7개월 동안 화암기숙사에 살았던 나는 드디어 화암기숙사에서 탈출할 수 있게 되었다. 화암기숙사는 본원 기숙사에 비해 불편한 점이 많다. 하지만 난 그 불편한 점들이 장점이 될 수도 있다고 생각한다. 화암기숙사에 있는 동안 만큼은 셔틀버스를 타기 위해 아침 일찍 일어났고, 정해진 시간에만 식사를 할 수 있는 식당 때문에 규칙적인 시간에 식사를 했으며, 근처에 있는 산 덕분에 맑은 공기를 마시며 지낼 수 있었다. 덕분에 조금은 건강하게 지낼 수 있었던 것이 내가 화암기숙사에서 얻어간 것이 아닐까 하는 생각이 든다.

나만의 기숙사 소리 축제

_ 경영과학과 09 조은진

　오백여 명이 한곳에 모여 사는 이곳 아름관은 여러 가지 소리로 가득합니다. 소리라는 것이 듣는 사람에 따라 음악이 되기도 하고 소음이 되는 터라, 그 소리에 우리는 때때로 안타까움을 느끼기도 하고 피식 미소를 짓기도 하고 때론 짜증을 내기도 하죠. 기숙사에서 나는 소리는 우리가 생활하는 모습이나 그때의 감정을 잘 표현해 주고 있는 것 같아 '그 소리들로 우리의 생활을 풀어내면 어떨까?' 하는 생각으로 이 글을 쓰게 되었습니다.

　옷장, 침대, 책상을 제외한 공간에 빨래 건조대조차 펼쳐 놓기 빠듯한 5평 남짓한 방에서 하루를 시작하는 것이 어느덧 익숙해졌습니다. 좁은 침대에서 몸을 이리 비틀고 저리 비틀며 한참 흥미로운 꿈을 꾸고 있는데, 베개와 이불 사이를 비집고 익숙한 선율이 들려옵니다. 요즘은 다들 스마트폰으로 알람을 맞추는지라 현재 온라인 음원 차트에서 1위를 하고 있는 곡으로 알람을 맞추어 놓았는데, 어쩐지 고깝게만 들리는 건 일어나 샤워를 해야 하기 때문일 것입니다. 그래도 오늘은 알람 소리에 잠을 깬 게 차라리 다행입니다. 다른 때는 방이 화장실 근처에 위치한 터라 청소하시는 아주머니들이 쓰레기봉투를 부스럭거리며 정리하는 소리, 욕실용 슬리퍼를 딱딱거리며 샤워실에 가는 소리에 잠이 깬 적이 한두 번이 아니기 때문입니다. 잠에서 덜 깬 상태로 샤워를 하고 돌아오면 오전에 수업이 없어 늦게 잠든 친구가 깰까 봐 살포시 목욕 바구니를 내려놓고, 헤어드라이어를 집어 다시 세면대로 향합니다. '위잉~' 하고 헤어드라이어 작동하는 소리에 넋을 놓고 멍하니 머리를 말리다 보면, 바싹 머리가 말라 있습니다. 친구의 눈치를 보면서 슬며시 문을 엽니다. 사실 친구는 깊게 잠든 터라 제가 일어난 것도 모를 텐데 말이죠. 하여튼 아침에 룸메이트와 수업 시간이 같지 않으면 여간 신경 쓰이는 게 아닙니다.

가끔 룸메이트와 수업이 같을 때에는 함께 준비해 나갈 때가 있습니다. 이때 8시 30분부터 울리던 알람 소리를 듣고도 일어나기 힘들어 하는 우리는 10분 단위로 알람을 맞췄다 껐다를 반복하다가 9시 5분이 넘어서야 부스스 일어나 샤워실로 향합니다. 같은 시간에 수업을 가는 날엔, 머리도 방 안에서 말려도 되고 친구가 깰까 봐 신경 쓰지 않아도 돼 즐겁게 준비할 수 있습니다. 보통 샤워를 마치고 돌아와 스킨을 바르고 화장을 하고 또 옷을 입는 동안 친구와 저는 핸드폰으로 노래를 크게 틀어 놓습니다. 감미로운 목소리가 흘러나오는 발라드 노래를 틀었다가, 졸리는 것 같아 클럽에서 나올 법한 팝송을 들으며 준비를 하면 잠도 빨리 깨고 힘이 나는 것 같은 기분이 듭니다. 그렇게 준비를 하고 수업을 가면, 그날 수업이 끝나 들어올 때까지 한동안 이 기숙사에서 벗어나게 됩니다.

저녁을 먹고 피곤한 기색으로 '삐리릭~' 카드 키로 문을 열고 방 안으로 들어오는 순간부터 기숙사 생활이 시작됩니다. 보통은 눈을 뜨는 아침이 시작이라고 하겠지만 그때는 기숙사에서 정신도 차리지 못한 채 씻기만 하고 헐레벌떡 수업을 들으러 가기 때문에, 비교적 맑은 정신으로 맞이하는 저녁의 기숙사 생활이 기숙사에서 보내는 하루의 시작이라고 생각됩니다. 이곳에서 눈을 뜨고 수업을 갔다 왔지만, 혼자 텅 빈 기숙사 방에 들어오면 낯설게 느껴지는 건 무엇 때문일까요? 그래서 전 뜻도 모를 영어가 흘러나오는 음악을 크게 틀어 놓고 아침에 여기저기 던져 놓고 간 화장품과 옷가지들을 하나둘 정리하기 시작합니다. 좁디좁은 방에 룸메이트와 수다 떠는 소리가 아닌 음악으로 채워지면, 처음 방문을 열었을 때 느꼈던 외로움도 슬그머니 잊혀지기 때문에 가끔 저에겐 룸메이트를 대신하는 친구가 되기도 하는 소리입니다.

노랫소리가 너무 정신이 사납다고 느껴 슬며시 소리를 끄고 내일의 과제를 펼칠 때쯤이면 또 '삐리릭~' 소리와 함께 친구가 들어옵니다. 제 친구는 워낙 걸어 다니길 싫어하는 아이라서, 방문을 엶과 동시에 '아~ 힘들어.' 또는 '다리 아파.'라는 말을 하며 소란스럽게 들어옵니다. 2~3년 동안 이 말을 들으니 가끔 이 친구가 조용히 문을 열고 들어오는 날이면 '기분이 안 좋나?', '남자 친구랑 다투었나?' 하는 생각이 들 정도로 친구의 투덜거림이 저에겐 너무나 익숙합니다. 친구가 들어오면 꼭 처음 30분은 오늘 겪었던 얘기나 남자 친구 얘기를 하는데, 이때 나누는 대화가 옆방 사는 친구들에겐 소음일지 몰라도 우리 둘에게는 그 무엇보다 즐거운 시간입니다. 한참 떠들다 보면 얘깃거리가 고갈됩니다. 그럴 때면 슬며시 둘 다 컴퓨터 앞에 앉아 과제를 하거나 페이스북을 합니다.

학기가 시작되고 나면 학교 주변에 술, 영화 외에는 딱히 즐길 거리가 없어서 드라마를 챙겨 보는 것이 학기 중 유일한 여가 생활입니다. 요즘은 〈해를 품은 달〉이라는 드라마를 본방사수하며 즐겨 보고 있는데, 아름관 층마다 있는 휴게실에는 텔레비전이 놓여 있기 때문에 9시 50분쯤이

기숙사마다 있는 휴게실! 드라마 본방 사수는 필수!

면 텔레비전이 잘 보이는 자리가 비어 있기를 바라며 휴게실로 향합니다. 여기 아름관 기숙사의 휴게실에는 텔레비전 앞에 3명이 앉을 수 있는 의자가 4개 정도 놓여 있는데, 가장 앞쪽 자리를 앉은 날이면 다른 사람의 정수리를 볼 필요 없이 드라마를 집중해서 볼 수 있기 때문인지, 아니면 가까이에 앉아 김수현의 목소리가 더 또렷하게 들리기 때문인지 특히 더 드라마가 재미있게 느껴집니다. 가끔은 도서관에서 친구들과 과제를 하다가 10시가 다 되어서야 〈해를 품은 달〉을 보러 방에 들어와 비상식량인 과자를 들고 휴게실로 갑니다. 그런데 과자 봉지를 뜯을 때는 뽀스락뽀스락 소리가 나기 때문에 꼭 드라마가 시작하기 전에 뜯어 놓아야 같이 드라마를 보는 사람들에게 눈치가 덜 보입니다. 드라마가 시작하기 전에 과자 봉지를 뜯어 놓았지만 와삭와삭 과자 씹는 소리에 신경이 거슬릴까 봐 조심스럽게 과자를 먹으며 텔레비전을 시청합니다. 기숙사 사감 선생님은 전 국민이 다 본다는 〈해를 품은 달〉도 보지 않으시는지, 신입생들 중 수능 성적표를 가지고 있는 사람은 학생복지팀에 제출하라는 안내방송을 해 즐거운 여가 생활을 방해합니다. 그래도 드라마를 함께 본다는 건 참 즐거운 일입니다. 서로 이름도 모르고 지내지만 안타까운 장면에서는 함께 안타까워하고, 재미있는 장면에서는 함께 재미있

어 하기 때문입니다. 텔레비전 시청을 마치고 방에 들어와 의자에 앉아 컴퓨터를 하고 있으면, 세면대에서 '카악—' 하고 가래를 뱉는 소리, 물 내려가는 소리, 딱딱 슬리퍼 끄는 소리 등 다양한 소리가 들려옵니다.

금남의 공간 아름관은 카이스트 캠퍼스 북측 가장자리에 위치하고 있습니다. 아름관 기숙사 근처 철망은 야식 배달의 접선 장소로 유명합니다. 그래서 밤마다 오토바이 소리가 들리는데, 이것은 아름관, 사랑관, 소망관, 희망관 등 북측 기숙사에 사는 학생들이 주문한 야식이 배달되는 소리입니다.

아름관은 도로변과 가까운 곳에 있어 2월 초순쯤에는 술을 마시고 무리 지어오는 신입생들의 왁자지껄한 소리로 가득합니다. 술을 마시고 무리 지어오는 신입생들의 왁자지껄한 소리로 가득하고, 때때로는 기숙사 앞에서 생일 축하 노래를 불러 주는 소리와 기숙사 앞에서 헤어지며 떠드는 소리가 어우러져 12시가 넘은 시간에도 기숙사는 분주하게만 느껴집니다. 4학년 때는 그런 소리를 들어도 짜증보다는 부러운 마음이 들겠지만, 내일 아침 일찍 수업을 들으러 가야 하는 저로서는 여간 신경 쓰이는 게 아닙니다.

알람을 맞추고 침대에 눕습니다. 어릴 적부터 쉽게 잠에 들지 못했던 터라 침대에 누워서도 30여 분은 옆방 문 여는 소리를 들으며 '쟤는 이제 방에 들어오나 보네.' 하는 생각도 하고, 새벽 2시가 넘은 시간에도 세탁기가 돌아가는 소리를 들으며 '누군지 모르지만 참 배려심이 없구나.' 하는 생각을 하며 잠이 듭니다.

어느 날은 감기가 걸려 신경이 예민했는데, 새벽 2시 30분경에 세탁기 돌아가는 소리와 휴게실 문틈으로 새어 나오는 텔레비전 소리에 문을 벌컥 열고 나갔습니다. 문을 열고 나갈 때는 용기가 가득했지만 막상 휴게실에 앉아서 텔레비전을 보는 사람을 보니 쉽게 말을 꺼내지 못하고 조용히 문을 닫았습니다. 그러고는 세탁기가 있는 곳으로 향했죠. 세탁기를 꺼 버릴 요량으로 갔지만, 막상 세탁기 앞에선 빨래 주인이 있나 없나 눈치를 살피다가 세탁기 뚜껑을 슬며시 올려놓으면 세탁기가 멈추겠지 싶어 살짝 올리고 재빨리 방에 들어와 누웠습니다. 그랬더니 조용히 꺼질 줄 알았던 세탁기가 뚜껑이 열렸다는 경고음을 '삑—삑—' 울렸습니다.

24시간 쉴 새 없이 돌아가는 세탁기!

꼭 누가 내 방에 찾아와 세탁기 뚜껑 연 사람 나오라고 소리칠 것만 같아서 마음이 조마조마했고, 내가 처음에 세탁기 때문에 왜 화를 냈나 싶은 생각이 들었습니다. 그러다 삑삑거리던 세탁기가 정말 나의 바람대로 멈추고 잠이 들려는 찰나 세탁기 소리를 둘러싼 소리 없는 싸움이 시작되었습니다. 침대에 누워서 추측하건데, 세탁기 주인이 나타나 다시 세탁기를 돌리기 시작한 모양이었습니다. 또 침대를 박차고 나갈까 하다가 괜한 일로 한 건물에 사는 사람과 얼굴을 붉히기 싫어, 책상에 있는 이어폰을 가져와 귀마개 마냥 귀에 꽂고 잠을 청했던 기억이 새벽 3시에 가까웠던 새벽 2시 몇 분쯤의 기억으로 남아 있습니다.

아름관은 학년이 높아질수록 맨 꼭대기 층을 배정받을 확률이 높습니다. 그래서 작년부터 4층에 살았는데, 지난 학기 아름관 서측

4층에는 유난히도 외국인 학생이 많았습니다. 그중 한 외국인 학생은 정수기에서 물을 뜰 때나 세수를 할 때 마주치곤 하였는데, 여자가 봐도 무척 예쁘게 생겨서 아직도 기억에 남습니다.

기말고사 준비로 바쁘던 어느 날, 저는 새벽 3시가 넘도록 룸메이트와 방에서 공부를 하고 있었습니다. 그런데 앞방에서 서러운 울음소리가 들렸습니다. 무슨 사정인지는 알 수 없었으나, 그칠듯 하다가도 다시 서럽게 울기를 반복했습니다. 그렇게 1~2시간이 넘게 우는 소리를 들으니 타지에 와서 무슨 일로 저렇게 쉼 없이 울까 싶어 안쓰러운 마음이 들기도 했습니다.

지난 학기엔 유난히 전자레인지 알람 소리를 많이 들었던 것 같습니다. 한국 음식이 입에 맞질 않아서인지 외국인 학생들은 전자레인지에 자기 나라 음식을 요리해 먹는 것을 많이 보았습니다(아름관에는 조리실이 따로 없고 버너나 전열 기구는 허용이 되지 않는다). 처음에는 뜨거운 물을 가득 부어 야채를 넣고 전자레인지를 돌리는 모습이 신기하였지만, 점차 특유의 향이 나는 음식을 전자레인지에 넣고 요리하는 경우가 많아 휴게실에 텔레비전을 보러 가는 것을 조금 기피하기도 했습니다.

전에는 남이 내는 소리는 모두 소음처럼 들려서 짜증 나는 마음이 먼저 앞섰는데, 요즘은 소리로 다른 학생들의 생활을 엿보고 있는 것 같아 괜히 재미있기도 합니다.

지금도 새벽 2시가 훌쩍 넘은 시간이지만, 복도에 슬리퍼 끄는 소리가 울리는 것을 보면 '나와 같이 밤늦게까지 과제를 하는 학생이 있구나.' 하고 혼자 추측해 보기도 합니다. 이곳에서 기숙사 생활을 한 지도 벌써 3년이 다 되어 갑니다. 지금쯤이면 기숙사에서 나는 소리에 익숙해질 때도 되었지만 아직도 기숙사에서 나는 여러 가지 소리에 놀랄 때가 많습니다. 하지만 매 학기마다 들었던 소리들은 기숙사 생활에 대한 좋은 추억을 남겼고, 그때마다 느끼는 감정과 기분은 내가 다른 사람들과 함께 어우러지며 '살아간다'는 것을 느끼게 해 주었습니다. 또 한편으로는 기숙사 소리들 덕분에 인내심과 배려심을 배운 것 같아 고맙기도 합니다. 1년 뒤 학교를 졸업하고 나면 가끔 아름관 기숙사에서 울려 퍼지던 소리가 나의 대학생 시절의 소소한 추억이 되어 그리울 것 같습니다.

TIP 캠퍼스 라이프

한눈에 보는 카이스트 기숙사

아름관

여학생 전용 기숙사, 아름관.

| 카이스트에 거주하는 여학생 인구 중 70~80퍼센트가 거주하는 곳. 대부분의 1학년 여학생들은 아름관 1~2층에 거주하게 된다. 4층 건물의 아름관에는 4대의 엘리베이터가 있다. 야식이 배달되는 철망과 가장 가까운 곳에 위치하고 있어 야식을 선호한다면 체중이 증가할 가능성이 매우 큰 기숙사다. 보통 2인실을 사용하지만 갈수록 여성 인구가 증가함에 따라 휴게실을 개조한 방에서 3명이 사용하기도 한다. 휴게실에는 텔레비전과 전자레인지, 정수기, 그리고 앉아서 쉴 만한 테이블 등이 있는데 〈슈퍼스타K〉, 〈무한도전〉 같은 인기 프로그램의 상영 시간에는 많은 학생들로 북적인다. 아름관 앞에서는 밤마다 연인을 떠나보내고 싶지 않은 커플들의 애정 행각이 벌어진다. 그들은 마치 연리지처럼 둘이 꼭 붙어서 떨어지지 않아, 밤늦게까지 조 모임이나 과제를 하고 들어가던 거주자들의 불평불만이 자자하다. 건물 옥상은 몇 안 되는 여성 흡연자들이 조우할 수 있는 공간이다. 지하 1층에는 간단한 운동 기구들이 놓인 체력 단련실이 있는데, 학기 초에는 굉장히 북적이지만 학기 말이 가까워 질수록 음산한 기운이 감돈다. 이곳은 기계항공시스템 학부(기계공학전공, 항공우주공학전공), 산업디자인학과 등의 학생들이 선호하는 기숙사이다. 만약 이 기숙사에 산업 및 시스템공학과나 생명화학공학과 학생들이 거주한다면 아침마다 정보전자공학동까지 30분은 걸어야 하는 참사가 발생할 수 있다. 택시 승강장, 학교 식당, 매점, 동아리 방이 모여 있는 태울관, 교양분관(열람실) 등의 생활 시설과 가깝게 위치하고 있어서 많은 거주자들에게 매력적인 공간이다. 하지만 시설이 낡고 지저분하며 공용 샤워실과 화장실을 사용하기 때문에 위생에 민감한 사람들은 기피하는 경향이 있다.

소망관, 사랑관

| 사랑관은 1학년 남학생 위주로 배정된다. 남학생 중 소망관과 사랑관을 좋아하는 학생이 많은데, 그 이유는 아름관에 거주하는 여자 친구 혹은 좋아하는 여

1학년 남학생들이 생활하는 두 기숙사, 소망관(좌측)과 사랑관(우측).

자가 있는 경우나 학생 식당에서 빠르게 끼니를 해결할 수 있기 때문이다. 소망관과 사랑관의 행동 패턴과 반경은 대체적으로 아름관과 비슷한 경향을 보인다. 소망관, 사랑관, 아름관으로 이어지는 벚꽃 길은 딱 시험 기간이 끝났을 때 그 아름다움을 뽐낸다.

진리관

| 진리관은 위치가 진리라는 말이 있다. 교양분관, 택시 승강장, 학생 식당, 매점, 롯데리아, 세탁소, 우체국 등의 생활 편의 시설과 가장 가까운 곳에 있다. 특히 매점까지는 5분도 걸리지 않는다. 북측 기숙사들은 모두 아름관과 같은 시기에 지어졌다.

각종 편의 시설을 누릴 수 있는 최적의 환경, 진리관.

지혜관

| 남학생들은 지혜관에 배정되면 그 학기는 얼굴을 잘 볼 수가 없거나 아주 잘 볼 수 있다. 그 이유는 방에서 나오지 않거나 방에 들어가지 않기 때문이다. 다른 모든 기숙사의 주소가 '대전광역시 유성구 구성동'으로 시작되는 반면에 지혜관은 '대전광역시 유성구 신성동'으로 시작된다. 이 기숙사는 주소에서 유래가 되어 '신선동'이라는 별칭으로 불린다. 한 학기 동안 속세와 떨어진 지혜관에서 수행을 하며 신선이 되리라는 마음가짐이 보이는 별명이다. 수업이 시작되는 모든 건

'신선동'이라 불릴 만큼 멀리 떨어진 지혜관.

물들과 가장 먼 거리를 자랑하며 편의 시설도 근처에서 찾아볼 수가 없다. 물론 밖으로 식사를 하러 나가는 길도 천 리 길이다. 여기에 사는 학생들 말로는 산속에 고립되는 느낌이라 유배당하는 것 같다고 한다. '바동'이라는 이름으로도 불리는데(예전에는 소망관을 가동으로 부르는 걸로 시작해서 지혜관을 바동으로 불렀다), 현재 이렇게 '가나다라 순'의 동명은 지혜관밖에 쓰이지 않는다. 지혜관 거주자들은 비교적 고가의 교통수단(스쿠터)을 많이 사용하고, 모든 식당과 가장 먼 곳에 위치한 데다 야식을 받으러 가기도 매우 힘들기 때문에 자발적으로 식량을 비축해 놓고 끼니를 해결한다.

카이마루

많은 학생들이 이용하는 카이마루.

| 북측이 학생 밀집 지역이다보니 퀄리티에 비해 수요가 높다. 식당은 크게 자기가 원하는 반찬을 선택할 수 있는 카페테리아, 분식류를 파는 곳, 싼 가격의 단품을 파는 곳, 약간 비싼 샌드위치를 파는 곳으로 나뉜다. 삼시 세끼 학식을 꼬박꼬박 챙겨 먹으면 살이 빠진다는 풍문이 있다. 하지만 살이 빠지기 전에 영양 불균형이 올 것 같다. 그럼에도 불구하고 점심시간이면 늘 사람들로 붐빈다. 카이마루에는 카페베네가 입점해 있으며 여학생들이 많이 이용한다.

외국인 교수 아파트

좋은 시설을 자랑하는 외국인 교수 아파트.

| 외국인 교수 아파트라고 되어 있지만 한국인 교수님들도 머물고 계시다. 짧은 시간에 완공이 되어 금방 무너질 거라는 이야기도 돌았지만, 정말 괜찮은 아파트 한 채를 떼어다 놓은 것 같은 겉모습이고, 교수님을 따라 원정을 다녀온 학생들의 이야기를 들어 보면 내부도 깔끔하다고 한다. 이곳에는 지하 주차장과 바닥이 푹신한 최신식 놀이터를 갖춘, 카이스트에서 가장 최근에 지어진 기숙사다. 아이들과 함께 놀이터에서 공놀이를 하는 교수님, 트레이닝복 차림의

교수님, 개를 산책시키시는 교수님 등 색다른 모습의 교수님들을 뵐 수 있다.

외국인 학생이 거주하는 나눔관.

나눔관

| 외국인 대학원생들이 거주하는 기숙사. 형식상 대학원생들이 사용할 수 있는 곳이라고 명시되어 있지만 갈릴레이관과 연동하여 주로 외국인 학생들이 배정받는다. 카이스트 본원에서는 유일하게 취사장을 갖추고 있는 기숙사로 여기에 사는 외국인 학생들은 다양한 음식을 해 먹을 수 있다. 나눔관 쪽은 산책로가 꽤 예쁘게 단장되어 있어서 커플들의 데이트 코스로도 좋은 곳이다. 카이스트에 재학 중인 외국인들은 대부분 한국어를 꽤 능숙하게 사용하기 때문에 이 부근의 산책로를 걸으며 뒷담화를 하지 않는 것이 좋다.

미르관, 나래관

| '신신축'이라고 불리는 기숙사. 무려 지어진 지 5년이 넘었건만 아직도 '신축'이라고 불리고 있는 기숙사 덕분에 이제 지어진 지 몇 년 안 된 이 깔끔한 기숙사는 '신신축'이라는 명칭으로 불리고 있다. 모든 방이 화장실과 샤워실, 세면대를 갖춘 원룸 형태인데, 저 세 가지가 따로 설치되어 있어 룸메이트와 함께 생활하는데 불편함이 없는 구조다.

최근에 지어져 가장 깔끔한 미르관(좌측)과 나래관(우측).

즉, 한 사람이 샤워를 하는 동안 다른 한 사람은 생리적인 욕구를 해결할 수 있다. 좋은 시설에 비해서 위치는 조금 애매한 편이다. 야식을 받으러 가기에도, 쪽문으로 나가서 밥을 먹거나 술을 마시기에도, 학교 식당을 이용하기에도 딱히 가깝다고 할 만한 거리에 있는 게 없다. 로비를 중심에 두고 남녀 기숙사가 구분되며, 지하에는 휴게 공간과 새벽 2시까지 열어주는 착한 매점, 그리고 세탁소가 있고, 2층에는 체력 단련실이 있다.

카이스트 아파트

| 원내 아파트라고 불리는 이 기숙사는 기혼자 기숙사와 인터내셔널 빌리지를

말한다. 결혼을 한 대학원생 혹은 대학생이 가족과 함께 입주할 수 있다. 4인 혹은 3인이 사용할 수 있는 공간으로 큰방, 작은방, 거실, 주방, 욕실을 갖추고 있다. 주방은 설치되어 있지만 취사를 할 수 없고, 벌레가 엄청나게 많이 서식한다는 이야기가 전해지는 곳이다.

기혼자를 위한 카이스트 아파트.

희망관, 다솜관

| 이곳이 바로 지어진 지 10년이 넘은 '신축' 기숙사다. 10년 전에 처음 지어졌을 때 희망관과 다솜관이라는 이름이 익숙하지 않았던 사람들이 '신축'이라고 불러왔던 것이 아직까지 이어지고 있다. '신신축' 기숙사의 모든 방이 원룸형이라면 이곳은 부분적으로 원룸형이다. 중앙냉난방 시설이라는 끔찍한 조건을 갖고 있음에도 불구하고 이 기숙사를 선호하는 학생이 많은 이유는 크게 두 가지인데, 학교 밖으로 나갈 수 있는 쪽문과의 짧은 거리, 그리고 생명화학공학과, 신소재공학과, 건설 및 환경공학과, 이렇게 총 3개의 학과의 수업이 열리는 응용공학동과 엎어지면 코 닿을 거리라는 점이다. 산업 및 시스템공학과 건물하고도 가까운 편이다. 그리고 '신신축'과 마찬가지로 체력 단련실, 매점, 세탁소와 같은 시설들을 갖추고 있고, 2층에 독서실이 있다. 한 가지 특별한 것은 학부모가 학교에 방문했을 때 묵을 수 있는 방이 2개 정도 있다는 것. 이 방은 방문 전에 신청하면 된다.

학부모용 방이 있는 기숙사 희망관(좌측), 다솜관(우측).

갈릴레이관

| 대학원 남학생들이 사는, 별다른 특징을 찾기 어려운 곳. 그나마 특징이라면 유일하게 과학적인 이름이 붙은 기숙사라는 것이다. 팁을 주자면 '신축'과 붙어 있는 이 기숙사의 매점은 신축 기숙사 매점이 닫을 때 열고, 열 때 닫는다는 사실이

유일하게 과학자의 이름이 붙은 기숙사, 갈릴레이관.

다. 주차할 수 있는 공간이 많다.

화암기숙사

| 셔틀버스를 타고 30분 정도 가야 한다. 본원과 화암기숙사를 다니는 셔틀버스는 1시간 간격으로 운행되기 때문에 한 번 놓치면 그 날 수업은 안녕이다. 또한 남자 기숙사이기 때문에 이 기숙사에 여자라고는 식당 아주머니들뿐이다. 다만 밥은 자유배식이고 꽤 먹을 만하다. 산속에 파묻힌 이 기숙사는 여름에는 벌레가 득실득실하고, 옆에 있는 농장에서 아침마다 닭이 운

본원에서 30분 정도 떨어진 기숙사, 화암기숙사.

다. 이곳은 혼자서 전원생활을 즐기고 싶은 사람에게 추천할 만한 기숙사이다.

문지기숙사

최고의 시설을 자랑하는 문지기숙사.

| ICC 캠퍼스(구 ICU 캠퍼스) 뒤쪽에 있는 기숙사인 문지기숙사는 화암기숙사의 다운그레이드 버전이다. 이곳 역시 아침에 셔틀버스를 놓치면 수업은 안녕인 먼 곳에 위치하지만 시설은 최고로 칠만큼 깨끗하고 좋다. 장점을 꼽자면 셔틀버스 덕분에 아침형 인간이 될 수 있고, 취사 시설도 갖춰져 있어서 따뜻한 밥을 해 먹을 수 있다. 또 주변에 맛있는 음식점이 많다. 본원과 문지기숙사를 다니는 셔틀버스는 새벽 2시까지 있다. 대부분의 친구들이 본원에 모여 있기 때문에 밤에 야식이나 술 생각이 나면 혼자서 먹어야 한다는 단점이 있다. 그래도 학교를 벗어나 산다는 해방감과 편안함은 추천할 만하다.

서측 식당(서맛골)

| 서측 기숙사들에서 가장 가까운 식당에 해당하지만 워낙 맛이 없기로 유명해 학생들의 이용률이 낮은 편이다. 서맛골이 위치한 학생회관 2층에 아무도 가지

않는다던 '석학의 집'이 없어지고 들어온 '그라지오소'는 가격도 무난하고 맛도 괜찮은 편이어서 많은 학생들이 찾고 있다. 또한 1층에는 'DDDN 피자'가 조금은 비싸지만 담백한 맛과 식욕을 자극하는 냄새로 사람들을 끌어당긴다.

서측 식당(서맛골)의 맛있는 DDDN 피자.

세종관

| 오래전에 지은 것에 비하면 외관은 훌륭하다. 아름답게 꽃이 피는 계절에 사진을 찍으면 유럽의 작은 나라에 온 것과 같은 기분을 느낄 수 있다. 원운동장과 가까워서 남학생들의 선호도가 높고, 엘리베이터가 없어서 학기 초와 학기 말에 이사를 할 때 꽤 곤혹스럽다. 파팔라도 메디컬 센터와도 가까워서 1년에 한 번 하는 건강검진 때도 편하고 아플 때 학교 밖까지 나가지 않아도 쉽고 편하게 병원에 갈 수 있다. 수리과학나 생명과학과 등 자연과학부 학생들과 산업 및 시스템공학과 학생들에게 선호도가 높다. 과를 막론하고 다양한 수업이 열리는 창의학습관과 공부도 하고 책도 읽을 수 있는 과학도서관과의 접근성도 좋다. 다만 북측에 있는 시설들을 이용할 때는 오르막길을 올라가야 하기 때문에 약간 힘이 든다. 시설은 아름관과 비슷한 수준이지만 조금 더 깔끔한 편이다.

복고풍 느낌이 나는 세종관.

동측 식당(동맛골)

| 카이스트 내의 식당 중에 가장 좋은 평가를 받는 식당이다. 대부분의 메뉴를 학생들이 선호하는 편이지만 가장 인기가 좋은 메뉴는 점심과 저녁 시간 사이에 판매되는 라면. 싼 가격으로 배를 채울 수 있고 맛도 괜찮아서 인기가 많다. 최근에는 베이커리류를 팔기 시작했는데 이 역시 맛이 괜찮아 인기가 높다. 식당과 함께 매점이 자리 잡고 있어서 긴 식당 줄을 서다가 포기한 이들은 매점에서 간단하게 식사를 때우기도 한다. 이 매점의 특이한 점은 컵라면을 판매하지 않는다는 점이다. 그 이유는 동측에서 판매하는 라면 때문이다.

2장 ::

잊을 수 없는 인연,
기숙사 친구들

몽골인 룸메이트 무기 _ 화학과 10 오서희

룸메는 외국인 _ 생명화학공학과 09 김진우

고맙네, 친구여 _ 신소재공학과 11 이호진

김수민과 나의 이야기 _ 산업디자인학과 10 주성욱

이제는 잡을 수 없는 이야기 _ 전기 및 전자공학과 10 한정규

양파는 까면 눈물이 난다 _ 전기 및 전자공학과 11 김건우

TIP 캠퍼스 라이프 _ 카이스트에 있는 교내 시설들

몽골인 룸메이트 무기

_ 화학과 10 오서희

2학년 2학기, 4개월간 방을 함께 쓴 몽골인 룸메이트와의 이야기는 이렇게 시작된다.

"Excuse me, what's your name?"

첫 만남의 순간이었다. 방 안에 있던 나는 뭔가 부끄러워서 누군가가 들어왔음에도 불구하고 그쪽을 보지도 못한 채 컴퓨터 앞에 앉아 인터넷을 하고 있었다. 그런 내게 룸메이트가 먼저 말을 걸었다.

나는 내 이름과 전공을 소개했고, 몽골에서 온 룸메이트도 본인을 소개했다. 지금은 L로 시작한다는 것밖에 기억이 나지 않지만, 당시 룸메이트 이름을 들었을 때는 길고 어렵게만 느껴졌다. 그때 룸메이트는 자신의 이름을 '무기'라고 부르라고 했다. 지금 돌이켜 생각해보면 한 번쯤 의문을 가져볼 만도 한데 그 당시에는 무기라는 이름에 대해 궁금해 하지 않았다.

입사하기 한 달 전쯤 기숙사 확인 사이트에서 내 이름 아래에 영어로 쓰인 이름을 본 순간 나는 절망했다. 그때 난 친구와 함께 지낼 생각에 기숙사 신청을 세종관으로 했는데, 친구가 실수를 하여 아름관으로 배정받게 된 것이다. 졸지에 난 낙동강 오리알 신세가 되었다. 모르는 사람과 룸메이트가 되어야 했기 때문이다. 그래서 마음속으로 제발 외국인만은 아니길 바랐었다.

　이전에 외국인과 방을 써 본 적은 없었지만 외국인과 함께 방을 쓴 학우들의 이야기를 들어 보면 냄새가 난다거나 개념이 없다는 등의 좋지 않은 이야기를 많이 들었기 때문이다. 그래서 난 기숙사 방이 배정된 후에도 룸메이트를 하기로 했던 친구와 함께 '어떻게 하면 룸메이트를 바꿀 수 있을까?'에 대해 고민했다. 아름관으로 둘 다 옮길 수 있는 방법을 비롯해 여러 가지 방법을 생각해 보았지

아름다운 학교 교정!

만 그중 가장 좋은 방법은 무기에게 부탁하는 것이라는 결론을 내렸다. 그래서 나는 무기에게 한 통의 메일을 보냈다. 이번 학기에 룸메이트를 하기로 한 친구는 나와 굉장히 친한 친구이고, 함께 하기로 한 일들이 많으니까 방을 좀 바꿔 주면 좋겠다는 내용이었다. 그런데 예상했던 것과는 다른 답이 왔다. 본인도 지금 배정받은 기숙사가 학과 건물과 가깝고, 친구가 같은 기숙사를 쓸 것이며, 한국인 룸메이트와 함께 생활해 보고 싶기 때문에 미안하지만 방을 바꿔 줄 수 없다는 것이었다. 참 친절한 말투의 메일이었다. 그리고 한국인과 방을 쓰고 싶다는 무기의 말에 난 선택되었다는 느낌을 받았고, 차마 더 이상 방을 바꿔 달라고 부탁할 수가 없었다. 그 순간부터 난 무기가 다른 외국인 룸메이트와는 다를 것이라는 생각과 좋은 경험이 될 수도 있을 것 같다는 생각이 들었다.

첫 만남 이후 각자의 일 때문에 바빴던 우리는 방에서 마주칠 시간이 많지 않았다. 왜냐하면 아침에는 둘 다 급하게 수업 준비를 하느라 정신이 없었고, 저녁에는 무기가 잠이 들 때 내가 방에 들어왔기 때문이다. 그리고 유일하게 함께 있을 만한 주말에도 '집순이'라고 불렸던 난 집에 자주 다녀왔다. 그래서 친구들이 가끔 "외국인 룸메이트와의 생활이 어때?"라는 질문에 난 늘 "좋지도 나쁘지도 않아."라고 대답했다. 그리고 우리는 시간이 흐를수록 서로 말 한마디 하지 않는 날이 많아졌다. 그러다 보니 점점 뭔가 말하는 것도 어색해졌고, 방 안에 함께 있어도 각자 조용히 자기 할 일만 하게 되었다. 그렇게 중간고사 기간이 지나갔다.

2012년 수학능력시험 날 오후 우리는 둘 다 방에 있었다. 그 시기에 난 22학점을 들었기 때문에 항상 오후 8시 이후에나 기숙사로 돌아왔는데, 그날만큼은 수업 도중에 방으로 왔다. 사촌 동생을 비롯해 주위에 아는 동생들, 그리고 재수한 친구들이 수학능력시험을 보는 날이라서 그런지 아침부터 신경이 쓰였다. 방에 들어온 난 오늘이 무슨 날인지 무기가 아는지 궁금했다. 그래서 수학능력시험이 뭔지 아느냐고 물어봤다. 잘 모른다는 무기에게 수능에 대해 설명해 주자, 무기는 수학능력시험은 잘 모르겠지만 우리나라의 고등학생들이 힘들게 공부하는 것처럼 느껴진다고 했다. 그러면서 무기는 몽골에 대해 말했는데, 몽골의 청소년들은 우리나라보다 훨씬 자유로운 학교생활을 하며 부모를 도와 집안일을 거든다고 했다. 무기가 가장 놀란 부분은 수학능력시험을 위해 3년 동안 공부를 한다는 것이었다. 그다지 깊이 있는 대화는 아니었지만 첫날 이후 가장 길게 한 대화였고, 그날은 우리 사이에 보이지 않던 침묵이 깨지고 대화가 오갔던 날이었다. 그 이후로 우리는 서로 수강하는 과목에 대한 이야기, 과제에 대한 이야기, 몽골에 있는 무기의 가족 이야기까지 꽤나 많은 이야기를 나누었다.

'집순이'인 나처럼 무기도 가족들과 집을 굉장히 좋아했다. 무기한테는 가끔씩 몽골에 있는 가족에게서 택배가 왔었는데, 내용물은 대부분 먹을 것이었다. 택배가 온 날, 무기는 나에게 러시아에서 만들고 몽골에서 샀다는 초콜릿과 몽골 사람들이 간식으로 잘 먹는다는 우유로 만든 딱딱한 음식을 줬다. 초콜릿은 우리나라에서 산 것들과 비슷했지만 몽골 사람들이 잘 먹는다는 그 음식은 내 입맛에는 영 아니었다. 맛도 맛이지만 딱딱해서 도무지 씹을 수가 없었다. 그래서 먹는 척하고 슬쩍 버렸는데, 무기가 맛이 어떠냐고 묻는 통에 적잖아 당황했다. 지금 생각해 보면 무기도 내가 집에서 싸왔던 떡이나 고구마 맛탕을 먹었을 때 같은 심정이었을지도 모른다. 아무튼 그날 이후 우리는 서로의 집에서 가져온 음식을 함께 먹으며 대화하는 시간이 많아졌다.

폭풍 같았던 한 학기가 끝난 날, 나는 더러워진 방을 정리하고 짐을 쌌다. 그때 조용한 방에서 혼자 짐을 싸는 게 싫어서 음악을 틀어놓았는데 때마침 무기가 들어왔다. 무슨 이야기를 먼저 시작했는지는 기억이 나지 않지만 우리는 여러 가지 이야기를 나누었다. 그러다 난 무기에게 전부터 궁금했던 것을 물어보았다. 대학을 졸업하면 무엇을 할 거냐고.

무기는 대한민국이 아닌 다른 나라로 유학을 가서 석·박사 학위를 따고 싶다고 했다. 나는 무기의 대답을 들으며 '무기도 나와 비슷한 생각을 하고 있구나.'라고 생각했다. 곧이어 나는 그 후에는 무엇을 하고 싶은지 물어봤다. 물을 때에는 생각지도 못했던 대답을 들었던 그 물음. 다시 생각해 보면, 무기의 10년 후 미래를 묻는 물음은 나 자신을 5년 전 과거로 돌아가게 하는 물음이었다.

만약 내가 이 질문을 한국인 친구에게 했다면, 대부분 '회사에 들어가고 싶다', '교수가 되고 싶다'고 대답했을 것이다. 왜냐하면 나 역시 같은 질문을 받으면 교수가 되고 싶다고 말하기 때문이다. 과학고등학교, 카이스트, 국내 대학에서 석·박사를 학위 취득한 후 외국에서의 유학 생활, 그리고 교수가 되는 것. 이게 대부분 카이스트를 다니고 있는 학생들이 생각하고 있는 자신의 미래인 동시에 내가 생각하고 있는 나의 미래였다.

나는 학교 안팎으로 여러 가지 다양한 활동을 하고 있었지만 내가 생각한 큰 틀, 큰 흐름은 내가 과학고등학교에 입학하는 그때부터, 아니 과학을 공부하기로 결심했던 중학교 때부터 바뀌지 않았고, 그래서 항상 다음 단계로 나아가기에 바빴다. 중학교 때에는 과학고등학교에 입학하기 위해서, 고등학교 때에는 좋은 대학을 가기 위해서, 이번 학기만 해도 나는 친구들과 좋은 학점을 받기 위해 열심히 노력했다.

사실 나는 무기가 전산학 지식을 이용하여 어떤 일을 계획하고 있는지 궁금했다. 나는 무기에게 들은 것 말고는 몽골이 어떠한 곳인지 잘 몰랐기 때문에 무기가 어떤 일을 하려는지, 그리고 할 수 있을지 상상이 되지 않았다. 몽골은 우리나라처럼 전산과 전공자들이 일할 수 있는 기업이 많지 않을 것 같은데 과연 전공을 살려 일할 수 있는 기업은 있는지, 아니면 한국에서 배운 지식을 바탕으로 학생들을 가르치는 교사가 될 것인지, 그것도 아니면 외국에 머무르며 자신의 미래를 만들어 나갈 것인지 말이다. 나는 진로에 대해 고민이 많은 2학년 학우들과 비교하여 외국에서 온 무기는 어떤 생각을 하고 있는지 알고 싶었다. 그런데 무기는 내가 생각한 예상과 전혀 다른 대답을 했다.

처음 무기가 한 대답은 "잘 모르겠다."였다. 그러고는 외국 유학을 마치면 반드시 모국으로 돌아갈 것이라고 했다. 여기까지는 내가 생각했던 대답과 일치했다. 몽골로 돌아가거나 외국에 머무르는 것 중 하나의 선택, 내가 할 예정인 선택과 같은 선택이었다. 그런 다음 무기는 진지하게 자신의 생각을 말하기 시작했다. 무기는 몽골의 시스템을 바꾸고 싶다고 했다.

한 나라의 시스템이라면 정말 여러 가지가 있겠지만 나로서는 교육 제도와 연관된 교육 시스템이 가장 먼저 떠올랐다. 당시 우리 집은 고등학교 2학년이었던 동생 때문에 교육 제도에 대해 열을 올렸기 때문이다. 그래서 전산학적 지식을 이용하면 교육 문제를 많이 고칠 수 있겠다는 생각이 들기도 했다. 그렇게 생각하고 있던 나에게 무기는 전혀 다른 이야기를 해 줬다.

몽골은 예전과는 달리 자연환경이 많이 훼손되었다고 했다. 몽골에 매장된 금, 은, 철광석 등의 광물을 채굴하려는 사람들이 늘어났고, 사람들은 환경보다 돈을 더 중요하게 생각한다고 했다. 그리고 자신들에게 진짜 소중한 것이 무엇인지 잊고 있는 것 같다고 했다. 무기는 그런 것들을 바로잡고 싶다고 말했다. 무기의 굳은 결심은 그녀의 강한 눈빛과 목소리를 통해 그대로 전해졌다.

'모국으로 돌아가 국가의 시스템을 바꾸겠다라니!'

이 말을 듣고 나의 뇌가 갑자기 빠른 속도로 회전하기 시작했다. 무기의 말에 난 중학교 시절의 내 모습이 떠올랐다. 할머니 댁에 갈 때마다 할머니와 고모는 내게 외국에 있는 대학교에 가서 공부할 거냐고 물었다. 초등학교 때에는 부각되지 않았던 학교 성적이 중학교에 들어가면서부터 한눈에 보이기 시작해서 그랬던 것 같다. 그때 내 눈앞에는 고등학교뿐이었고 대학은 먼 미래의 일이었다. 그래도 항상 나의 대답은 "아니요. 우리나라를 지킬 거예요."였다. 이 말을 들은 고모는 "애는 역시 남다르다."면서 우리나라를 지킨다는 생각이 정말 훌륭하다고 칭찬하셨다. 물론 한국에서 공부하고 머무르는 것이 우리나라를 지키는 것이라는 생각은 어린아이의 생각이었지만 그 당시 나는 열심히 공부해서 우리나라를 위한, 그리고 인류를 발전시킬 훌륭한 과학자가 되고 싶다는 꿈을 가지고 있었다. 그리고 이 세상에 없던 것을 새로 창조하여 사람들에게 도움을 주고 싶다는 꿈도 가지고 있었다. 물론 그때의 난 과학자들이 어떻게 연구하는지, 내가 어떤 분야의 과학자가 될지는 몰랐지만, 그 꿈만은 확실했다. 그리고 그 꿈이 있었기에 과학고등학교 입학시험을 준비했고, 그 길을 먼저 달리기 시작한 친구들보다 더 열심히 뛸 수 있었다.

나는 "우리나라를 지킬 거예요."라고 말한 무기 덕분에 정말 오랜만에 예전의 나의 모습이 떠올랐다. 과학 공부를 시작할 때는 훌륭한 과학자가 되기 위해 시작했는데 어느 순간부터는 고등학교에 가기 위해, 대학에 가기 위해, 좋은 학점을 위해 달리고 있었다. 그저 다음 단계를 밟기 위해 공부를 하고 있던 것이었다. 하지만 무기는 아직도 처음의 꿈이 현재의 꿈이었다. 그 순간 난 5년 전의 나와 현재의 나에 대해 생각하느라 무기가 바꾸고 싶어 한 시스템이 정확히 어떤 시스템인지, 또 어떻게 바꾸고 싶다는 것인지에 대해서는 이야기를 나누지 못했다. 하지만 내가 한 학기 동안 봐 온 무기는 자신의 전공 분야를 열심히 공부하는 바른 생활 아가씨였다. 그리고 무엇보다도 꿈에 대한 확신이 있기 때문에 반드시 자신의 꿈을 이루리라는 생각이 들었다.

외국인과 방을 쓰는 한국 학생들은 외국인과 잘 지내는 경우와 잘 지내지 못하는 경우로 나눌 수 있다. 내가 아는 많은 학생이 외국인과 생활하는데 어려움을 겪었고, 잘 지내는 학생들도 내가 무기와 수능에 대해 이야기를 하기 전처럼 침묵의 시간을 보내는 경우가 많았다. 물론 외국인들과 사이좋게 지내는 것이 그리 쉬운 일은 아니다. 친한 언니들 중에 외국인 룸메이트와 생활한 언니들이 몇 명 있었는데, 우리나라 사람으로서는 이해하기 어려운 행동을 많이 해 힘들었다고 했다. 일례로 겨울에 항상 문을 열고 잤는데 너무나 추웠던 언니가 "Can you please close the window?"라는 쪽지를 붙이고 잤는데, 그다음 날 그 쪽지에 'close'를 지우고 대신 'open'을 적은 "Can you please open the window?"로 바뀌어 붙여놓았다는 것이다. 또 다른 언니의 외국인 룸메이트는 기숙사에 신발을 신고 들어오거나 언니의 물건을 허락도 없이 쓰는 행동을 했다고 한다. 친한 언니들이 외국인 룸메이트와 문제가 있었기 때문에 내가 무기를 만난 것은 정말 행운이었다.

무기한테서 선물 받은 몽골 음악 CD와 엽서.

나는 무기와 지낸 한 학기 동안 몽골에 대한 이야기를 듣기도 하고, 선물 받은 CD로 몽골 음악을 듣기도 하는 등 다양한 경험을 했다. 그리고 작년 겨울에는 영하 50도까지 내려가는 추운 몽골이지만 여름에는 날씨가 정말 좋다며 나를 몽골로 초대하기까지 했다. 보통 몽골 사람들은 집이 두 채 있는데 여름에는 미국식 주택인 summer house에 사니까 내년 여름에 꼭 놀러 오라고 당부했다. 이 정도라면 추운 나라에서 온 룸메이트가 겨울에 창문을 열고 잔다거나, 부모님과 방에서 몽골어로 오랫동안 통화하는 거나, 매번 문을 잠그고 다녀 열쇠를 항상 들고 다녀야 하는 귀찮음 정도는 충분히 이해 할 수 있다고 생각한다.

길고 길었던 한 학기가 마무리되고, 무기와도 작별을 하였다. 다음 학기에는 룸메이트가 아니지만, 같이 밥도 먹고 자주 보기로 했다. 또 서울에 가 보고 싶어하는 무기를 위해 서울 구경을 시켜 주겠다고 약속했다. 무엇보다 무기와 지내면서 가장 좋았던 것은, 5년 전에 품었던 나의 꿈과 다시 만났다는 것이다. 이제 난 눈앞에 보이는 학과 성적에 연연해 하기보다는 훌륭한 과학자를 꿈꿨던 예전의 나의 모습을 생각하며 도전하고 또 도전할 것이다.

룸메는 외국인

_ 생명화학공학과 09 김진우

"밥 머그러 갈뤠?"

내 룸메이트가 배고픔을 잊고 과제에 몰두해 있는 나를 부를 때 가끔 쓰는 표현이다. 그렇다. 이번 학기의 내 룸메이트는 아제르바이잔이라는 나라에서 온 외국인이다.

내가 알기로는 대부분의 카이스트 학우들은 외국인들과 방을 같이 쓰는 것을 꺼려한다. 이유는 다양하다. 언어의 장벽으로 인한 의사소통 문제, 문화적 차이, 생활 패턴, 음식 등이 그 이유에 속한다. 그렇기 때문에 학우들은 만약 다음 학기에 같이 방을 쓸 친구가 없다면, 외국인 룸메이트를 피하기 위해 '아라'라는 교내 커뮤니티 사이트를 통해서 한국인 룸메이트를 구하곤 한다.

그렇다면 이번 학기에 외국인과 방을 함께 쓰는 내가 불쌍해 보이는가? 그런 안타까운 시선은 사양한다. 왜냐하면 내 룸메이트는 사실 내가 방을 같이 쓰자고 제안한 친구이기 때문이다. 각자 전공은 다르지만, 우리는 지난 학기에 도서관에서 우연히 만나 함께 공부하다가 친해졌다. 모국어가 아님에도 불구하고 영어에 능통했던 이 친구와 미국에서 5년 동안 유학을 한 나에겐 의사소통이 큰 문제가 되지 않았다. 그는 내가 처음으로 사귄 아제르바이잔 사람이었기 때문에 내겐 무척이나 흥미로운 친구였다. 이전엔 그 나라에 대해 들어보지도 못했던 나는 그 나라의 언어, 위치, 문화 등 여러 가지를 물어봤다. 그 친구는 매번 비슷한 질문들을 받았을 것임에도 불구하고 친절하게 대답해 주었다. 그러다가 서로의 연락처를 주고받고, 가끔 구내 식당에서 밥을 함께 먹으며 이런저런 이야기를 나누는 사이가 되었으며 현재는 같은 방을 쓰며 동고동락하는 룸메이트가 되었다.

캠퍼스를 거닐다 보면 외국인 학생들을 어렵지 않게 볼 수 있다. 물론 한국 학생들에 비해 그 비율은 낮지만, 프랑스, 중국, 태국 등 다양한 나라에서 과학과 공학을 배우기 위해 카이스트로 온다. 내 룸메이트와 교정을 걸을 때면 많은 외국인 학우들이 다가와 인사를 하며 말을 걸어온다. 그중엔 특히 그와 같은 나라에서 온 친구들이 많은데, 먼 타지에서 와서인지 서로들 정말 친해 보였다. 내 룸메이트는 그중 자신과 제일 친한 몇 명의 친구들을 내게 소개시켜 주기도 했다.

한국인 학우들과 서로의 기숙사 생활, 룸메이트 등에 관해 이야기할 때면 나는 항상 할 말이 많아진다. 먼저 내 룸메이트가 외국인인 것을 밝히면 대부분 측은한 표정으로 바라본다. 하지만 원래부터 친구였고, 같이 기숙사 방을 신청했다고 하면 그들의 눈이 커지면서 나를 신기한 듯 쳐다본다. 그러고는 외국인과 같이 기숙사 생활을 하는 데 있어서 불편한 점은 없는지, 냄새는 나지 않는지, 생활 패턴은 잘 맞는지 등 수많은 질문들을 한다.

사실 딱히 불편한 점은 없다. 오히려 외국인 룸메이트라서 더 편할지도 모르겠다. 누구와 방을 같이 쓰든지 장단점이 있기 마련인데, 별로 단점이라 할 점을 찾기가 어렵다. 우선 이 친구는 모국에 있는 부모님이나 친구들에게 전화를 하거나 또는 인터넷으로 화상 채팅을 할 때 아제르바이잔어로 말을 하는데, 이는 서로의 사생활을 보호해 준다. 아무리 친한 룸메이트라도 지극히 개인적인 이야기나 알리고 싶지 않은 일이 있기 마련인데, 따로 휴게실까지 가지 않더라도 서로의 모국어는 잘 모르기 때문에 방에서도 편하게 대화할 수 있다.

두 번째 장점으로는 지속적으로 영어 회화를 구사해야 한다는 점이다. 카이스트는 대부분의 영어 강의로 수업이 진행되지만 막상 학생들이 영어를 말할 수 있는 기회는 많지 않다. 그리고 분명 언어를 듣고 이해하는 능력과 말하기 능력은 다르다. 내 룸메이트와 의사소통을 하기 위해서는 영어를 사용해야 하는데 이는 자연스럽게 내

외국인 룸메이트는 영어 실력 향상의 원동력.

영어 말하기 능력을 향상시켜 준다고 생각한다. 몇 년간 미국에서 공부한 경험이 있지만 언어는 자꾸 사용하지 않으면 그 실력이 자꾸 줄어들기 때문에 외국인 룸메이트와 살며 영어로 대화하는 것은 내게 행운이 아닐 수 없다. 또한 이 친구는 자동차를 소유하고 있어서 도서관을 함께 간다거나 맛있는 것을 먹으러 갈 때도 좋다.

그렇다고 나만 이익을 얻는다고 생각한다면 오산이다. 한국말에 서툰 내 룸메이트는 간간히 나의 도움을 필요로 한다. 예를 들어 인터넷 쇼핑몰에서 물건을 주문할 때 입력된 주소가 맞는지 물어보기

도 하고, 한국어로 된 웹사이트를 이용할 때도 가끔씩 물어본다.

우리는 함께 모은 돈으로 냉장고, 빨래 건조대, 전기 기구용 연장선 등을 샀고, 같이 대형마트로 장을 보러 가기도 한다.

사실 우리 둘은 90년생 동갑내기다. 하지만 내가 룸메이트를 처음 봤을 때는 대학원생이라고 착각을 했었다. 몇 년간 미국에서 살다 온 나에게도 외국인들의 나이는 참 가늠하기 어렵다. 영어로 의사소통할 때 편한 점 중에 하나가 한국어와 달리 존댓말이 없다는 것이다. 즉 내 룸메이트가 나와 동갑이든 나보다 형이든 동생이든 서로 편하게 이야기할 수 있다. 때문에 외국인들과 대화를 하면 우리나라의 정서에는 조금 안 맞을지 몰라도 편하게 지낼 수 있어서 좋은 것 같다. 한 예로, 지난 학기에는 나보다 한 살 위인 복학생 형과 방을 같이 쓰게 되었는데, 내가 자신과 편하게 지냈으면 좋겠다며 나에게 반말을 쓸 것을 제안했다. 평소에 다른 선배들에게 존댓말을 썼지만 워낙 룸메이트가 간곡하게 부탁을 해서 받아들였다. 하지만 가끔 다른 형들에게 존댓말로 이야기하다가 룸메이트인 형이 나를 부를 때 존댓말로 대답하는 어색한 상황이 벌어져 민망했다.

종종 악취가 나지 않느냐고 물어보는 친구들도 있는데, 나는 내 룸메이트에게서 그런 냄새가 나는지 잘 모르겠다. 사람마다 누구나 약간의 냄새가 있을 수 있는 것이고, 만약 현재 내 기숙사 방에서 나는 냄새가 친구들이 말한 '악취'라면 충분히 견딜 만하다고 생각한다. 미국에서 흑인, 백인, 중국인, 인도인 등 다양한 민족의 친구들과 방을 함께 쓴 경험이 있어서 그런지 나는 이런 것에 대해선 둥글둥글한 편이다. 그리고 내 룸메이트의 관점에서 보면, 내가 그와 다른 인종이므로 나에게서 내가 맡지 못하는 지독한 냄새가 나고 있는데 참고 있는지 또 누가 알겠는가?

우리는 이번 학기에 희망관을 선택했다. 그 이유는 각종 편의 시설이 가까이 위치해 있어 식당 선택이 자유롭기 때문이다. 우리는 2인실 일반형으로 신청했지만 '튕겨져서' 2인실 원룸형으로 오게 되었다. 카이스트는 학생들의 생활관 신청을 받아 전산 시스템을 이용해 무작위로 그들을 배정하는데, 인기가 많은 생활관일수록 떨어질 확률이 높다. 학생들 사이에서는 이런 탈락을 가리켜 흔히 '튕겼다'는 속어를 쓴다. 원룸형은 일반형에 비해 조금 더 비싸고 각 층마다 있는 공용 화장실과 휴게실에 멀다는 단점이 있지만 개인 화장실과 세면대가 있다는 것이 특징이다. 청소부 아주머니께서 이런 개인 화장실까지 관리하는 것은 아니기 때문에 청결하게 유지하려면 우리가 스스로 주기적으로 청소를 해야 한다. 이런 번거로움 때문에 우리는 일반형으로 신청을 했지만, 어쨌든 우리 방에 개인 화장실이 생겼으니 여기선 정말 귀찮을 때 소변만 보고 나머지는 웬만하면 공용 화장실을 쓰는 것으로 합의를 했다. 이런 것부터 시작해서 냉장고 위치 지정, 신발장의 자기 공간 지정 등 서로를 배려하며 함께 정했다. 이런 세세한 것들 하나하나를 상의하며 정하니 서운할 일도, 다툴 일도 없었다.

나와 내 룸메이트는 각자의 책상머리에 강의 시간표를 붙여 놓았다. 혹시나 아침 일찍 수업이 있는데 늦잠을 자면 서로 깨워 주기 위해서였다. 나는 피곤할 때 가끔 자명종 소리에도 깨지 못 한다. 몇 분씩 자명종이 울리면 짜증을 낼 법도 한데 내 룸메이트는 조용히 기다리거나 나긋한 목소리로 "진우, 이러나~" 하고 깨워 준다. 나는 평소 밤에 샤워를 하고 아침에는 세수만 하고 강의실로 향하지만, 오전 9시 수업이 있고 머리가 엉망일 경우에는 방에 있는 세면대에서 머리를 감기도 한다. 이런 장면을 몇 번 본 내 룸메이트가 하루는 내게 이렇게 물었다.

"너희 한국인들은 왜 샤워를 하지 않고 머리만 감고 등교를 하니?"

그의 어투에서 공격적인 부분은 찾아볼 수 없었고, 오히려 나는 이 질문이 재미있었다. '그래, 맞아. 왜 한국 사람들은 대부분 아침에 머리만 감고 방을 나가는 걸까?' 하고 생각했다. 나도 가끔 저런 행동을 하지만 한 번도 내 자신에게 이런 질문을 던져본 적이 없었다. 내 룸메이트의 질문에 나는 아침에 시간이 없어서 그랬다고 했지만, 생각해 보면 좀 더 일찍 일어나서 샤워를 하거나 그냥 세수만 해도 되는 것 아닌가? 개인적인 생각으로는 한국 사람들이 아침에 머리만 감고 방을 나가는 이유가 다른 사람들의 시선을 신경 쓰고 겉멋을 추구하는 한국 사회를 반영하는 게 아닐까 싶다. 절대 이것이 나쁘다는 게 아니다. 오히려 '떡진' 머리로 아침에 사람들을 마주하는 것보다 자신의 외모를 가꿈으로써 자신감도 생기고 상대방에게 좋은 인상을 심어주는 좋은 현상이라 생각한다.

우리는 오전 수업이 같은 건물에서 끝나는 화요일과 목요일에는 점심을 같이 먹는다. 마침 동아리 선배가 내 룸메이트와 같은 수업을 들어서 셋이서 점심을 자주 먹었는데 이때도 역시 서로의 문화에 관한 많은 대화가 오간다. 가끔 내 룸메이트의 입에서 어설픈 한국말이 나올 때면 나와 선배는 무척이나 즐거워한다. 아제르바이잔인이 한국어를 구사하는 게 도통 상상이 안 되기 때문이다. 점심시간이 1시간밖에 없어서 항상 북측 학식인 카이마루에서 점심을 먹었다.

하루는 어은동으로 나가 점심을 먹게 됐고, 나는 평소 즐겨 먹던 부대찌개 집으로 룸메이트를 데려가려고 했었다. 그런데 내 룸메이트는 종교적인 이유로 돼지고기를 먹지 않는다고 했다. 막상 돼지고기가 함유되지 않은 음식을 찾으려니 쉽지 않았다. 고민 끝에 쪽문에서 그리 멀지 않은 칼국수 집에 데려 갔고, 나는 얼큰이, 룸에이트는 바지락칼국수를 시켜 먹었는데 예상외로 맛있게 다 먹어서 기분이 좋았다.

식사 중에 우리는 또 여지없이 이런저런 이야기를 나눴다. 방학 계획부터 과제, 퀴즈 등 많은 이야기를 하다가 문득 카이스트의 학생복지에 관한 얘기가 나왔다. 우선 내 룸메이트는 교내 장학금과 아제르바이잔 정부로부터 지원받는 국가장학금에 대해 알려 주며 매 학기 말에 그 돈을 모아 짧게 해외여행을 간다고 했다. 국가로부터 장학금을 지원받는 점이 조금 부럽기도 하지만 나 또한 다른 한국 대학생들에 비하면 많은 혜택을 받고 있기 때문에 마냥 부러워하진 않았다.

우선 장학금을 받을 수 있는 기준 학점을 넘어서 등록금과 기성회비 면제, 그리고 매달 식비로 나오는 소정의 금액에 대해 정말 감사하게 생각한다. 미국에서 비싼 학비와 물가에 허리가 휘셨던 어머니께서 하루는 학생회비와 의료상조회비로 사만 오천 원이 적혀 있는 고지서를 보시더니 눈물을 글썽이시며 나에게 고맙다고 하셨다. 그때 나는 정말로 기뻤다. 아르바이트나 과외를 하지 않고, 그저 학생으로서 열심히 공부한 것만으로도 우리 가족의 재정적인 부담을 줄여 줬으니까.

카이스트는 전원 기숙사 생활을 한다. 서울에서 대학을 다니는 친구들을 보면서 서울만의 활발한 타 대학들 간의 교류와 문화 생활을 부러워 한 적도 있었지만, 비싼 등록금과 월세 또는 기숙사비를 내가며 공부하는 모습을 생각하면 장학금을 받고 다니는 내가 자랑스러웠다. 다른 대학교에 다니는 친구들은 기숙사에 배정받으려면 학점도 높아야 하고 거주지가 학교와 멀어야 한다는 등 여러 가지로 조

공부중에 빼놓을 수 없는 필수 코스, 야식을 먹으며 찰칵!

건이 까다로워 매일 1~2시간 동안 통학하는 사람들을 흔히 볼 수 있다고 한다. 나도 집이 학교와 멀지 않은 충남 계룡시에 있지만 그런 말들을 들을 때면 싼 값에 기숙사를 제공해 주는 카이스트가 사랑스럽다.

보통 다른 학교들은 11시에서 12시 사이가 통금이라고 한다. 때문에 밤늦게 과제를 하다 배고플 때면 자유롭게 야식을 시켜 먹고, 교양분관에 모여 조 모임을 하고, 동아리 선후배들과 새벽까지 술을 마시며 친목 도모를 하는 기숙사 생활이 얼마나 행복한가 하고 생각한다.

지난 학기에는 중간고사 기간에 룸메이트가 휴학을 하는 바람에 남은 학기 동안 혼자 2인실을 쓴 경험이 있다. 조금 외롭긴 했지만, 밤에 샤워를 하고 헤어드라이어를 켜도, 이어폰을 사용하지 않고 음악을 들어도, 친구를 데려와도 눈치 볼 룸메이트가 없어서 정말 편했다. 그럼에도 불구하고 이번에 외국인 룸메이트와 방을 쓰며 지난 학기만큼이나 자유롭고 즐거운 대학생활을 했다고 자부할 수 있다. 모르는 부분이 있을 때 서로 물어보며 고민도 같이 해 보고, 바쁘거나 밖에 나가기 귀찮을 때는 냉장고와 기숙사의 전자레인지, 정수기를 이용해 맛있는 음식도 해 먹고, 밤에는 불을 끄고 각자의 침대에 누워 하루 일과, 연애, 고민 등 여러 이야기를 나누며 스르르 잠이 들었으니까.

일주일 중 가장 바쁜 화요일에 아침 일찍 나가서 3개의 수업과 실험을 끝마치고 저녁 늦게 들어올 때면 내 룸메이트는 "How was your day?"라고 물으며 반갑게 맞아주기도 하고, 각자의 버거운 수업 로드(과제, 퀴즈, 보고서 등)에 대한 불평불만을 털어놓기도 하지만 우리 둘 다 결국 과제를 다 끝내고 잠드는, 좋은 학우이자 친구다.

고맙네, 친구여

_ 신소재공학과 11 이호진

아침 8시에 휴대폰으로 맞춰 놓은 알람이 성가시게 울렸다. 일어나서 창밖을 보니 밤새 눈이 새하얗게 세상을 덮어놓았다. 원래 눈을 굉장히 반가워하는 나지만 그날은 별로 반갑지 않았다. 예전에는

눈이 내린 후의 카이스트 교내 풍경.

눈이 쌓인 것을 보기만 해도 즐거워했었는데 이젠 눈이 오는 게 귀찮게 여겨지다니! 역시 내가 클 만큼 큰 것이 분명하다는 생각도 들었다.

오늘은 룸메이트가 떠나는 날이다.

대전에서 태어나 대전에 있는 카이스트에 진학한 나는 집도 역시 대전에 있으므로 기말고사가 끝난 후 종강하는 날까지 굳이 기숙사에 머물 필요가 없었다. 하지만 학기를 마무리하자는 의미로 친구들

과의 약속을 잡는 일이 잦기도 했고 룸메이트와 급작스레 헤어지는 것도 예의가 아닌지라 룸메이트가 떠나는 그날까지 더 기숙사에 남아 있기로 마음먹은 것이었다.

룸메이트는 10시 30분에 예약해 놓은 서울행 버스를 타기 위해 9시쯤에는 기숙사에서 출발해야 했다. 마침 시외버스 터미널 부근에서 볼일이 있었던 나는 잘된 일이다 싶었다. 볼일 보러 가는 김에 룸메이트의 짐도 날라 주고 배웅까지 해 주는 착한 친구가 될 수 있는 기회였기 때문이다. 원체 무슨 일을 해 줘도 고맙다는 말 한마디 할 줄 모르는 녀석이라는 건 알지만 그래도 마지막인데 가는 길에 좀 도와줘야겠다는 생각을 했다. 하지만 아침에 쌓인 눈을 보니 아차 싶었고, 예상대로 지나다니는 택시가 보이질 않았다. 밤새 내린 눈 때문에 도로는 미끄러웠고, 택시를 잡는 것은 쉬운 일이 아니었다. 나는 택배로 보내는 게 나을 법한 짐들을 낑낑거리며 들고 나와, 드물게 한 대씩 나타나는 택시를 잡으려는 다른 사람들보다 더 앞쪽에 자리를 잡기 위해 필사적으로 이동했다. 그러나 다른 사람들이 가만히 있을 리가 없었다. 눈치 보며 경쟁이 시작되었고, 룸메이트의 짐은 그야말로 짐처럼 느껴졌다. 게다가 세찬 바람이 매섭게 불어서, 무거운 것을 들고 있으려니 정말 손이 부르트는 느낌이었다. 두 대의 택시를 보낸 후에야 겨우 택시를 잡아 탄 우리는 결국 제시간에 도착하지 못했고, 다음 버스를 1시간도 넘게 기다려야만 했다.

아침도 굶은 채 1시간 동안 온갖 짐을 들고 택시를 잡으려고 눈밭을 뛰어다녔더니 배가 고팠다. 기숙사 생활을 하면서 아침을 굶는 것은 흔한 일이라 익숙했지만, 그건 단지 익숙한 것일 뿐 배가 고픈 것은 부정할 수 없었다. 하지만 이 많은 짐을 들고 밥 먹을 식당을 찾아갈 힘이나 의지는 없었다. 바로 길 건너편에 있는 편의점만이 눈에 떨 뿐이었다. 따뜻한 컵라면으로 몸이나 녹이자는 내 말에 룸메이트는 군말없이 따라왔다. 컵라면에 뜨거운 물을 부어 놓고 삼각 김밥을 만지작거리며 생각했다.

'그냥 배웅하는 정도로만 해 주면 되는데, 고마움도 모르는 이 친구한테 잘못 걸려서 아침부터 힘을 다 빼는구나.'

이 친구가 속으로 고마움을 느끼는지 아닌지는 알 수 없지만, 그것을 상대방에게 표현하는 것과 그러지 않는 것에는 큰 차이가 있다고 생각한다. 컵라면을 다 비웠더니 몸속에 온기가 조금 돌면서 한결 기운이 생겼다. 1시간이나 넘게 미뤄진 버스를 탈 때까지 기다릴 수는 없었다. 이 정도의 짐이면 누군가의 도움이 필요하긴 했지만 나에게도 약속이 있었다. 나는 시치미를 떼고 말했다.

"혼자 들 수 있지? 나 없었으면 전부 네가 짊어졌어야 할 짐이잖아. 그러게 택배로 붙이라고 했을 때 생각 좀 하지. 어쨌든 잘 가라."

언제나처럼 "잘 가."라는 대답을 예상하고 있었다. 그런데 이번에는 좀 달랐다.

"야, 고맙다."

나를 뒤돌아보게 한 대답이었다. 나는 바로 룸메이트의 가슴팍을 툭 치고는 태연하게 말했다.

"심심할 때 연락해."

사실 속으로는 와락 안아주고 싶을 만큼 환호성을 질렀지만 나름 체면을 지킨다고 그 정도로 끝내고는 돌아보지 않았다. 내가 룸메이트를 바꾸었다는 것이, 아니 룸메이트가 그렇게 바뀌었다는 것이 이렇게 감동적일 줄은 몰랐다. 뒤돌아 있었지만 그 친구도 나의 표정을 알고 있었을까?

그 친구는 확실히 이전에 내가 알던 사람에서 좀 바뀌었다. 내가 그렇게 기뻐한 이유는 그것 때문이었다. 그러나 나 역시 그 친구와 한 학기를 같이 살면서 이전의 나와는 좀 다른 사람이 되었다. 처음 만났을 때 우리 둘의 관계를 생각해 보면 참 어울리지 않는 사이였다. 나이도 같고 둘 다 과학고등학교를 조기 졸업해서 카이스트에 온 비슷한 인생을 살아온 사람들이지만 정반대의 성향을 가지고 있었다.

신입생 때 학기 초, 나는 굳센 신조를 가지고 있었다. 나만의 스케줄이 있고 어떤 일이 있어도 나만의 생활을 지키면 훌륭한 대학생활이 될 것이라는 신조였다. 나의 이 신조는 고등학교 때부터 지켜 왔던 것이었고(지금까지 그대로 잘 지키며 살아왔다고 생각했지만) 대학에 입학한 후 비참하게도 얼마 가지 못하고 무너지고 말았다. '수업 시간에 절대 늦지 않고, 졸지 않고, 예습을 꼭 해 가며, 운동하는 시간이 정해져 있고, 제 시간에 잘 잔다.'라는 내용을 담고 있는 나의 신조가 그렇게 쉽게 깨질 줄은 상상도 못했었다.

대학생활이라면 동아리 활동을 한다든가, 부모님의 손아귀에서 벗어나 친구들과 자유롭게 노는 것 이외에도 로망으로 상상하고 있던 것들이 여러 가지 있었다. 나라고 그런 것들이 없었던 것은 아니지만 내 신조는 지켜야 한다는 생각에 반 친구들이 놀러 가자고 할 때 예습을 하고 있던 나는 기어코 그 제안을 거절했다. 나는 내가 정한 예습 시간에는 예습을 해야 한다고 생각했고, 분명히 다음에 기회가 있을 거라고 생각했다. 하지만 다음 기회에도 역시 나는 무언가를 하고 있었고, 또 해야만 했다. 물론 그때마다 나도 거기에 어울리고 싶은 마음은 굴뚝같았고, 집중이 잘 안 되는 것 같은 느낌이 들었지만 꿋꿋이 하고야 말았다.

그런데 어느 날은 풋살(5명이 하는 미니 축구) 하러 가자는 룸메이트의 제안을 내가 미적분학 예습 때문에 거절하자, 갑자기 그 녀석도 그대로 앉아서 미적분학 교재를 펴고 예습을 시작하는 것이 아닌가. 나는 단지 내가 나가서 놀 수 없다고 말한 것이었는데 그렇게 앉아서 공부하는 녀석을 보니 굉장히 미안했다. 그래도 일단은 내가 정한 계획을 지켜야 했고, 다음 수업 내용까지 말없이 예습을 끝마쳤는데, 그때까지 그 친구도 계속 책을 보고 있었다. 나는 무슨 말을 해야 할지 몰라 이렇게 말해 버렸다.

"저기, 이제 풋살 하러 나갈까?"

"아우, 나도 다 끝났다. 아니야, 이제 좀 있으면 너 잘 시간이잖아?"라는 룸메이트의 대답에 왠지 모르게 미안한 마음이 들었다. 난 룸메이트가 원하던 대로 풋살을 하고 오기를 바랐다.

"그럼 너라도 나가서 애들한테 끼워 달라고 해. 아직 안 끝났을 거 같은데."

그 친구는 잠시 뜸을 들이고 말했다.

"너 솔직히 집중하기 어려웠지? 내가 같이 공부 안 했을 때도 말이야."

나는 놀래서 대답했다.

"응?"

"너는 그렇게 생활하는 게 너 자신을 바로세운다고 생각하는 것 같은데, 내가 볼 때는 오히려 더 스트레스를 받는 게 아닌가 해. 대학까지 왔는데 언제까지 너를 그렇게 틀에 묶어 놓을 생각이냐? 너 오늘 공부하는 거 보면서 든 생각이었어."

그러고는 룸메이트는 씻으러 갈 준비를 했다. 그 친구는 문을 열다 말고 덧붙였다.

"앞으로 기회는 많을 거라 생각해. 이제 씻고 자자."

내가 정해 놓고 반드시 잠들었던 시간이었지만 눈이 점점 말똥말

똥해졌다. 정곡을 찔렸다는 말은 이럴 때 쓰는 것이었나 보다. 어려운 수학 문제를 몇 시간 동안 붙잡고 늘어지다가 기어코 정답을 알아냈을 때 눈이 번쩍 뜨이는 느낌은 나 같은 공대생들이라면 누구나 한 번쯤은 있었을 것이다. 룸메이트의 말이 준 충격은 그런 것과 비슷했던 것 같다. 잠든 룸메이트의 숨소리가 밤새 들렸다.

그 신선한 충격을 받은 후로 나는 주변 친구들과 급속도로 친해졌다. 같이 노래방에 가고 막창구이 집에도 가고 풋살도 즐겼다. 그러다 보니 수업 시간에 늦는 법이 없었던 나도 수업에 빠지는 일까지도 생겼고, 늦은 시간에 잠들기도 했다. 그렇다고 내가 그들에게서 배운 것은 단지 잘 노는 법이나, 공부 같은 것을 멀리하는 법이 아니었다. 내가 지금까지 살아온 삶에 비하면 매우 '유연한' 삶을 배운 것이다.

"하고 싶은 것도 하고 다른 사람들이랑 어울리려면 잠시 할 일을 뒤로 미뤄 둘 줄도 알아야 하는 법이지. 오늘 할 일을 내일로 미루지 말라는 건 조심하라는 얘기지, 정말로 그러지 말라는 얘기는 아니야."

나와 같은 학번으로 입학한 녀석이 무슨 인생을 다 살아본 선배처럼 말을 했다. 그런 태도가 별로 마음에 들지 않았지만 지금은 나도 기회만 되면 주변 친구들한테 하는 말이다.

해야 할 일이 있어도 집중이 안 되거나 머릿속이 복잡할 때는 환기를 시켜 주어야 한다. 하지만 이렇게 당당히 말해도 어쨌든 할 일이 밀리는 건 밀리는 것이고, 그다음에는 내가 정한 시간에 하지 못한 일을 보충하거나 마저 끝내려는 의지와 그것을 위한 집중력을 발휘해야만 한다. 과연 그렇게 다른 데에 시간을 쓰고 와서 할 일을 모두 해낼 수 있겠는가? 이에 대한 대답은 신기하게도 '그렇다'였다. 과제를 하거나 공부할 때가 되면 같이 놀던 친구들이 같이 공부하는 친구로 변하기 때문이었다. 서로 시험 기간이 되면 스터디 그룹이 되었다. 답지도 구하기 어려운 대학 교재를 가지고 토론하는 공부만큼 효율적이고 시너지 효과를 내는 것이 또 있으랴. 남들이 보면 원래 이렇게 사는 것이 정상이 아니라고 할지도 모른다. 하지만 내 과거가 어쨌건, 나를 이렇게 바뀌도록 '융통성'을 준 룸메이트에게 굉장히 고마웠다.

그런데 한 가지, 내가 그 룸메이트를 잘 따르다가도 멈칫하는 때가 있었다. 바로 윗사람처럼 행동하는 때가 마음에 들지 않았다. 특히 고마움을 표현하는데 있어서 인색하거나 자신에게 무엇인가 해 주는 것을 당연하게 여기는 것 같았다. 내가 우리 둘이 쓰는 냉장고에 두고두고 마시려고 음료수를 몇 병 사 들고 온 적이 있었는데, 잘 했다는 의미를 포함한 것 같은 눈짓뿐이었다. 잠시 들를 데가 있어서 자신의 가방을 먼저 기숙사에 가져다 놓아 달라는 부탁을 들어주었을 때도 별다른 호의적인 인사는 없었다. 다리를 다쳐서 부축해 줄 때도 마찬가지였다. 섭섭한 마음이 든 것은 둘째치고, 신기하다는 생각이 들었다. 나에게 큰 깨달음을 준 이 친구가, 그 선배 같은 소릴 하던 이 친구가 이렇게 기본이 안 되어 있다니. 이번엔 내가 룸메이트를 바꾸어 볼 차례라고 생각했다.

나를 바꾸어 준 것에 대한 보답이라는 생각이 내 머릿속 구석에 계속 남아 있었던 탓일까. 그동안 나는 그 룸메이트에게 그 "고맙다." 는 한마디를 듣기 위해서 많은 수고를 했다. 내가 바뀌는 데에는 그리 큰 힘이 들거나 오랜 시간이 걸리지 않았는데, 룸메이트를 바꾸는 것은 왜 그렇게 힘들었는지 모르겠다. 능력 차이 때문인지는 몰라도, 나에게 고마움을 느끼고 고맙다는 표현을 한 번쯤 해 줄 법한 상황들을 계속 만드는 데도 전혀 먹혀들지 않는 바람에 룸메이트가 떠나는 그날에서야 듣고 싶던 그 말을 들었다.

"야, 고맙다."

그 말을 듣는 순간 오히려 그동안의 나의 수고를 알아줘서 고맙다고 전하고 싶었다. 룸메이트가 정말로 그때 큰 고마움을 느꼈던 건지, 마지막에 감동을 주려고 그랬는지는 알 수 없다. 그날이 가장 큰 수고를 한 날이어서 특별히 그랬을 수도 있을 거라고 생각해 보았지만, 이 글을 쓴 오늘도 책 한 권을 빌려 줬을 뿐인데 고맙다는 답례를 받았으니 그날이 새로운 시작이었다고 할 수 있을 것 같다. 카이스트 기숙사에 와서야 이런 친구를 만나게 되다니 운이 좋다고 해야 할까, 운이 없다고 해야 할까. 아무튼 인생은 모를 일이다. 오늘도 역시 나는 진정한 친구를 두었다는 사실을 떠올리며 하루를 보낼 것이다.

김수민과 나의 이야기

_ 산업디자인학과 10 주성욱

2010년 2월 1일, 이날부터 나의 대학생활은 시작되었다. 넓은 캠퍼스, 많은 학생들, 모든 것이 이전보다 새로웠지만, 그중에서도 기숙사 생활이 제일 신선하게 느껴졌다. 나는 12년간의 학창 시절 동안 집에서 통학했기 때문이다. 기숙사 생활이 익숙한 과학고등학교나 영재고등학교 학생들과는 달리, 기숙사에 입사하기 전에 얼마나 큰 기대와 걱정을 했는지 모른다. 그렇게 처음 생긴 나의 기숙사 방은 사랑관 204호실이었다. 기숙사는 3인 1실이었고, 당연히 낯선 친구와 방을 함께 쓰게 되었는데, 그중 한 명이 나보다 한 살 어린 대구 출신 '김수민'이었다.

"형, 안녕하세요? 잘 부탁드려요!"

첫 만남 때 수민이가 내게 건넨 말이었다. 수민이는 귀여운 얼굴형을 가진 것과 달리 구수한 사투리를 쓰는 게 무척 인상적이었다. 나는 첫 만남이라 어색했지만 1년 동안 같이 생활할 친구이기에 반갑게 인사를 받아 주고 잘 지내보기로 마음먹었다. 그러나 한 학기 동안 우리는 방에서 별로 이야기를 나눈 적이 없었다. 나는 다른 친구들을 만나러 밖에 나갈 일이 많았고, 룸메이트는 나보다 일찍 잠을 청하는 편이었다. 그래서 처음의 각오와는 달리 우리는 친해지지 못했다. 한 학기가 끝나갈 무렵인 기말고사 기간 즈음, 시험 기간이라 각자 책상에 앉아 공부하고 있었는데 메신저로 한 통의 쪽지가 왔다.

"형, 야식 고고?"

바로 옆 책상에 있는 김수민이 보낸 것이었다. 시험 기간이라 조용했던 방 안의 침묵을 깨지 않으려던 것일까? 바로 옆에 있는 사람이 컴퓨터 메신저로 말을 거니 기분이 묘했다. 그렇게 우리는 메신저로 대화를 시작했다.

"뭐 먹을래?"

"닭 먹고 싶은데요."

"음, 나도 배고팠던 참인데 그럼 그랑케이 가자."

룸메이트와 뭐가를 먹었던 것은 그날이 처음이었다. 점심도, 저녁도 함께 먹어 본 적이 없었는데, 그날은 늦게까지 공부를 하다가 배가 고파서 야식을 먹으러 나간 것이다. 우리가 간 '그랑케이'는 낮에는 한식과 양식, 빵과 음료까지 다양한 종류의 음식을 먹을 수 있는 반면, 밤에는 야식과 함께 맥주를 판매하는 곳이다. 알고 보니 이 친구는 나처럼 치킨을 좋아했다. 나랑 이렇게 비슷한 점이 많았는데, 그동안 전혀 모르고 살았던 것이다.

그날 이후로 우리는 급격히 친해졌다. 학기는 끝나가고 있는데, 우리는 뒤늦게 친해지기 시작한 셈이다. 이전에는 다른 방에 있는 친구들과 만나서 삼시 세끼를 해결하곤 했는데, 이제는 방에 있다가 "야, 밥 먹자." 하고 함께 식사를 하러 나가는 일이 많아졌다. 방학이 되면 각자의 집에 놀러 가서 밥도 먹고 하룻밤도 자고 동네 구경도 하자는 계획도 짰다. 그렇게 영영 친해지지 못할 줄 알았던 룸메이트와 학기 말이 되어서야 친해지게 되었다.

그런데 친해지고 나니까 이전에는 몰랐던 그의 모습들이 눈에 띄기 시작했다. 공부도 잘하고 싹싹한 그의 단점은 약간 덜렁대는 거였다. 깜빡 잊고 소지품을 방에 놓고 나간다거나, 자다가 수업을 놓치는 일이 많았다. 사실 나는 그의 덜렁거림을 별로 신경 쓰지 않았다. 굉장히 사소한 일들이라 크게 문제될 일이 없었기 때문이다. 그런데 어느 날, 수민이의 덜렁거림에 내가 관심을 가지게 된 일이 생겼다.

1학년 가을 학기, Freshman Design 수업 발표 날이었다. Freshman Design 수업은 당시 카이스트의 신입생들을 대상으로 공학적인 문제를 체계적인 방법을 통해서 해결하는 방법을 배우고 실제로 해결책이나 프로토타입을 제작하는 내용인데, 수민이는 이 수업의 마무리 단계라고 할 수 있는 기말 발표를 앞둔 것이었다. 그날은 쌀쌀한 늦가을이었는데, 발표를 위해 수민이가 집에서 가져온 정장은 여름 정장이었다.

"추운데 괜찮겠냐?"

"나한테 이것밖에 없어서 어쩔 수 없어."

나는 딱한 표정으로 수민이를 쳐다보았지만, 그는 나갈 채비를 하느라 바빠서 이쪽은 보지도 않았다. 나랑 같은 수업을 듣고 난 뒤 곧바로 발표를 하러 가야 돼서 수업 준비랑 발표 준비를 동시에 하느라 그런 모양이었다. 나는 그가 정장 위에 입을 겉옷을 챙기고 있는 것을 보면서 문득 발표는 실내에서 이루어진다는 사실이 떠올랐고, 그가 흰 양말을 신고 있는 게 보였다.

"야, 너 정장에 흰 양말 신으니까 되게 이상한데."

"검은 양말을 집에 다 놓고 와뿌렀다."

"그럼 잡화점에서라도 하나 사야지."

"그럴 시간이 없어요. 나 먼저 나갈게요."

녀석은 그렇게 같은 수업을 듣는 나를 남겨 두고 먼저 후다닥 가 버렸다. 나는 수업 갈 준비를 하면서도 계속 그의 흰 양말이 마음에 걸렸다. 수민이보다 조금 늦게 기숙사 방을 나온 나는 어차피 지각이라 느릿느릿 걷고 있었다. 그때 내 눈앞에 잡화점이 보였다. 그냥 지나칠까 했지만 정장 구두에 흰 양말을 신고 발표를 하고 있을 수민이를 생각하니 발길을 멈출 수밖에 없었다. 그렇게 나는 잡화점에 들러 검은색 양말 한 켤레를 샀다. 가방 속에 새로 산 양말을 쑤셔 넣고 수업이 열리는 교실을 향해 걸어갔다. 전자공학개론 수업이 있는 창의학습관에 도착하니 먼저 도착한 수민이가 수업을 듣고 있었다. 다른 학생들은 사복을 입고 있는데 혼자서 정장을 입고 있는 모습이 눈에 띄어 쉽게 찾을 수 있었다. 뿐만 아니라, 여전히 정장 구두에는 흰 양말……. 잡화점에 들러서 검정 양말을 사 오기를 잘 했다고 생각했다. 그리고 나는 수업이 끝날 때까지 기다렸다가 바로 그에게 새로 산 양말을 건넸다.

"자, 이걸로 바꿔 신어."

"오, 형이 산 거야?"

"그래. 너 전에 나한테 과자 사 준 적 있지? 그걸로 퉁 치자."

"뭐 이런 걸 다 샀데. 아무튼 잘 쓸게. 고마워요!"

수민이는 기쁘게 양말을 받았고, 나 역시 마음이 한결 가벼워졌다. 그 작은 선물 하나로 나는 수민이의 친구들 사이에서 '좋은 형'이라는 평가를 받게 되었고, 저절로 어깨가 으쓱해지면서 기분이 좋았다.

수민이는 다행히도 그날의 발표를 성공적으로 끝마쳤고, 방에 들어오자마자 고맙다고 인사를 했다.

"겁나게 떨렸는데 양말마저 엉망이었으면 어쩔 뻔했게. 고마워요, 형."

또 다른 일도 있었다. 우리는 2학년이 되어서도 계속 서로의 룸메이트가 되어 주기로 했다. 함께하는 건 좋았지만 우리가 원하지 않았던 기숙사인 지혜관 2인실로 배정을 받았다. 이곳은 수업을 듣는 건물이나 식당이랑 꽤 거리가 멀어서 울며 겨자 먹기로 살 수밖에 없었다. 하지만 막상 살아 보니 둘 다 자전거를 갖고 있어서 크게 불편하지는 않았다. 그런데 평탄하게 지나갈 것만 같았던 2학년 가을 학기 기말고사 준비 기간에 수민이가 목발을 짚고 나타났다.

"야, 너 어쩌다가 이렇게 됐어?"

그는 울상을 짓고 대답했다.

"다리뼈에 금이 갔대."

알고 보니 수업에 늦었던 수민이가 급하게 자전거를 타고 가다가 넘어진 것이었다. 칠칠치 못하다고 나무라긴 했지만, 앞으로 그의 생활이 걱정됐다. 걱정에 그치지 않고 내가 분명히 신경 쓸 일이 많이 생길 거라는 느낌이 왔다. 아니나 다를까, 자동차는 물론 스쿠터도 없는 그에게 빠른 발이 절실히 필요한 날이 찾아왔다. 어느 날 저녁을 먹고 기숙사 입구 앞에 거의 다 도착했을 때, 절룩절룩 걸어 나오는 수민이가 보였다.

"야, 너 어디 가냐?"

"시험 보러. 근데 이래가지고는 지각하겠다."

아, 나도 탈 것이라고는 자전거뿐인데. 그래서 결국 한 자전거에 둘이 타기로 했다.

"에이, 형! 이걸 어떻게 둘이서 타?"
"가만히 있어 봐. 갈 수 있어."

정보전자공학동 앞에 세워진 자전거들.

일단 수민이를 안장에 앉힌 후 나는 무작정 페달을 밟고 출발했다. 처음에는 조금 비틀거리면서 사고가 날 뻔했지만 점점 적응이 되어 힘차게 정보전자공학동까지 자전거를 타고 내려갔다. 다행히도 시험 시작 5분 전에 정보전자동 앞에 도착할 수 있었다. 그를 내려 주고 다시 기숙사로 올라가는데, 그에게서 문자가 왔다.

"형, 땡큐!"

우리는 이렇게 서로를 챙겨 주는 최고의 룸메이트가 되었다. 예를 들면 내가 늦잠을 자서 점심시간을 놓치게 되면 수민이가 아침 수업 끝나고 돌아오는 길에 햄버거를 사 오는 일도 있었다.

"수민아, 어디냐? 나 밥을 못 먹었어."

이런 식으로 문자 메시지를 보내면,

"버거킹(지금은 버거킹 자리에 롯데리아가 있다) 사 갈게."

라고 답하는 식이랄까. 또한 서로의 과제를 도와주는 것은 물론이거니와, 같이 게임 내기를 하면서 노는 일도 많았다.

"피파 한 판만 하자, 형."

"진 사람이 밥 사기."

내가 가장 감동을 받았던 때를 꼽자면, 수민이가 나를 위해 깜짝 생일 파티를 해 준 것이다. 생일을 기념해서 다른 친구들과 새벽까지 놀고 들어온 날이었다. 늦은 시간이라 당연히 룸메이트는 자고 있을 거라고 여기고 문을 조심스럽게 열었는데, 어둠 속에서 촛불이 밝혀진 케이크를 들고 수민이가 나타났다. 그렇게 수민이는 나를 위해 잊지 못할 깜짝 생일 선물을 안겨 주었다.

눈이 많이 오는 날에는 서로의 친구들과 눈싸움을 하러 나가거나, 봄이 오면 벚꽃 향기 가득한 딸기를 사서 먹고, 가을이 되면 등산도 가고……. 그렇게 매해를 함께 지냈다.

그렇게 2010년 1학년 때 만난 수민이와 나는 현재 2012년, 3학년까지 3년 동안 같은 방에서 생활하고 있다. 4학년까지, 아니, 나중에 졸업해서 대학원생이 되어서도 우리가 룸메이트를 할 수 있을까? 우연히 만난 사람과 처음부터 마음이 맞아서 오랫동안 같이 생활하는 것은 흔한 일이 아닐 것이다. 나는 어렵고 낯설 것만 같았던 카이스트 생활이 김수민이라는 동생을 만나 즐거워진 것 같아 너무 고맙다. 룸메이트와 마음이 맞지 않았더라면 얼마나 힘들었을까? 정말 다행이라고 여기고 있다.

요즘도 우리는 2년 전의 양말 사건을 떠올리면서 즐거워한다. 아마도 그의 조금 덜렁거리는 성격 덕분에 서로 가까워질 수 있었을 것이다. 수민아, 앞으로도 지금처럼 계속 사이좋게 지내자!

이제는 잡을 수 없는 이야기

_전기 및 전자공학과 10 한정규

내 인생의 전환점이 된 그날, 나는 언제나처럼 오로지 '공부, 공부!'만을 외치며 책을 읽고 있었다. 그때 나의 등 뒤에서 목소리가 들렸다.

"정규야, 바쁘겠지만 이거 한번 읽어 봐라."

담임 선생님이 건네신 종이에는 '카이스트 학교장 추천 전형'에 관련된 내용이 적혀 있었다. 분명 좋은 기회임에도 불구하고, 공부밖에 모르던 나는 생각지 못한 기회에 무척 고민했다. 하지만 주위 사람들과의 많은 상담을 통해 마침내 도전해 보겠다는 큰 결심을 하였고 결국 카이스트에 합격했다.

합격 후 얼마간의 시간이 흘러 기숙사를 배정받았고, 개강을 앞둔 나는 긴장과 설렘을 가득 안고 기숙사로 향했다. 기숙사로 향하는 내내, '다시 처음부터 학교생활을 하는군. 잘 적응할 수 있을까? 어떤 새로운 친구들을 만날 수 있을까? 룸메이트는 어떤 아이들일까?'

잊을 수 없는 인연, 기숙사 친구들

이런 걱정과 기대에 부푼 알 수 없는 감정들이 밀려 들어왔다. 마침내 도착한 나의 새로운 보금자리 사랑관. 막상 그 앞에 도착하자 알 수 없는 감정은 커다란 긴장감으로 바뀌어 나의 가슴을 요동치게 했다. 그 마음을 아는지 모르는지, 아버지는 어서 올라가자며 나를 재촉하셨다. 나의 방은 410호. 올라가는 내내 제발 룸메이트가 먼저 와 있지 않으면 좋겠다고 생각했다. 어차피 만나게 될 사이인 걸 알면서도, 바보같이 그 순간만큼은 룸메이트를 처음 만나게 되었을 때의 어색함을 최대한 미루고 싶었다. 방문 앞에 도착한 후, 크게 한번 심호흡을 한 뒤 방문을 열었다. 그런데 아뿔싸. 룸메이트가 없기는커녕 이미 두 명이 모두 와서 친해진 상태였다. 혹시 나만 빼고 둘이서만 친해질까 봐 최대한 친절히 인사를 건넸다. 그리고 간단하게 자기소개를 하는데, 이번에도 다시 아뿔싸. 두 명 모두 나보다 한 살 어린 92년생이었다. 나는 또다시 나만 빼고 둘이서만 나이가 같아서 친해질까 봐 최대한 '난 어려운 형이 아님'을 어필하였다. 덕분에 첫날부터 서로 모두 말을 놓았고, 밤에 간단하게 야식을 먹으며 이야기를 나누고 일찍 잠자리에 들었다. 이때부터 나의 잊을 수 없는 1년간의 추억들이 시작되었다.

봄 - 새로운 시작, 우리 친해졌어요

기숙사에 입사한 후, 본격적인 대학생활이 시작되었다. 걱정했던 것과는 달리 지금까지 한 번도 마셔 보지 못했던 술을 매일 마시는 것도, 그러면서 새로운 친구들도 계속해서 만나는 것도 너무너무 좋았다. 몸은 너무나 힘들었지만 '아, 이게 대학생활이구나'라는 생각이 들 정도로 행복한 날들이 계속되었다. 새로운 친구를 만나고, 여러 동아리 활동을 하며 고등학교 때와는 다른 바쁨을 느끼는 것이 너무 좋아, 할 수 있는 모든 것을 하며 바쁘게 지냈다. 그러던 어느 날, 그날도 여러 친구들과 어울려 늦게 방에 돌아왔다. 방에 돌아왔을 때 룸메이트 둘은 야식을 먹으며 이야기를 나누고 있었다. 둘이 말하는 것과 표정들을 보니 그간 정말 많이 친해진 것 같았다. 분명 룸메이트끼리 친해지면 좋은 일인데 왠지 모를 씁쓸한 감정이 나를 감쌌다. 나도 룸메이트들이랑 친해지고 싶은데……. 당장이라도 달려가서 같이 이야기를 하고 싶었지만 첫날 이후 룸메이트들과 거의 얘기를 해 본 적이 없어 그조차 하지 못했다. 나를 빼고 둘이서 많이 친해진 탓일까? 다른 룸메이트와 단둘이 있을 때도 쉽게 이야기를 꺼내지 못했다. 그렇게 망설이며 시간은 흘러가고 있었다.

하지만 역시 남자들을 뭉치게 해 주는 것은 게임이라고 했던가? 어느 날 내가 혼자서 게임을 하고 있을 때 룸메이트 정표가 나에게 말을 걸어왔다. 자기도 이 게임을 한다는 것이다! 그 순간 그 한마디가 천국의 종소리로 들릴 만큼 기뻤으며, 내가 내 인생에 이토록 게임에 감사한 적이 있었나 싶었을 정도로 게임에게 감사했다는 것을 정표는 아마 모를 것이다. 그리고 이 기회를 놓칠세라, 나는 재빨리 '내가 이 게임을 굉장히 좋아하고 자주 한다'는 것을 어필하고, 게임을 같이 하자고 했다. 정표도 그동안 나와 많이 친해지고 싶었던 것인지, 흔쾌히 승낙하며 함께 게임을 했다. 정표와 친해진 후 이번에는 다른 한 명의 룸메이트 산하와 친해질 방법을 궁리했다. 아무리 생각해도 역시 게임. 이번에는 산하가 게임하기를 기다리다가 내가 먼저 굉장히 관심 있는 척을 하였고, 정표와 마찬가지로 친해지게 되었다. 사실 게임하는 것을 별로 좋아하지 않았지만, 한동안 룸메이트들과 친해지기 위해 일부로 게임을 했었다는 것을 그들은 아마 평생

가도 모를 것이다.

가을 - 클럽 410의 탄생

어색했던 룸메이트들과의 시간이 지나고 어느덧 여름 방학도 끝났다. 길었던 100일간의 여름 방학을 끝내고 새로운 마음가짐으로 돌아온 사랑관. 처음 사랑관에 들어갈 때처럼 묘한 긴장감이 들었지만, 이번에는 그 긴장감과 함께 정표와 산하를 보고 싶다는 기대감도 있었다. 기숙사에 들어가자 첫 만남 때처럼 정표와 산하 모두 먼저 와 있었다. 그때와 상황은 같지만 다른 마음으로, 서로를 진심으로 반갑게 환영해 주었다.

다음 날 가을 학기가 시작되었고, 매일매일 열리는 행사에 서로 바쁜 시간을 보냈다. 그러던 어느 날, 산하의 친구가 산하를 보러 방에 놀러 오는 일이 있었다. 다른 친구의 첫 방문에 나와 정표는 살짝 당황했지만, 내색하지 않고 말없이 자기 할 일을 하였다. 그날 이후 산하의 친구가 방에 자주 놀러 왔는데, 그때마다 나와 정표는 너무 어색해서 각자 할 일만 하는 불편한 시간을 보냈다. 그런데 신기한 것은, 처음 몇 번은 친구가 방에 자주 놀러 오는 게 귀찮고 불편했지만 자꾸 보다 보면 정든다는 말처럼 나중에는 아무런 거리낌 없이 지내게 되었고, 얼마 안 가 그 친구까지 네 명이 모두 친해지게 되었다.

낙엽이 떨어지는 가을, 사랑에 빠지고 싶어요!

그런데 이런 사실이 서로 그동안 친구들을 데려오고 싶었지만 룸메이트들에게 미안해서 데려오지 않았던 마음에서 해방시켜 주었는지, 어느새 기숙사 방으로 각자의 친구를 데려오는 것이 자연스러워졌다. 그렇게 한 명, 두 명, 세 명, 네 명…… 방에 놀러오는 친구들의 숫자가 점점 늘어나더니 결국엔 우리를 포함하여 열두 명에 이르게 되었다. 그 좁은 공간에 열두 명이나 놀러오니, 정이 들지 않을 수가 있을까. 곧 우리 열두 명은 새로운 기숙사 생활을 시작하게 되었다. 사실 처음에는 적잖이 불편한 점이 있었다. 새벽에 공부하고 들어오면 항상 내 침대에서 친구들이 자고 있고, 좁은 방에 온갖 짐들이 늘어나고, 공부를 하려 해도 시끄러워서 할 수가 없고……. 하지만 이런 불편한 상황 속에서도 우리 방으로 친구들이 모였던 것은 그것을 뛰어넘을 만큼 서로에게 깊은 애착을 느꼈기 때문일 것이다.

그러던 어느 날, 침대에 누워서 책을 보던 나는 방을 한번 둘러보았다. 그런데 맙소사. 방을 둘러본 나는 터져 나오는 웃음을 참을 수가 없었다. 이 10평 남짓 되는 좁은 공간에서 한 명은 기타를 치고 있고, 두 명은 같이 게임을 하고 있고, 두 명은 보드게임을 하고 있고, 한 명은 노래를 부르고 있고, 다른 한 명은 자고 있고, 나는 이런 아이들을 구경하고 있고……. 정말 발 디딜 틈 없이 좁은 방이지만 이런 친구들의 모습을 좋아하지 않을 수가 없었다. 그리고 곧 우리는 방의 이름을 '클럽 410'으로 짓기로 하였다. 410호의 의미를 담은 410과 언제나 활기찬 분위기를 연상하는 클럽을 합친 이름이었다. 모두들 동아리에 가입이라도 한 듯, 갑자기 굉장한 소속감을 느끼며 '클럽 410'에 더욱 애착을 가지게 되었다.

가을 2 - 슬픔과 공감

'클럽 410'이란 이름을 지은 후, 우리는 더욱더 긴밀한 관계를 이어 갔고, 이내 서로의 고민들을 함께 이야기하곤 했다. 그중 스무 살의 남자아이들이 가장 관심 있는 분야는 말할 필요도 없이 '연애'였다. 우리는 시간이 날 때마다 서로에게 요즘 좋아하는 사람은 없는지, 잘 돼 가는 사람은 없는지 꼬치꼬치 캐물었다. 그중에 가장 인기가 많았던 건 바로 내 이야기였다. 나는 그 시기에 한참 좋아하던 아이를 따라다니며 좋아하는 마음을 표현하고, 매일매일 친구들에게 이야기를 전하며 조언을 구했다. 내 이야기를 들은 아이들은 마치 자기 일인 듯 얼굴을 붉히며 이야기를 듣곤 했다. 내 이야기를 듣고 있으면 이내 자신의 경험을 예로 들며 '그러면 안 된다', '그럴 땐 이렇게 행동해야 한다'는 식으로 항상 이야기가 흘러갔고, 여러 명의 과거가 밝혀지며 함께 수줍어하곤 했다.

마침내 나는 친구들에게 많은 조언을 받고 날짜를 잡아 고백을 하기로 하였다. 하지만 많은 친구들의 바람과는 달리 나는 보기 좋게 거절당했다. 고백을 거절당하고 기숙사로 돌아오는 길, 어두운 밤길을 혼자 걸으며 유난히 많은 생각을 하였다. 거절당했다는 것보다 이제 다시는 좋아할 수 없다는 사실에 너무 가슴이 아파 기숙사로 돌아가지 못했다. 그렇게 한참을 혼자서 학교를 걸어 다니고 있을 때 밤거리의 적막을 깨고 벨소리가 울려 퍼졌다.

"야, 너 어디야?"

약간은 따지는 듯, 조금은 기대하는 듯, 어쩌면 걱정하는 듯한 목소리. 나는 좀처럼 친구가 어떤 마음인지 파악하지 못했다. 잠시 후 멀리서 친구의 모습이 보였다. 이마에 맺힌 땀방울을 보니 꽤나 열심히 뛰어온 듯했다. 내가 혼자 있는 모습을 보고 눈치를 챘는지, 표정에서 보였는지, 아무 말도 하지 않았지만 나에게 어깨동무를 하며 자기랑 술이나 마시러 가자고 했다. 그러자 혼자서 힘들게 참아왔던 마음이 울컥하며 눈물이 나올 뻔했지만, 힘들게 참고 "고맙다."라고 말하며 함께 길을 걸었다.

그 후 한동안 아무도 방에서 '좋아하는 사람'에 관련된 이야기를 하지 않았다. 나는 나 때문에 곤란해 하는 친구들을 위해 언제나 즐거워 보이려고 노력했으나, 이미 나를 너무 잘 아는 친구들이 내가 슬퍼하고 있다는 것을 눈치 채지 못할 리가 없었다. 하지만 즐거워 보이기 위해 일부러 웃는 웃음이라도 항상 곁에 있어 주는 친구들 덕분에 진짜 웃음으로 변하곤 했고, 어느새 그 또한 우리들만의 추억으로 변해 가게 되었다.

겨울 - 마지막

영원할 것만 같았던 우리들의 1학년도 어느새 끝나게 되었다. 그동안 함께 살며 즐거웠던 일도 많고, 서로 다퉜던 일도 많았던 우리들. 이제는 서로 방이 나눠진다는 사실이 믿기지가 않았다. 나는 2학년 때도 우리 셋이서 다시 같은 방을 쓰자고 말하고 싶었지만, 셋이 신청을 하면 둘만 같은 방을 쓰고 한 명은 모르는 사람과 방을 쓰게 될 수도 있다는 사실을 알고 있었기에 차마 말을 꺼내지 못했다. 그것은 아마 정표와 산하도 마찬가지였을 것이다. 학기가 끝나갈수록 마음이 더 복잡해져 갔다. 학기가 끝나면 즐거운 겨울 방학이 기다리는데, 왠지 모를 복잡한 마음이 시간이 가는 것을 슬퍼했다. 이렇게 느꼈던 것은 나만이 아니었는지, 시험이 얼마 남지 않았던 어느 날 '클럽 410' 친구들이 모두 모여 파티를 하기로 하였다. 조촐한 술집에서 술을 마시는 것뿐이었지만, 나는 왠지 모를 위안을 얻었다. 알고 보니 나만 그렇게 생각해 왔던 것이 아니라 다들 헤어지는 게 너무 아쉽고 이번 학기가 끝나면 방이 갈라진다는 사실이 너무나 슬프다는 것이다. 그 말을 듣는 순간 그동안 참아왔던 마음들이 뭉쳐져 나도 모르게 눈물이 나올 뻔했지만,

"뭐야, 다들. 군대 가는 것도 아니고 계속 볼 건데, 왜 그래?"

애써 태연한 척 말하는 친구를 보고 '다들 참고 웃고 있는데 나만 징징댈 수는 없지'라고 생각하며 즐거운 하루를 보냈다.

나는 다들 그동안 서로를 소중하게 생각해 줬다는 것만으로도 친구들에게 너무나 고마웠고, 이 마음을 간직한 채 떨어지는 것도 나쁘지 않을 것 같다는 생각이 들었다. 마침내 우리는 셋에서 다시 같은 방을 쓰지 않기로 결정하였고, 조금은 아쉽지만 기쁜 마음으로 서로를 보내 주었다.

어느덧 3학년이 된 우리들. '클럽 410'은 까마득히 먼 이야기가 되어버렸지만, 나는 아직도 그때 생각만 하면 입가에 미소가 절로 난다. 한 방에서 일곱 명이 잤던 일, 노트북 여덟 개로 여덟 명이 게임을 했던 일, 고백했다 차인 후 다 같이 술 마시러 갔던 일, 퀴즈 공부한다고 밤 새다가 결국엔 쏟아지는 잠 때문에 퀴즈를 보러 가지 못했던 일, '방 구조 효율적으로 바꾸기 대회'를 열어 방을 난장판으로 만들었던 일……. 지금도 생각만 하면 너무나 생생하게 떠오르고 어제 일인 것만 같은데 이제는 다들 떨어져 있다는 게 아쉽고 슬프지만, 비록 지금은 같은 방에서 그때처럼 함께 할 수는 없지만, 그 대신 종종 만나 같이 밥도 먹고 놀러 다니는 사이가 되었으니 나름 그때

의 결정이 나쁘지 않았던 듯싶다. 추억은 추억으로 남아야 두고두고 꺼내 볼 수 있으니 말이다.

양파는 까면 눈물이 난다

_ 전기 및 전자공학과 11 김건우

 2011년 2월 카이스트에 입학한 내가 기숙사 문을 열었을 때 그곳에는 아무도 없었다. 퀴퀴한 냄새가 진동하는 방 안에는 침대 매트리스 세 개만 있을 뿐이었다. 그때는 잘 몰랐다. 양파 냄새가 나는 기숙사 생활이 시작될 거라는 것을.

 대충 짐을 풀어놓고 부모님과 밥을 먹으며 작별 인사를 한 후에 다시 기숙사 안으로 들어왔을 때는 2시가 조금 넘은 시간이었다. 방 안에는 두 명의 룸메이트가 들어와 있었는데 한 명은 침대 위에, 다른 한 명은 의자에 앉아 있었다. 난 방에 들어가자마자 침대 위에 있는 룸메이트에게 "안녕하세요?"라고 인사를 건넸지만, 잠을 자는지 아무런 대답이 없었다. 머쓱해진 나는 '피곤한가 보다'라고 생각하고 의자에 앉아 있던 룸메이트한테 다가가 인사를 건넸다. 그 룸메이트는 과학고등학교를 정상적으로 졸업하여 조기 졸업한 나보다 한 살이 많았다. 둘 다 과학고등학교를 나와서 그에 대한 얘기를 이것저것 나누고 있는데 얼마 되지 않아 갑자기 침대에 누워 있던 다른 룸메이트가 일어나더니 2층 침대에서 내려와 밖으로 나가버렸다. 잠시 동안 나와 의자에 앉아 있던 룸메이트 형은 멍하게 방문을 바라보았다.

'뭐야, 잠든 게 아니라 그냥 인사를 안 받아 준 거잖아.'

양파 까는 것에 비유하자면 마치 양파 껍질을 까기도 전에 양파를 까느라 눈물이 날 걸 걱정한 셈이다. 앞으로 한 학기 동안 함께 지낼 생각을 하니 걱정이 앞섰다. 저렇게 인사도 안 받아 주는 성격이면 얘기를 하거나 수업을 같이 다니는 일은 꿈도 못 꿀 것 같은 느낌이 들었다. 밖으로 나간 룸메이트는 나보다 나이가 많은 형인 것 같았는데 나이 차 때문에라도 쉽게 친해지기 힘들 것 같았다.

역시 그 형은 예상했던 대로 소심하고 소극적인 태도를 보였다. 어떤 일을 하더라도 조용히 했고, 먼저 나서서 하는 법이 없었다. 나는 고등학교 때부터 계속 기숙사 생활을 해 온 터라 친구들과 뒹굴고 재밌게 수다 떠는 기숙사 생활이 익숙했다. 하지만 함께 지낼 룸메이트 형 때문에 새로운 환경에 적응되지 않은 상태에서 새로운 사람과 잘 지낼 생각을 하니 약간은 슬퍼졌다.

마치 처음 양파를 까서 눈이 따가워지기 시작하고, 눈물이 나기 시작하는 그런 느낌이었다. 내가 꿈꿔 온 대학생활은 캠퍼스를 거닐면서 친구들과 하하 호호 웃고 떠들 수 있고 친구들과 여기저기 여행 다니는 그런 생활이었는데, 현실은 그것과는 조금 거리가 있었다. 룸메이트가 아니더라도 친한 친구들은 많았

동기들과 캠퍼스의 낭만을 만끽하는 중.

지만, 룸메이트는 잠을 잘 때나 방에 있을 때 같이 지내야 할 사람이기에 친해져야 된다는 부담감이 앞섰다. 그래서 처음 2주 동안은 이런 생각들로 고민이 많았지만 생각했던 것보다 훨씬 잘 지내게 됐다.

처음에는 낯을 많이 가려서 소심하게 행동했던 형은 시간이 지남에 따라 노는 것도 좋아하고 생각보다 어렵지 않은 편한 형이었다. 계속 붙어서 지내다 보니 정이 생기고 친해지는 기숙사 생활의 장점을 느낄 수 있었다. 형은 노래 부르는 것을 좋아했는데, 기숙사에서 노래를 틀어 놓고 따라 부르는 적이 많았다. 나는 원래 노래를 잘하지 못해서 듣기만 했는데, 형을 따라 몇 번 노래방도 가면서 노래 부르는 재미를 알게 됐다. 처음에는 옆에서 형이 노래 부르는 것이 소음으로 느껴지기도 했는데, 기분이 울적할 땐 노래를 듣고 부르면서 우울한 기분을 풀었고, 기분이 좋을 때는 같이 신 나게 놀면서 지냈다. 나중에는 노래가 없으면 너무 조용하고 정적이라는 느낌이 들 정도였다.

룸메이트 형은 고향에서 최초로 카이스트에 입학한 학생이었고, 나 또한 거제도라는 우리나라 맨 아래쪽의 섬에서 온 지방 출신이었다. 고등학교 때도 그랬지만 대학교에서도 약간의 지역 차별이나 지방을 무시하는 발언들을 종종 들을 수 있었는데, 그럴 때마다 룸메이트 형과 함께 지방의 우수함을 얘기하면서 웃고 떠들었다. 지역 차별을 많이 겪어 왔기에 같은 지방 출신인 형에게서 많은 동질감을 느꼈다.

일반 고등학교를 나온 형은 사교육 없이 혼자서 공부해 카이스트에 진학했다고 한다. 그래서인지 카이스트에서도 스스로 하는 공부에 잘 적응했고, 새로운 문제에 대해서도 쉽게 이해했고, 공부를 하는 양에 비해 퀴즈나 과제를 잘 해갔다. 나는 내가 과학고등학교 출신이라 많은 도움을 주어야 될 줄 알았는데, 혼자서도 잘해서 다행이라고 생각했다. 시험 일주일 전쯤 룸메이트 형이 오랜만에 CD 게임을 했다가, 그 게임에 빠져 시험 전날까지 열심히 한 적이 있었다. 걱정이 돼서 말렸지만 괜찮다며 계속 게임을 했었다. 그러다가 시험 전날이 돼서야 부랴부랴 퀴즈 공부했던 것을 정리하고 기출 문제를 조금 풀어본 후 시험을 봤는데, 열심히 공부했던 나보다 좋은 성적을 받았다. 그 결과를 보고 축하보다는 질투와 황당하다는 생각이 먼저 들었다. 나도 나름대로 열심히 계획을 세우고 최선을 다해 공부를 했는데, 결과를 놓고 보면 룸메이트 형이 더 잘한다는 사실이 불공평하게 느껴졌다. 그때의 난 과학, 수학 쪽으로 특화된 공부를 많이 해왔던 만큼 잘해야 된다는 부담감이 있었는데, 반대로 룸메이트 형이 더 잘하다 보니 내 자신이 위축되고 초라해지는 느낌이 들었다.

퀴즈 시험 때도 그렇다. 나는 실수를 해서 몇 점이 깎였지만 그 형은 꼼꼼히 개념부터 봐서 그런지 실수를 별로 하지 않았다. 그런 모습을 보면서 겉으로는 잘한다고 칭찬하였지만 한편으로 내 자신이 작아지는 것 같아 마음이 아팠다. 이것이 두 번째 눈물이었다. 질투와 초라함의 눈물. 그때는 룸메이트 형이 잘하는 것이 마냥 부럽고, 조금만 공부를 하고도 좋은 결과를 얻는 게 질투가 나고 샘이 났다. 그렇지만 양파를 까면 또 새로운 껍질이 나오듯이 그 눈물을 흘리면서 나 또한 자극을 받아 더 열심히 하게 되었고, 더 나은 모습을 찾도록 노력하게 되었다.

내 룸메이트 형은 티가 나게 챙겨 주는 모습을 보여 주지는 않았다. 하지만 자신의 방식대로 사소한 부분에서 남들에게 신경을 써 줬다. 누가 말하지 않았는데 음료수를 사서 같이 먹자고 건네는 마음씨나 힘들어하는 친구한테 힘내라고 격려하는 모습이나 수업 시간에 늦게 오는 같은 새터반(입학 후 신입생들을 위해서 학교에서 준비한 OT) 아이들 자리를 챙겨 주는 모습 등은 내가 옛날에 생각했었던 룸메이트 형의 모습과는 달라 보여시 인상 깊었다. 그냥 과묵하고 무뚝뚝할 것만 같았는데 그 반대로 친구 한 명, 한 명, 동생들 하나하나를 챙겨 주는 모습에 많이 놀랐다. 한 번은 나와 그 형이 서울에 놀러 간 적이 있었다. 오랜만에 서울을 가서 그런지 기분이 좋았던 난 그날 밤 술을 너무 많이 먹어 취했었다. 몸을 잘 가누지 못할 정도였다. 다음 날 내가 눈을 떴을 때 나는 내 방 침대에 누워 있었다. 옆에는 룸메이트 형이 곤히 자고 있었다. 나중에 얘기를 들어 보니 형은 몸을 잘 가누지 못하는 날 데리고 대전으로 내려오는 마지막 기차를 타고 기숙사로 온 것이다. 그날 아침에 해장하라며 감자탕까지 사 주는 형의 모습에 나는 속으로 감동의 눈물을 흘렸다. 형하고 잘 지낼 수 있을지 고민했던 나, 마냥 어린 마음에 나보다 공부를 잘하는 형을 질투했던 나, 형을 과묵하고 무뚝뚝하다고만 느낀 나를 떠올리며, 정말 내가 어리고 '형이 형 같은' 느낌을 받았다. 양파를 까는 것이 익숙해져서 눈물 흘리는 것도 아무렇지 않고 오히려 애착이 가는 그런 세 번째 눈물이었다.

원래 룸메이트는 한 학기만 같이 하고 그다음 학기에는 랜덤으로 바뀌어서 다른 사람들과 룸메이트가 되는 게 일반적이지만, 나와 그 형은 무슨 인연인지 다음 학기도 같이 룸메이트를 하게 됐다. 당시 또 한 명의 룸메이트는 기숙사 내의 생활보다는 밖으로 돌아다니고 동아리 방에 자주 가 있는 터라, 우리 둘은 더 많은 얘기를 하게 됐다. 그러나 오랜 시간을 같이 지내면 친해지고 거리감이 없어진다 하더라도, 나는 운동을 좋아하지만 형은 뛰어노는 것을 별로 좋아하지 않고, 야식 먹기를 좋아하는 형과 그렇지 않은 나와는 다른 점이 존재하기 때문에 오래 지낸다고 해서 제일 친해질 수는 없는 것 같았다. 그래서 그런지 2학기가 지난 후에는 그 형이 아닌 다른 사람과 룸메이트를 하게 되었다.

난 짧으면 짧고 길다면 길 수 있는 1년간의 룸메이트 생활이 끝나 많이 아쉬웠다. 그래도 우리 새터반은 서로 친하게 지냈던 터라 북측에 있는 기숙사에 모여 살게 되었다. 그렇게 1학년 겨울 방학과 함께 1학년, 새내기라는 타이틀을 떼고 선배라는 입장에서 2학년이 시작되었다. 항상 '동생', '1학년'이라는 위치에서 지내오다가 '선배'나 '형'이라는 말을 들으니 어색했다. 또 한편으로는 잘해 줘야겠다는 다짐과 룸메이트 형처럼 다른 사람이 봤을 때 의지할 수 있을 만한 존재가 돼야겠다는 생각이 들었다. 나는 2학년 때 새터반 후배 중 한 사람을 좋아하게 됐다. 그때 마침 그 룸메이트였던 형이 내가 좋아하는 후배와 친해서 많은 도움을 주었다. 내가 관심을 가지고 있다는 것을 안 형은 영화를 보러 가게 됐을 때 나를 위해 자기는 쏙 빠져 주고 둘이서 보러갈 수 있게 배려해 주었고, 내가 처음 고백했다가 실패했을 때 곁에서 위로해 주었다. 1년이 지난 후까지도 나를 많이 챙겨 주는 그 형의 마음씨가 고마웠다. 항상 형에게 해 준 것 없이 받기만 한 것 같아서 미안했다. 1년 반 동안의 시간 동안 양파 껍질 까듯이 계속 바뀌면서 나에게 슬픔의 눈물, 질투의 눈물, 감동의 눈물, 기쁨의 눈물을 흘리게 해 준 룸메이트 형에게 이제는 내가 양파가 되어(때론 슬픔의 눈물일지도 모르지만) 기쁨의 눈물을 많이 흘리게 하기 위해 노력할 것이다.

나는 아직 20년이라는 짧은 시간 밖에 살지 않아서 많은 것을 아는 건 아니지만, 내가 남을 소중히 여기는 것도 중요하지만 남에게 내가 소중한 사람이 되는 것 또한 중요하다고 느꼈다. 내가 그 사람에게서 소중한 사람이 되면 나도 그 사람을 소중하게 생각할 수 있다고 생각한다. 남에게 소중한 사람이 된다는 것은 나의 자질을 갈고 닦는 모든 것을 다 포함하는 것이다. 그렇게 갈고 닦는 과정을 통해 양파같이 안 좋은 껍질을 벗겨나가며 장점이 될 수 있는 부분만을 남겨 놓을 수 있는 것이다. 소중하다는 것의 의미가 무엇일까? 누군가에게 생각이 많이 나는 것일까? 아니면 누군가에게 대접 받는 것일까? 아니면 말 그대로 귀중하다는 것일까? 이 질문에 대한 답은 정해져 있지 않다고 생각한다. 사람마다 자신의 가치관이 다르고 생각하는 것이 다르기 때문이다. 각 개인의 소중하다는 말의 정의가 다 답이 될 수 있다고 생각한다. 나는 상대방을 배려해 주는 것이 그 사람을 소중히 여기는 것이라고 본다. 배려라는 말은 우리 주위에서 쉽게 찾을 수 있다. 나이 많으신 어르신에게 자리를 비켜 드리거나 남을 아래로 내려다보는 것이 아니라 동등한 위치에서 생각하는 것 등을 배려라고 생각할 수 있다. 사람이 살아가면서 자연 속에 파묻혀 살지 않는 이상은 사람과 사람 사이에서 시간을 보내야 하기 때문에 인간관계를 잘 이어나가는 것이 중요하다. 인간관계에서 가장 중요한 것은 다툼 없이, 의견 차이에 대한 불만을 최소로 하면서 살아가는 것이라고 생각한다. 의외로 사람 사이가 멀어지는 이유가 사소한 것에서부터 비롯된다. 그런 사소한 것들이 모여서 앙금이 될 수 있는 것이다. 마치 나비효과처럼 나는 별것 아니라고 생각한 것이 그 사람에게는 아주 큰 실수처럼 보이게 돌아갈 수 있는 것이다. 이런 불상사를 막기 위해서는 평소에 남을 배려하는 생각을 가지고 실천을 해야 한다. 사소한 것들이 모여서 앙금이 되는 것처럼 반대로 사소한 배려가 모여서 자신의 인품을 높이고 남이 보는 나의 이미지를 좋게 만들 수 있는 것이다.

"사람은 한결같아야 한다."라는 말을 많이 들어왔지만 나는 이것과는 약간 다른 생각을 가지고 있다. 한결같을 때의 장점도 있겠지만 사람과 사람 사이에서 일을 하게 되면 복잡하고 어떤 일이 펼쳐질지 한 치 앞을 내다보기 힘들다. 그런 환경에서는 상황에 따라 변화하면서 적응해 나가야 한다. 마치 양파 껍질을 하나씩 벗겨나가듯이 조금씩 자기 자신을 변화시키고 발전시키면서 새로운 모습을 보여야 한다. 때로는 그 변화가 좋지 않아서 상대방에게 슬픔의 눈물을 흘리게 할 수도 있다. 하지만 최선을 다해 상대방이 기쁨의 눈물을 흘리게 할 때 그 사람에게서 소중해 질 수 있다고 생각한다. 당신은 그런 기쁨의 눈물을 흘리고 있는가? 아니면 그 기쁨의 눈물을 흘리게 하고 있는가? 남을 소중히 여기는 것도 중요하지만 그에 앞서서 남에게 소중한 사람이 되었는지도 다시 한 번 돌이켜 봐야 할 것이다.

TIP 캠퍼스 라이프

카이스트에 있는 교내 시설들

카페

| 카이스트 내에서는 다른 곳에서 사천 원씩 하는 아메리카노를 천오백 원에 맛볼 수 있다. 이는 나머지 비용을 학교에서 지원해 주기 때문이다. 파란색 건물인 정보전자공학동에 붙어 있는 던킨 도너츠 같은 경우에는 북한의 건물과 비슷하다고 해서 드라마 <더 킹 투하츠>의 촬영 장소가 되기도 했다.

드라마 <더 킹 투하츠>를 찍었던 던킨 도너츠 매장.

서점

| 과학도서관 1층에 있다. 서점에는 다양한 책들이 구비되어 있지만, 가장 중요한 것은 바로 전공 서적들이다. 학교에서 필요한 전공 서적들은 모두 과학도서관 내의 서점에서 구입할 수 있다. 대부분의 원서는 십만 원을 훌쩍 넘는데, 학교 내 서점은 학생들을 위해 전공 서적을 할인 판매한다.

학생들로 늘 붐비는 교내 서점.

매점

| 시험 기간에 쌓인 스트레스를 풀기 위해 필요한 초콜릿, 저녁을 먹었음에도 불구하고 허기진 배를 채워 줄 컵라면, 더운 날씨에 친구들과 내기를 해서 먹는 아이스크림 등을 제공해 주는 매점은 카이스트 학생들에게 정말 중요한 존재이다. 매점 역시 학교의 지원을 받아 시중 가격의 40%라는 착한 가격으로 물건들을 판매한다.

라면자판기

| 다른 학교 학생들이 카이스트에 와서 보고 가장 부러워하는 것 중 하나다.

라면 국물이 끝내 줘요!

24시간 작동되기 때문에 롯데리아와 매점이 문을 닫고, 야식을 시키기엔 부담스러울 때 애용된다.

잡화점

| 매점과 달리 잡화점은 말 그대로 잡화를 파는 곳. 생활에 필요한 거의 모든 것들을 판다고 생각하면 된다. 공부할 때 필요한 필기구부터 수건, 양말, 빨래통, 배드민턴 라켓까지. 웬만한 물건은 여기서 다 구할 수 있다.

세탁소

| 기숙사에 있는 세탁기를 이용해 빨래하기가 귀찮은 학생들은 카이스트 안에 있는 세탁소를 이용한다. 빨래통에 빨래를 담아가면 일명 '바구니 빨래'를 해 준다. 세탁해서 개켜주기까지 하니, 빨래 하는 걸 싫어하는 학생들에게는 엄청난 서비스가 아닐 수 없다.

빨래는 힘들어!

농장

| 카이스트 내에 공터로 자리잡고 있었던 동측 기숙사 뒷편을 농장으로 만들었다. 동아리, 모임, 직원, 부서, 학과, 연구실 등 다양한 학생 및 직원들이 농장 땅을 분양 받아 각자 키우고 싶은 작물들을 키우고 있다. 주말농장처럼 따로 관리를 하는 사람이 있는 것이 아니지만, 좋아하는 사람들과 함께 텃밭을 가꿀 수 있다.

파팔라도 메디컬 센터

| 카이스트에서 가장 번쩍번쩍한 건물이 세 개 있는데, 그중 하나가 바로 파팔라도 메디컬 센터이다. 카이스트 내부 동남쪽 끝에 있는 파팔라도 메디컬 센터는 학생들의 각종 병을 치료해 주는 종합 병원이자, 1년에 한 번씩 전교생의 건강검진을 하는 곳이다. 이제는 꽤나 유명해져서 동네 주민들도 진료를 받으러 오곤 한다. 파팔라도 메디컬 센터의 위치가 학교의 끝이다 보니 학생들을 위해 버스를 운

행하고 있다.

실내 수영장

| 더운 여름에는 많은 학생들이 내강당 지하 2층에 있는 실내 수영장(25m의 레인이 4개 있다)을 이용한다. 매해 교내 수영 동아리 가오리는 이곳에서 수영 대회를 개최하는데, 이 대회는 개인전과 단체전으로 나누어져 있다.

한여름엔 물놀이가 최고!

3장
내가 사랑하는 카이스트

공동체의 필요성? _ 전산학과 11 반병현

1인 시위 _ 수리과학과 11 김형준

기숙사 일기 _ 전기 및 전자공학과 11 박승운

제2의 고향, 카이스트 기숙사 _ 산업 및 시스템공학과 07 이희수

TIP 캠퍼스 라이프 _ 카이스트의 교통수단

"공동체의 필요성?"

_ 전산학과 11 반변현

　나는 고등학교 졸업 당시 꽤나 많은 조명을 받았다. 인구도 얼마 되지 않는 섬마을에서, 내가 다녔던 학교는 물론이고 지역 일대를 통틀어서 최초로 고등학교를 조기 졸업하고 카이스트로 진학했기 때문이다. 상당히 영광스러운 타이틀이지만 다른 시각에서 바라보면 조금 암울하다. 학교 안에 고교 동문은 물론 고향 출신 친구도 전무하니까. 과학고등학교를 다닌 친구들은 수십 명씩 카이스트에 진학하기 때문에 동문 간 교류가 두터운데, 그 모습이 여간 부러운 게 아니다. 학교 안에는 일반 고등학교 조기 졸업한 학생들의 모임이 있었지만 몇몇 선배들로 인해 끈끈한 유대 관계를 유지하기 어려웠고 사실상 모임이 와해된 상태였다.

　한 가지 반가운 사실은 기숙사 방을 정할 때 같은 새터반 학생들을 서로 가까운 방에 배치하기로 정책이 바뀌었다는 것이다. 카이스트는 입학 당시 정해 둔 학과(무학과)가 없기 때문에 학생들을 30명씩 묶어서 같은 반에 배정해 주는데 이것을 새터반이라고 한다. 같은 새터반 친구들은 학교생활을 하며 마주칠 일이 가장 많은 집단 중 하나이다.

카이스트 학생들은 대부분 기숙사에서 생활한다. 무작위로 기숙사를 배정하기 때문에 방 밖에서는 전혀 마주칠 일이 없는 학우나 외국인과 룸메이트가 되는 경우도 많았다. 한 학기 내내 룸메이트와 말 한마디 섞어 본 기억이 없다고 말하는 선배도 간혹 있다. 일단 일면식도 없는 사람과 방을 같이 쓰는 일은 없을 테니 정말 다행이었다.

어쨌든 기숙사에 함께 살도록 배정받은 친구들과 지내다 보니 나 혼자 고립되지 않고 여러 사람들과 어울려 즐겁게 지낼 수 있게 되었다. 시간이 흐를수록 기숙사 생활이 즐거워졌다. 다 같이 술을 마시러 가거나 방문을 열고서 게임을 하거나, 한 방에 열다섯 명이 꾸역꾸역 들어와 자리를 잡고 웃통을 벗고 소리를 지르며 랩 배틀을 벌이기도 했다. 그렇게 난 낯설고 새로운 환경에 적응하는데 문제가 없어 보였다.

서로 다른 배경과 주관을 가진 사람들끼리 만나 새로운 관계를 형성해 나가는 과정을 겪다 보니 배울 점도 많았지만 사실 불편한 점도 많았다. 지금부터 그 불편했던 점을 이야기해 보려고 한다.

우리 기숙사에는 고질적인 문제가 하나 있었다. 매일매일 축제 같은 분위기였던지라 도저히 잠을 잘 수가 없었다. 나는 그렇게 체력이 좋은 편도 아닌 데다가 원래 잠이 많았다. 밤새 떠들썩한 분위기가 가라앉질 않으니 불면의 나날을 보내야만 했다. 눈꺼풀 위로 쏟아져 내리는 잠기운에 몸을 가누지 못하고 침대에 쓰러질 시점이 다른 학생들에게는 수업이 끝나고 자유가 시작되는 시간이었다. 다들 어느 정도 친해지고 나서는 에티켓을 신경 쓰지 않는 분위기가 고착되었고, 침대에 누워 뜬눈으로 2~3시간을 뒤척이는 것은 일상이었다. 나는 점점 피로가 누적되어 성격도 상당히 까칠해졌다. 시험 기간엔 훨씬 더 심각했다. 방에서 조용히 공부를 하다가도 문 저편에서 들려오는 남정네들의 단성화음 고함 소리에 페이스를 놓쳐버리기 일쑤였다.

사차원적인 취미 생활을 즐기는 친구도 있었는데 그 친구는 복도에 출몰한 꼽등이를 생포해 통에 가둔 후 콜라를 먹이로 주며 사육했다. 콜라는 에너지원이 되는 당분을 충분히 함유하고 있지만 그만큼 카페인도 엄청나다. 그 꼽등이는 수면의 자유를 박탈당했다. 마치 나처럼.

새터반에는 종종 도난 사고도 발생했다. 돈 주고 사기에는 아깝지만 없으면 불편한 대걸레나 빨래 건조기와 같은 생활용품이 자주 없어졌다. 고가의 희귀한 교재가 여러 사람 손을 타면서 사라지는 것 또한 일상이었고, 옆방에 살던 형은 한 달 이상 작성한 기말고사 리포트가 사라지는 참극을 겪기도 했다.

나는 룸메이트들이 주말에 집에 다녀올 때면 문을 걸어 잠그고 방 밖으로 나가지 않았다. 혼자서 생각을 정리할 시간을 갖고 싶었기 때문이다. 침대에 누워 멍하니 천장을 바라보며 여러 가지 생각을 하면 마음이 편안해졌다. 따로 명상 연습 같은 것을 한 적은 없지만, 현재의 감정 상태, 이전에 있었던 사건, 그 당시의 감정, 특정 시점에 내 행동이나 언행, 미래의 계획 등이 마치 둥둥 떠다니는 구름처럼 생각이 이리저리 떠다녔다. 혼자만의 시간을 가지면서 정신석인 피로를 풀거나 나에 대한 성찰을 통해 깨달음을 얻었을 뿐 아니라 해방감마저 느꼈다. 나중에는 하루 종일 휴대폰을 꺼 놓은 채 본 캠퍼스와 버스로 20분 거리에 있는 문지 캠퍼스로 도피하기도 했다.

연고가 없는 새로운 집단에 정착할 기회를 가진 것은 정말 좋았지만 몸과 정신이 너무 지쳐 있었다. 내가 원해서 소속된 것이 아니라

강제성을 띠고 부여된 집단이기에 좋은 점보다도 나쁜 점이 더 눈에 잘 들어왔다.

　방학이 되면 대부분의 학생들은 계절 학기 수강이나 특별한 이유가 없는 한 집으로 돌아간다. 집이 그리운 까닭이 가장 크겠지만 방학 기간 동안 기숙사를 이용하겠다는 신청 사유를 작성하는 작업이 상당히 까다롭기 때문에 기숙사에 머무는 사람이 별로 없다. 사실 이때 굉장히 많은 방이 비어 있기 때문에 학교는 기숙사를 각종 카이스트 캠프에 이용한다.

　기숙사 신청을 한 나는 여름 방학 동안 우리가 '신신축'이라고 부르는 아파트형 기숙사에서 지내게 되었다. 깔끔하고 모던한 인테리어가 마음에 쏙 들었다. 디지털 도어락까지 설치되어 있어 열쇠를 가지고 다닐 필요도 없었다. 이전에 살던 기숙사는 화장실과 샤워실이 한 층에 한곳이어서 공용으로 사용해야 했지만 이곳은 원룸형 방에 화장실과 샤워실이 있었다. 화장실과 샤워실도 분리된 공간에 있었기 때문에 룸메이트와 민망한 상황을 연출할 일도 없었다. 마음대로 켤 수 있는 에어컨도 있었고, 무엇보다도 침대에 누운 채로 전등 스위치를 조작할 수 있었다. 내 침대 쪽 전등을 꺼 버리고 룸메이트보다 먼저 잠들거나 룸메이트가 자는 동안 침대에 누워서 책을 보다가 잠들 수도 있었다. 기숙사 내에는 매점, 세탁소, 체력 단련실까지 구비되어 있었다. 친구로부터 냉장고도 빌려 왔고 방문만 열면 정수기가 코앞에 있었다. 건물 안에서 의식주를 해결할 수 있었으며 일주일 내내 기숙사 밖으로 나가지 않고도 살 수 있을 것 같았다.

　말 그대로 완벽한 원룸 생활의 시작이었다. 옆방에는 전혀 모르는 학우들이 지냈으니 관계를 개선시킬 필요성도 없었다. 아니, 지금 생각해 보니 사람이 살았었는지도 의문이다. 우리 층 복도에서 사람과 마주친 적이 다섯 번도 되지 않았던 것 같다. 밤늦은 시간에 울려 퍼지는 매너 없는 고성방가나 고함 소리를 견딜 일도 없었고 잠을 설칠 일도 없었고 억지로 술자리에 끼여 좌불안석하는 일도 사라졌다.

방에는 인터넷에 연결된 컴퓨터가 있었으며 책도 가득했다. 공부를 하다가 지치면 게임을 하면서 머리를 식히거나 음악을 틀어 놓고 침대에 누워 깊은 명상에 빠지곤 했다. 나만을 위한 나만의 공간. 그토록 바랐던 생활이었다. 방학 전에 계획했던 공부도 순조롭게 해 나갔다.

한 달이 지났다. 그날도 침대에 누워 생각을 정리하고 있었다. 여느 때와 마찬가지로 나의 감정, 나의 경험, 나의 철학과 미래에 대한 생각들이 머릿속에서 이리저리 부유하고 있었다. 오랫동안 즐기지 못한 취미, 과외 학생에게 가르칠 내용, 에어컨 소음을 해소할 묘안 등 생각의 흐름은 일상의 소소한 고민으로 내려앉으며 이제 나 자신에게로 범위를 좁혀 갔다.

'오늘 내가 페이스북에 어떤 글을 썼더라.'

기억을 되감던 도중 문득 이상한 점을 깨달았다. 방학 이후 페이스북, noty(카이스트 코러스(합창단)에서 자체 개발한 SNS. 텔넷 bbs 기반으로 이루어져 있다) 등 소셜 네트워크 서비스를 사용하는 빈도가 급격하게 늘었다. 이게 무슨 뜻일까? 이리저리 부유하던 생각의 흐름은 여기서 정지했다. 나는 이 현상에 대해 계속해서 생각하고 또 생각했다.

'나'라는 사람이 필요로 하는 사회적인 교류가 결핍되었기에 온라인 매체를 통하여 그것을 충족시키려고 한 걸까? 내 나름의 돌파구를 찾아 매달린 것일까? 친숙한 사람들의 소식을 듣기 위해, 그리고 그들의 관심을 받기 위해 자꾸 가상의 공간에 모습을 드러냈던 것일까? 사실 나는 외로워서 SNS에 의존한 것은 아닐까?

무서웠다. 스스로 결론을 내리고 나니 더 몸서리치게 외로웠다. 다른 사람들과 교류도 하지 않고 단절된 공간에서 나는 외로움을 달래기 위해, 사람들로부터 잊혀지지 않기 위해 필사적으로 발버둥쳤다. 모든 게 완벽해 보였던 이 기숙사 방은 사실 나를 고립시키는 공간이었다. 지난 학기와는 지나치게 대조되는 생활이었다. 시끄럽고 나만의 일상을 침해당해도 혼자 동떨어져 있는 것보다는 낫다. 그게 사람 사는 모습이다. 사람 사는 게 그런 것이다.

꾀꼬리 같은 목소리를 가다듬고 노래 연습 중.

그날 이후 나는 자주 밖으로 나갔다. 기숙사 건물을 벗어나 동아리 방에서 시간을 보내고, 집에 내려가 가족과 행복한 시간을 갖고, 보고 싶은 친구를 만나기 위해 부산까지 여행을 했다. 그리고 내가 얼마나 사람에 굶주렸었는지를 깨달았다. 사람 냄새가 나는 곳, 그들과 나누는 이야기가 좋았다.

휘발성 활기를 불어넣은 카이스트의 회색 캠퍼스는 사람을 무미건조하게 몰아가는 경향이 있다. 이 삭막한 공간에서 새터반과 함께 사용하는 기숙사는 도피처와 안식처 역할을 한다. 아직 성년도 되지 않은 어린 학생들이 자의 반 타의 반으로 한곳에 모이게 되었을 때는 또래끼리 뭉쳐서 잘 지내보자는 마음이 엉뚱하게 흥미를 유발하거나 튀는 행동으로 나타나기도 한다. 그리고 그 과정에서 다른 사람의 사생활이 존중되지 못하고 기본적인 에티켓은 무시되곤 하는 것이다. 정신적으로 상당히 피곤해지는 상황이다.

극단적으로 개인주의적이었던 시간을 보내고 나니 전에는 보이지 않았던 것들이 눈에 보이기 시작했다. 집단을 떠나면 정신적으로 상처를 받을 일이야 없겠지만 대신 조금씩 삭는다.

외로움은 사람의 마음을 무겁게 짓누르고 짓이긴다. 방학 동안의 신신축 생활 중 주변 환경의 변화는 전혀 없었다. 하지만 내가 외로움에 물들어 있다는 사실을 깨닫고 난 후에는 예전처럼 생활하기가 매우 힘이 들었다. 봄 학기에 분명히 나는 새터반 기숙사 공동체에 대해 환멸을 느낄 정도로 회의적이었다. 나만의 영역이 침범당하고 경계가 모호해지며 에티켓이라곤 찾아볼 수 없고 잠도 제대로 자지 못하는 상황이 싫었다. 하지만 이 작은 사회에 환멸을 느끼면서도 벗어나고자 하는 생각이 들지는 않았다. 불평을 하면서도 그곳에 속해 있음을 위안을 삼고자 했다. 외로움을 겪지 않기 위해 본능적으로 그런 선택을 내린 것이다.

작년 봄에는 슬픈 소식이 캠퍼스를 무겁게 짓눌렀다. 자신의 생명을 포기하는 극단적인 선택을 한 학우들. 저마다 사연이 있겠지만 다른 사람과 좀 더 깊은 교류를 하며 사람 냄새 진하게 풍기는 환경에서 함께 마음을 나눌 수 있었다면 마지막 결정을 다시 한 번 고민해 보지 않았을까? 머무르고 싶고, 구속되고 싶고, 직접 일구고 싶고, 나를 붙잡아 줄 것 같은 터전을 놓고 등을 돌리기가 어렵지 않았을까? 그랬다면 자기 자신마저 떠나 버리는 일을 하지는 못했으리라. 고인에게 누가 될지는 모르겠지만 그들은 외로웠던 게 아닐까?

나는 카이스트라는 다원적이면서도 격리된 사회에 속해 있지만 인간관계에 대해 생각을 다시 한 이후에는 사람들을 찾아다니게 되었고 삭막한 곳에도 따뜻한 정서는 늘 존재한다는 것을 알았다. 사람은 다른 사람과 부대끼며 서로 관심과 사랑을 주고받을 때 몸도 마음도 건강하다. 이게 바로 내가 카이스트에서 기숙사 생활을 하며 깨달은 작은 진리다.

1인 시위

_ 수리과학과 11 김형준

    2011년 2월 초. 나는 치열했던 입시 경쟁을 뚫고 꿈에 그리던 카이스트에 입학했다. 새로운 룸메이트들과 3인실 생활을 할 생각에 들떴던 나는 짐을 한가득 들고 소망관 3층 기숙사 방문을 열었다. 새내기 배움터가 시작되는 날보다 며칠 일찍 온 나는 '혼자 기숙사에서 지내겠구나.'라고 생각했지만 기숙사 방 안에 들어선 순간 내 예상은 완전히 빗나갔다. 먼저 입사한 한 명이 초췌한 모습으로 나를 반겼고 잠시 뒤 다른 한 명까지 만나게 되었으니까.

    방 안에는 어색한 기운이 감돌았다. 적막을 깨고 내가 먼저 자기소개를 했다.

    "안녕하세요? 저는 부산에서 온 김형준입니다. 과학고를 조기 졸업해서 93년생입니다."

    "저도 과학고를 졸업했고, 93년생이에요."

    "안녕? 난 서울에 있는 일반고를 졸업했고 나이는 91년생이야. 방이 이렇게 보이는 건 내가 한 달 전부터 기숙사에 들어와 살고 있어서 그래."

지금 와서 그 순간을 떠올리니 손발이 오그라든다. 나는 과학고등학교를 조기 졸업했고, 다른 한 명 역시 다른 지역의 과학고등학교를 조기 졸업한 동갑내기 친구였다. 그리고 가장 먼저 입사한 사람은 두 살이나 많은 형이었다. 개인적인 사정으로 고등학교를 1년 더 늦게 졸업한 형은 영어로 수업하는 강의에 적응하기 위해 개강 전 겨울 방학 동안 영어 캠프에 참여했고, 그동안 기숙사에서 생활했다고 했다.

대화를 하는 동안 형이 카이스트에 가지는 자부심과 애교심, 그리고 개강에 대한 설렘을 느낄 수 있었다. 사실 우리 셋 모두 약간의 긴장감과 설렘을 가지고 있었던 게 분명했다. 개강을 하고 나서 우리는 한동안 그날과 같은 대화를 나눌 기회가 없었다. 왜냐하면 모두 지옥 같은 새내기 생활을 따라가느라 바빴기 때문이다. 게다가 같은 새터반끼리는 일괄적으로 같은 강의 시간표로 묶여 있는 시스템이었는데 교묘하게도 우리 셋은 시간표가 모두 달랐다.

그래도 매주 목요일 저녁 7시에 진행되는 '즐거운 대학생활'이라는 프로그램으로 우리들은 똘똘 뭉쳤다. '즐거운 대학생활'은 2011년부터 시행된 프로그램인데 카이스트 내의 단합과 유대감을 새터반끼리의 경쟁을 통해 이루려는 제도였다. 한 학기 동안 진행되는 이 프로그램에서 우수반으로 선정되는 반은 단체로 상품을 받았다. 형은 개강 초에 반장을 지원해서 뽑히게 되었고 매달 생일 파티도 주최하며 솔선수범하는 모습을 보였다. 하지만 나는 학교에 적응하느라 너무 바빴고, 일주일에 한 번, 목요일 저녁 7시를 제외하고는 그 형을 마주칠 시간이 많지 않았다.

쏟아지는 보고서와 과제, 그리고 매주 반복되는 퀴즈들로 바쁜 학교생활을 하던 어느 날, 연습반이 끝나고 방에 들어왔는데 형이 심각한 표정으로 인터넷 기사를 보고 있었다.

나는 무슨 일이냐고 물었다. 형은 '카이스트 로봇 영재 자살'이라는 기사를 보고 있다고 했다. 그날 여러 대학에 합격하고도 당당히 카이스트를 선택했다고 자부했던 형의 모습은 온데간데없었다. 나 역시 학교에 입학한 지 얼마 되지 않았지만 학교에 다니며 지나쳤던 사람 중 하나가 지금 이 세상에 없다고 생각하니 슬프지 않을 수 없었다. 한참 기사를 읽던 형은 학교 제도에 대한 엄청난 회의감을 느끼는 중이라고 말했다.

"영어로 강의하는 데다 과학고 졸업한 애들이 다 아는 거라고 이렇게 진도를 빨리 나가면 어떻게 하라는 거야. 나 같은 일반고 출신들은 진짜 힘들다고."

"내 생각도 그래. 과학고 나온 나는 조금 배웠던 것들이지만 수능을 준비한 형은 아닐 거잖아."

과학고등학교 출신인 나는 일반 고등학교 출신인 형보다 카이스트 생활에 적응하는 데 있어서 상대적으로 유리했을지 모른다. 그리고 일반 고등학교를 졸업하고 카이스트에 적응하려는 사람들의 고충을 십분의 일도 이해하지 못했던 것 같다. 하지만 그때의 나는 그 모든 차이에 대해 불평불만을 토로하는 것이 어찌 보면 하나의 핑계에 불과하다고 생각했다. 왜냐하면 일반 고등학교를 졸업한 사람 중에서도 학교에 잘 적응해 수업에 잘 따라가는 사람이 있었기 때문이다. 반면 과학고등학교를 졸업했더라도 성적이 좋지 않은 사람들도 있었다.

'그래, 과학고와 일반고 졸업의 차이는 백지장 한 장 차이 아니겠어? 결국 자기가 얼마나 열심히 하느냐에 따라 달라지는 거야.'

지금 돌이켜 보면 한없이 이기적인, 나 스스로를 합리화하기 위한 생각이었다. 결국 이번 사건은 정말 예외적인 경우라고 단정지었다.

그러나 그때의 철없고 이기적인 내 생각이 틀렸다는 것은 얼마 지나지 않아 알게 되었다. 비슷한 사건이 연달아 터졌고 학교는 애도 기간을 가지기로 했다. 밖에서는 난리도 아니었고 나만 해도 친구들과 부모님, 그리고 가까운 친지로부터 안부를 묻는 전화가 끊이질 않았다.

세 번째 사건이 터지자 형이 심각한 얼굴로 내게 얘기했다.

"1인 시위라도 해 볼까?"

"진짜로?"

솔직히 처음엔 농담인 줄 알았다. 하지만 농담이 아니었다. 말이 끝나기 무섭게 '아라'에 글을 올린 형은 사람들의 반응을 본 후 결정하겠다고 말했다.

"학교 아라에 글을 올려서 추천 수가 많으면 진짜 할 거야."

그때 이미 아라는 학교의 제도를 비판하는 글과 고인의 명복을 비는 애도의 글로 뒤덮여 있었다. 사람들은 격앙되어 있었고 금방이라도 쌓였던 불만이 터질 것만 같았다. 이 모든 게 변화를 위한 바람직한 단계이지만 난 걱정이 앞섰다.

'안 그래도 영어 강의나 빠른 진도를 힘들어하는 형이 과연 시위를 할 수나 있을까? 시위를 한다고 정말 효과가 있기는 할까?'

형을 위로하면서도 나는 과연 그것이 가능할지 의심했다. 그런데 그 순간에 형은 휴학까지 고려하며 지도 교수님과 심각하게 상의를 했다고 한다.

'설마, 진짜 1인 시위를 하려고 그러나?'

일주일의 애도 기간이 지나고 학교는 아무 일도 없었다는 듯이 다시 학생들을 쳇바퀴 굴리듯 몰아치기 시작했다. 학업 스트레스가 없는 건 아니었지만 밤마다 과제와 FDC 프로젝트(Freshman Design

Course : 11학번 이상 카이스트 신입생들의 기초 필수 이수과목)를 병행하는 형에 비하면 나는 명함도 못 내밀 수준이었다. 그런데 갑자기 어느 날부터 형이 방에 들어오지 않았다. 악명 높은 FDC 프로젝트 조모임 때문에 그런가 보다 하고 큰 걱정을 하지 않았다. 그런데 점심 공강 시간에 기숙사 앞에서 피켓을 들고 있었던 형과 마주쳤다. 형이 그동안 방에 들어오지 못한 것은, 총학생회와 시위에 대해 진지하게 토론하고 피켓을 만드느라 바빴기 때문이라고 했다.

> **방사능비보다 더 살인적인 서남표 정책**
> "항상 이길 수는 없으며 나중에 이기기 위해 때로는 지금 질 수도 있다." – 서남표 총장
> 말씀대로 행하시면 카이스트를 넘어 대한민국의 승리입니다.

텔레비전에서 보던 화려한 피켓은 아니었지만 그 형의 진심이 담겨 있었다. 그 형뿐만 아니라 카이스트 학우들의 진심이나 다름이 없었다. 형은 친구들끼리 있을 때 말하던 것을 피켓에 적어 들고는 총장실로 향했다. 그런 형을 보며 나 자신이 부끄러워졌다.

참으로 비겁하지 않은가? 바쁜 학사 일정을 핑계를 대며 세상을 떠난 학우들의 심정이나 고통을 잊고 있는 건 아닌가? 말로는 학교가 바뀌어야 한다고 외치면서도 속으로는 관심조차 없었던 것은 아닌가?

그때부터 나 스스로를 반성하며 이 모든 사태에 대해 좀 더 관심을 기울이기 시작했다. 또한 형이 정말 대단하다고 생각했다. 학생회 직책을 갖고 있는 것도 아닌데 남들 앞에 얼굴을 들고 당당히 시위를 하려는 용기가 정말 대단했다. 극단적인 결정을 한 학우들과 별다른 인연도 없었던 형이었다. 정말 학교를 사랑하는 마음에서 학교를

바꿔 보겠다고 발버둥치고 있는 게 아닌가?

그 시기에 형은 이런 말을 했다.

"난 정치인들이 틈만 나면 사퇴를 하겠다고 하는 것이 마음에 들지 않아. 자신이 잘못한 게 있다면 실수를 인정하고 잘못을 바로잡아야 하지 않을까? 왜 무조건 그만두는 게 바람직하다고 생각하는지 이해가 안 돼."

이 말처럼 형은 지금 학교가 돌아가는 것이 잘못되고 있다고 굳게 믿었다. 그래서 학교의 잘못을 바로잡기 위해 나서는 것이다. 그때까지만 해도 나는 학교 제도가 학생들을 경쟁으로 몰아부치긴 해도 그만큼 발전을 가져다주기 위한 것이라고 믿고 있었다. 다시 말해 제도가 잘못되었다고 생각해 본 적은 없었고 미래에 더 큰 것을 얻기 위해, 더 발전하기 위해 피할 수 없는 경쟁이라고 여겼다. 아마 나처럼 생각하는 사람들이 꽤 있었을 것이다. 하지만 경쟁에서 힘들어하고 쉬어 가자는 사람들을 버려야 하는 게 맞을까? 남은 사람들의 발전을 위해서? 시위를 하며 마음을 굳건히 하는 룸메이트 형을 보면서 그동안 가지고 있던 나의 가치관에 대해 고민해 보았다. 카이스트의 경쟁 구도에서 버려진 그들은 결국 자살이라는 길을 선택했다. 그럼 이것은 개인의 책임일까, 집단의 책임일까? 이 질문의 해답은 사람마다 다를 것이다. 난 개인적으로 자살은 개인의 나약함에서 온다고 생각한다. 하지만 카이스트의 내부에서 보자면 이는 너무나도 잔인한 학교의 경쟁 구도가 결국 그들을 벼랑 끝으로 내몬 게 아닌가 싶다.

1인 시위……. 보잘것없는 행동, 시간 낭비일지 모른다. 하지만 형은 포기하지 않았다. 주변 사람들의 걱정과 만류에도 불구하고 부딪혀 보겠다고 했다. 형이 하려고 하는 일은 카이스트라는 거대하고도 고요했던 연못에 돌을 던지는 것이었다. 이 돌은 작은 파장을 일으켰고 파장이 모여 거대한 파도로 변해 갔다. 1인 시위를 한 지 며칠이 지나자 학교 커뮤니티 사이트를 시작으로 외부로 급속도로 소문이 퍼지기 시작했다. 각종 SNS를 비롯하여 포털 사이트에 1인 시위에 대한 기사가 실리기도 했다. '카이스트 총장실 앞에서 시위하는 11학번 새내기 학생'이라고 말이다.

학교에 종종 방송국 카메라와 기자들이 보였다. 또한 학교 곳곳에 개혁을 요구하는 대자보가 올라왔다. 형의 실명과 사진도 곳곳에 공개됐다. 카이스트 연관 검색어로 뜨기도 했다. 바깥세상에서도 역시 엄청난 이슈였다. 각종 신문에서는 서남표 총장에게 개혁을 촉구하는 글과 카이스트의 현재 실태에 대한 기사들이 특집으로 다루어졌다. 학생들은 학교 측에 소통을 요구했고, 이는 온전히 다 이뤄지지 않았지만 결국 절차를 거쳐 어느 정도의 개혁에 대한 의사를 타진했다. 창의학습관 앞 잔디밭

시시콜콜한 모든 정보가 적힌 학교 대자보.

에 모여 학교에 소통을 요구하던 그날은 아직도 잊을 수 없다. 이 모든 것이 스스로 비극적인 선택을 한 몇몇 학생들의 큰 희생과 학교를 위해 자신의 시간을 쪼개 앞장 선 학생들, 그리고 이들에게 관심을 가지며 동참한 나머지 학생들의 힘으로 만들어진 것이다. 드디어 형이 그렇게 말하던 학교가 바뀌어야 한다는 것이 이루어지는 순간이었다.

솔직히 말하자면 형이 그 시간에 시위를 하지 않고 공부를 했다면, 평점이 더 잘 나오거나 학교생활에 잘 적응했을지도 모른다. 아

마 나라면 그렇게 했을 것이다. 나라면 절대로 1인 시위를 하지 못했을 것이다. 지금 시간을 되돌린다고 해도 난 1인 시위를 절대로 하지 못했을 것이다. 이 글을 읽는 몇몇 독자들은 그런 나를 비겁하다고 생각할 수도 있다. 하지만 실제로 카이스트의 학사 일정은 매우 바쁘다. 게다가 과학고등학교 출신이 대다수인 카이스트의 특성상 친구의 친구면 거의 모든 인맥이 닿는다고 해도 과장이 아니다. 그런 곳에서 자신의 얼굴을 내걸고 시위를 하기란 누구라도 쉽지 않을 것이다. 하지만 형은 달랐다. 자신의 희생으로 더 이상 자살이라는 극단적인 선택을 할 사람이 없기를 바라며 앞으로 나아갔다.

그때까지만 해도 카이스트의 장학금 제도는 학점에 의한 차등 지급 방식이었다. 하지만 이젠 아니다. 잔인하다고까지 불리던 장학금 제도는 완화되었고, 카이스트의 기초 필수 이수과목이던 FDC는 12학번부터는 기초 선택 과목으로 변경되었다. 그 외에도 영어 강의 이수 요건이 바뀌는 등 여러 가지 제도가 개선되었다.

난 지금도 가끔 생각한다. 그때, 그 형이 나서지 않았더라면 또 그냥 그렇게, 아무렇지 않게 넘어가지는 않았을까? 제도가 지금만큼 바뀔 수 있었을까?

올해 2월 입학한 12학번 신입생들은 FDC란 단어를 생소하게 여긴다. 또한, '장짤'(장학금이 짤린 학생을 지칭하는 말)이란 단어를 그리 심각하게 받아들이지 않는다. 후배들은 분명 작년의 사건들을 인터넷이나 신문으로만 접했고 바뀐 제도들에 대해 감사하게 생각하지만 그 일련의 사건들이 새내기들에게는 옛날 얘기에 불과할 것이다. 하지만 난 형의 1인 시위를 통해 배운 것이 많았다. 그 사건을 통해 이기적이고 철없던 나를 반성하고 나를 둘러싼 세계에 대해 고민할 시간을 갖게 되었다.

기숙사 일기

_ 전기 및 전자공학과 11 박승운

카이스트에 입학하는 대부분의 학생들은 기숙사 생활을 한다. 개중에는 기숙사라는 곳을 처음 온 사람도 있고, 고등학교 때부터 기숙사에서 살아 본 사람도 있다. 하지만 전에 기숙사를 이용했는지 여부에 관계없이 학생들마다 기숙사에 대해 가지는 의미가 다르고 기숙사를 이용하는 방법도 제각각이다.

석호 이야기

개운하다. 오전에 물리 수업을 마치고 나니 오늘 하루는 수업이 없다. 심지어 연습반까지도 다른 요일로 미뤄졌다. 주말이 지나고 나면 수요일만 기다린다. 오늘 하루는 나에게 또 다른 주말이나 마찬가지다. 다른 아이들의 부러움을 한 몸에 받으며 기숙사로 서둘러 갔다. 어제 다 하지 못한 퀘스트를 빨리 마치고 싶기 때문이다. 그래야 이 게임을 시작하면서 그토록 가보고 싶었던 스페셜 던전에 입성할 수 있다. 벌써부터 가슴이 두근두근 설렌다. 오랫동안 꿈꾸어 왔던

게임돌 석호의 책상.

나의 모습이 드디어 현실이 되다니! 방문을 열고 들어가자마자 노트북을 켜고 옷을 벗어서 침대에 던져 놓았다. 늦잠을 자느라 아침도 못 먹었지만 지금은 점심을 먹는 것보다 퀘스트를 마치는 것이 더 중요했다.

생각했던 것보다 지루한 반복 작업이 계속되었다. 하지만 이제 거의 다 끝나간다! 어제도 룸메이트들에게 핀잔을 들어가면서 이 짓을 했는데 드디어 결실을 맺는 순간이 다가오고 있었다. 방문이 끼익 하고 열리더니 신발 벗는 소리가 들린다. 아마 명준이일 것이다. 명준이는 수업이 띄엄띄엄 떨어져 있어서 비는 시간마다 기숙사에 와서 책을 챙겨 간다.

"석호야, 밥은 먹었냐?"

"……"

"아침도 안 먹었는데 밥 좀 제때 챙겨 먹어."

명준이의 말이 귀에 들어오지 않는다. 난 내 앞에 놓인 게임에 열중했다. 몬스터들이 통쾌하게 떨어져 나가서 손맛이 좋았다. 얼마 전에 무기를 바꿨더니 역시 캐릭터가 강해진 것이 확실히 눈에 보인다. 덥다고 중얼거리는 소리와 함께 창문을 여는 소리가 들린다. 마침 더웠는데 잘 됐다. 잠시 후 부스럭거리는 소리와 함께 명준이가 나간다. 밥을 먹든 안 먹든 무슨 상관이람. 어차피 내 몸인데. 게임하는 것도 다 일종의 여가 생활이다. 노래방에 가거나 술 먹을 시간에 게임 한 판 하는 건데. 왜 이렇게 신경을 쓰는지 모르겠다.

어차피 뭐 나도 내가 하고 싶은 거 하는데 남의 눈 따위 신경 쓸 필요는 없다. 이제 퀘스트도 끝났는데 다른 생각은 할 겨를이 없다. 이제 던전에 들어갈 수 있게 되었으니 오늘밤은 하얗게 지새울 생각이다. 역시 남달리 강한 몬스터들과 함정들이 있어야 제맛인 것 같다.

얼마나 지났을까? 금세 주위가 어두워진다. 빨리 이곳에서 끝장을 봐야 하는데 끝나질 않는다. 보스 몬스터가 등장하기는커녕 기미도 보이지 않는다. 몇 시간을 앉아 있었는지 모르겠다. 이제 좀 쉬고 싶다는 생각이 스멀스멀 든다. 하지만 그렇게 오래 한 것도 아니고, 무엇보다 마무리를 지을 때까지는 그만두고 싶지 않다. 창문을 두드리는 빗소리가 요란하다.

잠시 후, 명준이와 지훈이가 들어오는 소리가 들린다.

'또 시작이겠군.'

내 생활에 핀잔을 주는 콤비가 돌아왔다. 집에서 매일같이 엄마한테 잔소리를 듣다가 이제 드디어 좀 탈출하나 싶었는데 이제는 룸메이트의 잔소리 때문에 못 살 지경이다. 갑자기 기분이 착잡해졌다. 그런데 예상을 빗나간, 더 심한 말이 날아왔다.

"이석호, 이게 뭐야?"

"뭐, 왜?"

"내 책상 다 젖었잖아!"

"내가 연 것도 아닌데 왜 나보고 그래?"

"방에 너밖에 없었잖아!"

"……"

몰랐을 수도 있지 웬 호들갑이람. 책상 좀 젖으면 닦으면 될 것이지. 어차피 기숙사도 별로 쓰지도 않으면서. 책상에 중요한 것을 올려놓았을 리도 없다. 대답해 봤자 서로 기분만 상하지. 하던 거나 계속

하자.

지훈이 이야기

오늘도 바쁜 하루의 시작이다. 오늘 스케줄로만 된다면 저녁까지 기숙사로 돌아갈 일은 없을 것이다. 하지만 피곤하다. 침대에서 일어나는 것부터 힘들었다. 어제 석호 녀석이 게임을 한다고 또 극성을 부리는 바람에 제대로 잠도 자지 못했다. 물리 시간에 졸지 않으려고 애썼지만 결국 졸고 말았다. 가까스로 필기는 다 했지만 무슨 내용인지 기억도 나지 않는다. 덕분에 복습해야 할 시간이 늘었다. 룸메이트 하나 잘못 만나서 뭔 고생이람. 옆방 동규는 룸메이트와 생활 패턴이 엄청 잘 맞아서 좋다던데. 제발 누가 룸메이트 좀 바꿔 줬으면 좋겠다. 기껏 공부해서 대학교까지 와 놓고 허구한 날 한다는 게 게임이라니! 별로 남는 것도 없고 남에게 피해만 주는 짓을 왜 굳이 욕을 먹어가면서까지 하는지 이해가 가지 않는다. 좀 있으면 수업이 다시 시작되는데, 졸지 않으려면 커피라도 한잔 마셔야 하나?

내게 기숙사는 단지 밤에 휴식을 취하는 숙소에 불과하다. 기숙사에 있어 봤자 공부도 잘 안 될뿐더러 룸메이트라는 녀석이 하루 종일 마우스를 클릭하며 게임을 하기 때문에 개인 생활의 공간만큼도 되지 못하는 곳이다. 이런 이유들을 제외하더라도 바쁜 나의 스케줄을 소화해 내려면 기숙사에 들어갈 시간이 많지 않다. 나는 카이스트라는 대학에 온 이상 공부는 물론이고 여기서 할 수 있는 건 다 해 보고 싶다. 그래서 동아리나 각종 활동에 많이 참여하다 보니 몸이 열 개라도 모라랄 지경이다. 시간 아까운 줄 모르고 게임만 하는 누구와는 달리 말이다.

저녁 수업이 끝나고 우연히 또 다른 룸메이트인 명준이와 만나 밥을 먹었다. 명준이는 이제 기숙사에 들어가서 남은 과제를 마무리하고 오늘 배운 물리 중에서 잘 모르는 부분을 다시 볼 거라고 했다. 나는 명준이에게 이왕 공부하려면 교양분관에서 하라고 조언했다. 기숙사에 있어 봤자 공부할 분위기도 아니고, 석호의 마우스 클릭 소리 때문에 시끄러워서 집중도 되지 않을 테니까.

저녁을 다 먹은 나와 명준이는 기숙사로 향했다. 기대도 하지 않았지만 석호가 방 안에 앉아 있는 것을 보니 왠지 모르게 짜증이 났다. 빨리 짐만 챙기고 나가야지 했는데 웬걸 책상 옆의 창문이 열려 있었고, 책상이 온통 젖어 있었다. 아까 수업 중에 잠시 비가 왔던 것이 기억났다. 석호 이 녀석이 게임 하느라 귀찮아서 창문 하나 닫지 않은 게 분명했다.

"이석호, 이게 뭐야?"

"뭐, 왜?"

"내 책상 다 젖었잖아!"

"내가 연 것도 아닌데 왜 나보고 그래?"

"방에 너밖에 없었잖아!"

"……."

가슴이 정말 답답하다. 게임 하느라 정신이 없어서 그런지 내가 뭔 말 하는지도 잘 못 알아듣는 것 같다. 도대체 어떻게 해야 석호 저 녀석이 정신을 차릴까? 참 답답하다. 나는 곧 마음을 고쳐먹었다. 그래, 내가 참자. 게임 삼매경에 빠진 애한테 뭔 말을 해도 소 귀에 경 읽기다. 어차피 한 학기만 룸메이트 하고 말 앤데. 그냥 내 일에만 신경 쓰고 한 학기만 참아 보자.

명준이 이야기

아침 물리 수업이 끝나자마자 석호 녀석이 기숙사로 뛰어가는 게 보인다. 오늘이 수요일인가? 석호가 수요일는 수업이 하나밖에 없다고 했던 것 같다. 보나마나 기숙사에 들어가 그 디아블론지 뭔지 하는 게임이나 하루 종일 하겠지. 개강 이후로 공부를 하는 모습을 본 적이 없다. 뭐가 그렇게 재밌는지 모르겠다. 심심해서 가끔 여가 생활을 위해 하는 건 좋지만 저렇게 게임만 해서 남는 게 뭐가 있을까? 하긴 내가 신경 쓸 문제는 아니다. 알아서 하겠지. 나한테는 지금 들으러 갈 화학 수업이 더 중요하니까.

드디어 길고 지루한 화학 수업이 끝났다. 역시 난 화학 체질이 아니다. 오비탈이나 에너지 준위 얘기만 나오면 잠이 솔솔 온다. 뭔 말인지도 잘 모르겠다. 내년 전공은 뭘 할지는 모르겠지만 절대로 화학과 연관된 과로는 안 가야지. 친구들이 동측 식당에서 밥을 먹자고 한다. 어제 석호 녀석이 게임을 한답시고 늦게 자는 바람에 늦게 잠이 든 나는 아침을 먹지 못해 배가 많이 고팠다.

방에 들어서니 어김없이 게임을 하고 있는 석호가 눈에 띤다. 아까 물리 수업이 끝난 후 쭉 게임을 한 것 같다.

"석호야, 밥은 먹었냐?"

"……"

"아침도 안 먹었는데 밥 좀 제때 챙겨 먹어."

내 눈엔 밥도 안 먹고 게임을 하는 석호의 모습이 안쓰럽기만 하다. 대부분의 끼니를 컴퓨터 앞에서 해결하는 석호의 책상은 온통 무언가를 먹고 남은 쓰레기들로 가득하다.

옷을 너무 두껍게 입은 것 같다. 아침에는 조금 쌀쌀했는데 점심을 먹고 나니 햇빛이 제법 뜨거워졌다. 옷을 좀 더 얇게 갈아입어야겠다. 창문을 여니 시원한 바람이 들어온다. 빨리 다음 수업 준비해서 나가야겠다.

저녁 시간에 지훈이를 만나 같이 저녁을 먹고 기숙사에 들어왔다. 오늘 해야 하는 과제가 뭐가 있지 생각해 보니 물리 말고는 없었다. 물리 과제 제출은 멀었으니 잠깐 컴퓨터나 해야지 하고 있는데 갑자기 뒤에서 지훈이가 소리를 질렀다.

"이석호, 이게 뭐야?"

"뭐, 왜?"

"내 책상 다 젖었잖아!"

"내가 연 것도 아닌데 왜 나보고 그래?"

"방에 너밖에 없었잖아!"

"……"

석호 녀석은 게임에 정신이 팔려서 대답도 제대로 안하고 건성이다. 원래 저런 애는 아닐 텐데 게임을 하다 보면 정신을 못 차리는 경우가 많다.

지훈이 말이 백번 옳다고 생각하지만, 그래도 욕은 하지 않았으면 좋겠다는 생각이 든다. 석호가 게임에 집중할 때면 묻는 말에도 제대로 답하지 않지만 평상시에는 친구들과 잘 어울리며 지내는 성격 좋은 친구다. 단지 석호에게 기숙사는 게임을 하는 공간밖에 되지 않는다는 점이 우리와 다른 것이다. 우리가 석호의 귀찮음을 감수한다면 같이 못 지낼 것도 없다. 한 학기밖에 같이 못 지내는 룸메이트인데 지훈이도 석호의 기분을 조금 헤아려 주고 배려해 주면 좋겠다.

하지만 이런 말은 지훈이에게는 별로 의미가 없을 것이다. 지훈이는 게임하는 것 자체를 시간 낭비라고 생각하고 있기 때문이다. 나중에 석호에게 따로 이야기를 해야 할 것 같다. 물론 지훈이 눈치를 봐

가면서 게임하라는 말이 듣기 싫겠지만 적어도 같이 방을 쓰는 사람을 생각해서라도 늦은 밤에는 게임을 자제하라고. 건강을 위해서라도 게임 중간에 휴식 시간은 가지라고 말이다. 분명 석호의 귀에는 엄마의 잔소리처럼 들리겠지만 나와 지훈이를 위해서라도 이 말은 꼭 해야 할 것 같다. 기숙사는 나 혼자 쓰는 공간이 아니니까. 공공시설을 사용할 때뿐만 아니라 기숙사 방 안에서도 서로를 배려해 주어야 한다는 것을, 기숙사는 공동생활을 하는 공간이라는 것을 석호가 꼭 알아줬으면 좋겠다.

제2의 고향, 카이스트 기숙사

_ 산업 및 시스템공학과 07 이희수

 2007년 6월 23일, 나는 이날 10년 만에 우리나라로 귀국했다. 오랜 외국 생활 끝에 돌아온 한국은 많은 것이 변했고 낯설기만 했다. 주위에 있는 사람들은 모두 한국 사람들이었으며 사방은 높은 아파트와 빌딩으로 뒤덮여 있었다. 두 달간 서울에 계신 할머니 집에서 지낸 나는 같은 해 8월 말 카이스트에 입학하여 기숙사 생활을 시작했다. 카이스트와의 인연은 이렇게 시작되었다.
 2012년 현재, 카이스트와 함께한 지 어느덧 5년이란 시간이 다 되어간다. 중간에 국방의 의무를 다하기 위해 학교를 잠깐 떠났지만 5년이란 세월을 캠퍼스에서 지내는 동안 나는 많은 경험을 했고 많은 친구들을 사귀었으며 많은 것을 보고, 배우고, 느꼈다. 물론 그중에는 학생으로서는 해서는 안 되는 철없는 행동들도 있지만 반면에 카이스트 기숙사 제도 덕분에 만난 학우들과의 아름다운 추억도 있다. 나는 이 글을 통해 나의 신입생 시절 경험들을 공유하고자 한다. 자랑스럽기는커녕 오히려 민망한 추억들이지만 현재 학교를 다니고 있는 후배들이나 카이스트에서 꿈을 펼치고자 하는 어린 학생들이 앞으로 캠퍼스와 기숙사를 자기 집처럼 생각하며 지내길 바라는 마음에서 이 글을 쓴다. 그 친구들에게 이 글이 조금이나마 도움이 되었으면 한다.

나의 한국 생활 중심에 있었던 카이스트.

치킨을 건 도박

대한민국 국민이라면 누구나 '고스톱'이라는 화투 놀이를 잘 알 것이다. 나 또한 외국에서 오래 살았지만 고스톱만큼은 누구보다 자신 있었다. 자국의 중요성과 소중함을 매일같이 강조하시던 아버지는 '대한민국 국민이라면 꼭 알아야 하는 문화'라며 틈나는 대로 나와 동생에게 '고스톱'을 가르치셨다. 신입생 당시 나와 내 동기들은 대전 지리에 익숙하지 않았던 탓에 주로 기숙사에서 여가 시간을 보냈는데 우리가 가장 즐겨 하던 게임이 바로 '고스톱'이었다.

한 판을 이기면 승자에게 점수를 매겼는데 나중에 게임이 끝나고 제일 점수가 낮은 사람이 모두에게 치킨을 사는 방식이었다. 팽팽한 승부 때문에 우리 방에는 거의 매일 밤 긴장감과 침묵이 흘렀다. 평소에는 새벽 3시쯤에 게임이 끝났지만 가끔은 다들 너무 몰입한 나머지 밤에 시작해서 해가 이미 떠 있는 아침에 끝나기도 했다. 이렇게 나는 밤을 새가며 놀고 수업 때 매번 졸았지만 친구들과 함께하는 하루하루가 재밌었다. '대학생활이라는 것이 이렇게 재밌는 거구나.' 하며 영화나 시트콤에 나오는 대학생들처럼 지내려고 최대한 노력했다. 하지만 기쁨도 잠시였다. 꿈만 같았던 나의 첫 학기가 끝나고 처음으로 성적표를 받았다. 잘 나올 거라고 생각했던 내 예상과 다르게 내 성적표는 C와 D로 도배되어 있었다. 그 순간 대학생활에 대한 나의 환상은 처참하게 깨졌으며 매일 밤 놀기만 한 자신이 한심하게 느껴졌다. 그날 이후 나는 한동안 고스톱을 끊었으며, 그다음 학기부터는 여가 시간과 공부 시간을 정해 규칙적인 대학생활을 하려고 노력했다. 지금 생각하면 어떻게 그렇게 밤새며 놀고 수업을 들을 수 있었는지 의문스럽고 치킨 몇 조각에 공부도 안 하고 매일 밤 놀기만 한 게 매우 후회스럽다. 영화에 나오는 대부분의 대학생활은 과장된 것이며 학생의 주된 역할은 '공부'라는 교훈을 남겨준 가슴 아픈 경험이었다.

잃어버린 기억

이것도 역시 신입생 때의 일이다. 그날도 나는 여느 때와 같이 과제와 공부는 뒤로 하고 친구들과 술을 마시러 나갔다. 대학생활에서 공부도 중요하지만 술을 마구잡이로 마시며 인적 네트워크를 쌓는 것 또한 매우 중요하다고 생각했었다. 왜 이런 어리석은 생각을 했는지 모르겠지만 그때는 매일같이 술을 마시는 게 너무나 당연한 것이었다. 그날도 내 집 드나들듯이 다니던 술집에 가서 소주, 맥주, 콜라가 섞인 폭탄주를 마시며 친구들과 놀았다. 간단하게 시작한 한 잔은 두 잔이 되고 세 잔이 되어 결국 나는 필름이 끊기는 지경에까지 이르렀다. 다음 날 나는 술이 덜 깬 상태에서 일어났다. 뭔가 이상하여 주위를 살펴보니 아무도 없는 낯선 방에서 자고 있었다. 해는 이미 중천에 떠 있었고 시계는 오후 2시를 가리켰다. 몽롱한 상태로 일어나 방 번호를 확인했더니 내 방 바로 아래층의 방이다. 그런데 그 방은 내가 아는 선배나 동기의 방도 아니었다. 나는 허겁지겁 방에서 나와 내 방으로 들어가 다시 잠들었다. 역시 수업은 안중에도 없었다. 그날 어떻게 그 방에서 자게 되었는지는 아직까지 풀지 못한 미스터리다. 무엇보다 그날 이후 필름이 끊길 정도로 과음을 해서는 안 된다는 것만큼은 확실하게 배웠다. 하지만 지금도 가끔씩 자기 몸을 가누지 못할 정도로 술에 취해서 남들에게 물리적 또는 정신적 피해를 주는 학생들 이야기를 종종 접하곤 한다. 술을 마시더라도 자기 통제가 가능할 정도로만 마시는 게 어떨까? 과도한 음주는 인적 네트워크를 쌓는 것이 아니라 술과 네트워크를 쌓는 것일 테니.

초코파이 케이크

2학년이 되면서 나는 모두와 친하게 지냈던 신입생 때와는 다르게 서로 잘 안 맞는 친구들과는 자연스럽게 멀어졌고 서로 마음이 잘 맞는 친구들과 더욱 가까워지게 되었다. 나와 마음이 맞는 친구는 나를 포함해서 6명이었는데 우리는 무엇을 하든 항상 함께 했다. 1학년 때와는 다르게 우리는 정신을 차리고 예전보다 공부에 더 많은 시간을 할애했다. 외출할 시간이 부족할 정도로 열심히 공부했던 우리는 주로 기숙사 방에서 수다를 떨며 놀았다. 군대를 가기 전, 2년 가까이 함께 생활하며 쌓은 추억 중 가장 기억에 남는 것은 역시 우리들만의 생일 파티일 것이다. 함께 모이는 멤버가 총 6명인 탓에 모두의 생일을 화려하게 챙겨 주기에는 경제적 부담이 컸을 뿐더러 중간고사 또는 기말고사와 겹치는 날이 많아 근사한 곳에서 여유 있게 식사를 할 수도 없었다. 그래서 우리가 생각해 낸 것이 바로 초코파이 케이크였다. 별것 아니지만 잠깐이라도 함께 모여 즐거운 시간을 보내는 데는 충분했다. 누군가의 생일이 있을 때면 우리는 매점에서 사 온 초코파이로 정성스럽게 케이크를 준비했고 밤 12시가 되면 생일 주인공을 불러 깜짝 파티를 해 주었다. 그 후 우리의 소소한 초코파이 파티는 우리만의 중요한 파티가 되어 버렸다. 예측 가능한 파티가 되어 버린 후에는 초반에 생일 당사자들이 느끼던 감동은 없어졌지만 그들은 고맙게도 우리의 이벤트에 뜨거운 반응을 보여 줬었다. 우리만의 전통은 보잘것없었지만 우리의 끈끈한 관계를 유지시켜 주는 중요한 역할을 했던 것은 분명

동기들과 분수대 앞에서 찰칵!

하다. 지금은 각자의 길을 따라 뿔뿔이 흩어져 있지만 우리는 지금도 서로 연락을 하고 정기적으로 모인다. 타 대학과는 차별화된 카이스트만의 전원 기숙사 제도는 동료와 24시간을 함께 생활하며 끈끈한 우정을 쌓을 수 있는 아주 좋은 기회를 제공한다. 이러한 제도를 최대한 활용한다면 학교를 떠난 후에도 수년간 희로애락을 함께 겪었던 대학교 친구들과의 소중한 인연을 오랫동안 유지할 수 있을 것이다.

싸움

군 입대를 앞두고 나는 마지막 학기를 평소 친분이 두터운 선배와 방을 쓰게 되었다. 선배는 평소 게임하는 것과 영화 보는 것을 좋아해서 사운드 시스템이 잘 되어 있는 고가의 스피커를 가지고 있었다. 그 스피커로 영화를 보면 깔끔한 음질과 '웅웅'거리는 베이스음 때문에 영화관이 따로 없었다. 그래서 나와 선배는 자주 영화를 보곤 했었다. 하루는 평소와 같이 피자를 먹으며 액션 영화를 보고 있었는데 누군가 우리 방에 노크를 했다. 문이 열리자 처음 보는 사람이 굳은 표정으로 우리에게 말했다.

"저 아래층에 사는 사람인데요. 소리가 울려서 그러는데 소리 좀

줄여주세요."

"네, 죄송합니다."

아래층에 사는 사람이 가자 선배는 소리를 약간 줄였다. '이 정도면 괜찮겠지.'라고 생각을 하고 우리는 다시 영화를 재밌게 보기 시작했다. 하지만 얼마 지나지 않아 노크도 없이 문이 활짝 열렸으며 아래층에 사는 사람이 매우 불쾌한 표정으로 다시 말했다.

"소리 좀 줄이라고."

약간의 정적이 흘렀고 나는 분위기가 심상치 않음을 느꼈다.

"근데 왜 반말이냐?"

"소리 좀 줄이라고 했는데 왜 안 줄이냐?"

화가 난 아래층 사람은 우리 방에 그냥 들어왔고 가만히 앉아 있던 선배도 일어났다.

순식간에 둘은 주먹을 휘두르며 싸우기 시작했다. 한창 난타전을 펼치는 권투 선수들 같았다. 너무 순식간에 일어난 일이나 나는 말리지도 못하고 당황한 채로 보고만 있었다. 몇 분 후, 나는 사태의 심각성을 깨닫고 싸움을 말렸다. 싸움이 멈추고 정적이 흘렀다. 아래층 사람은 잠깐 얘기 좀 하자며 선배와 함께 밖으로 나갔고 몇 분 후에 선배만 다시 돌아왔다. 어떻게 되었냐고 내가 묻자 선배는 화해하고 잘 끝냈다고 했다. 사태는 일단락되었고 그 뒤로 우리는 예전처럼 소리를 크게 틀어 놓지 않았다. 기숙사 방은 방음 처리가 잘 되어 있지 않아 옆방에서 조금만 시끄럽게 해도 다 들린다. 사람마다 소리에 민감한 정도가 다 다르다고 하지만 기숙사 생활은 공동생활인 만큼 더 신경을 써야 한다. 지금도 가끔 새벽에 큰 소리로 노래를 부르거나 악기를 연주하는 사람들이 있다. 아무리 카이스트 학생들의 평균 취침 시간이 자정을 넘긴 새벽이라고는 하지만 모두가 그런 것은 아니다. 누군가의 소음 때문에 어떤 사람은 생활하는데 있어서 불편함을 겪을 수도 있다. 남을 조금만 더 배려해서, 다른 사람들이 자는 시간대에 소음을 자제한다면 내가 목격한 바와 같은 씁쓸한 유혈사태는 절대 안 일어날 것이며 보다 살기 좋은 기숙사가 될 수 있을 것이다.

내 집 같은 최고의 기숙사

나는 2년의 대학생활을 마치고 2009년 6월에 입대했다. 군대의 '군'자도 모르는 나에게 군대는 매우 색다른 경험이었다. 한 번도 경험해 보지 못한 육체적 피로와 고통은 물론이며 조직 생활이라는 새로운 환경은 매우 낯설기만 했다. 하지만 시간이 지나면서 나는 군 생활에 잘 적응했고 군 복무가 끝나갈 무렵에는 언제 민간인이었냐는 듯이 군 생활은 너무 당연한 것이 되어 있었다. 전역 후 나는 복학했으며 2년 만에 다시 기숙사를 배정받게 되었다. 모든 것이 낯설 줄 알았던 내 생각과는 달리 고향에 돌아온 듯한 기분이 들었다. 1인당 3~4평 남짓의 공간이지만 내 집같이 편안했으며 넓은 책상과 침대는 내 가슴을 뿌듯하게 했다.

나는 작년 겨울 방학에 서울에서 인턴을 했다. 그런데 남들처럼 서울에 집이 있는 것도 아니고 장기간 지낼 수 있는 곳이 마땅치 않았다. 여러 방법을 모색해 본 후 고시원에서 지내보는 것도 괜찮을 것 같다는 생각에 오랜 고민 끝에 고시원에 들어갔다. 하지만 고시원 생활은 최악이었다. 2평도 안 되는 방에서 조그만 침대가 공간의 삼분의 이는 차지했으며 짐 때문에 발 디딜 틈도 없었다. 추운 겨울이었는데 난방이 잘 되지 않았다. 그래서 전기장판과 잘 작동하지 않는 조그만 히터로 밤새 추위와 싸워야 했다. 또한 방에 방음 처리가 전혀 되어 있지 않아서 옆방에서 전화 통화하는 소리까지 너무 잘 들렸다. 이런 곳에서 한 달을 보낼 생각을 하니 앞이 깜깜했지만 이미 한 달 치를 지불한 만큼 눈 딱 감고 한 달만 지내기로 마음을 먹었다. 열악한 거주 환경 때문에 나는 평소에도 안 걸리던 심한 감기까지 걸렸지만 다행히도 한 달이라는 시간은 금방 지나갔고 나는 다시 학교로 돌아올 수 있었다. 인턴을 마치고 돌아온 기숙사는 천국처럼 느껴졌다. 기숙사 방도 정말 넓게 느껴졌다. 깨끗한 화장실, 넓은 책상과 침대, 맑은 대전 공기, 따뜻한 방 등 기숙사 전체가 사랑스러워 보였다. 그중에서도 가장 좋았던 점은 그 모든 것을 고시원 한 달 치 비용으로 넉 달이나 지낼 수 있다는 것이었다. 쾌적한 기숙사에서 다시 지내다보니 자연스럽게 한 달간 앓던 감기가 다 나았고 마음 또한 평안해졌다. 이러한 최고의 환경을 저렴한 비용에 제공받을 수 있는 것에 대해 나는 지금도 감사하게 느낀다. 서울에 있는 대학교들은 기숙사 수가 매우 적을뿐더러 비용 또한 우리 학교에 비하면 꽤 비싼 편이다. 기숙사에 못 들어간 대부분의 학생들은 훨씬 비싼 자취방을 구하거나 나 같이 고시원에서 힘들게 지내야 한다. 이러한 상황들과 비교하면 우리 학교는 단연 최고의 기숙사를 학생들에게 제공해 주고 있는 것이다.

사람에게는 누구나 과거가 있다. 그것이 좋은 것이든 나쁜 것이든, 자랑스러운 것이든 창피한 것이든 과거는 우리를 더 나은 사람이 되기 위한 발전과 개선의 초석이 된다. 위에서 언급한 바와 같이 나 역시 학생으로서, 또는 우리 학교의 구성원으로서 해서는 안 될 행동들을 밥 먹듯이 했었다. 하지만 그러한 나의 과거가 없었다면 나는 아직까지도 학교의 소중함이나 학생으로서의 책임감 같은 것을 모른 채 무의미한 대학생활을 하고 있었을 것이다. 선배와 아래층 사람의 폭력적 다툼이 없었다면 나는 같은 기숙사에 사는 이웃들에 대한 배려심이 없었을 것이고 겨울 방학에 고시원에 들어가 추위에 벌벌 떨지 않았다면 기숙사에 대한 고마움 또한 없었을 것이다. 다시 한 번 강조하지만 우리 학교 기숙사는 다른 곳과는 비교할 수 없을 정도로 최고의 시설을 자랑한다. 그곳에서 생활하는 우리가 어떠한 마음가짐으로 이곳에서 생활을 하는지, 그리고 이곳에 대한 주인의식을 가지고 있는지에 따라 기숙사 생활을 통해 누릴 수 있는 것은 무수히 많다. 기숙사는 나에게 따뜻한 주거 공간과 쾌적한 학습 공간을 제공해 주었을 뿐만 아니라 친구들과의 끈끈한 우정과 마음의 안정도 가져다준 곳이다. 하지만 이 글을 읽는 후배들과 미래의 카이스트 학생들은 내가 기숙사에서 얻었던 것 이상으로 많은 것을 느끼고, 배우고, 얻을 수 있을 거라 믿어 의심치 않는다.

TIP 캠퍼스 라이프

카이스트의 교통수단

자전거

| 자전거는 카이스트 학생들이 가장 많이 이용하는 교통수단이다. 기숙사 앞을 지나다 보면 수많은 자전거들이 묶여 있는 것을 볼 수 있다. 캠퍼스가 넓다 보니 걸어 다니기엔 시간이 너무 걸리고 그렇다고 자동차나 스쿠터를 이용하기에는 금전적으로 부담스럽다. 그래서 많은 학생들이 자전거를 산다. 워낙 많은 학생들이 자전거를 이용하다 보니, 북측 기숙사 뒤편에는 자전거를 파는 가게도 있다. 그곳에서는 저렴한 가격에 자전거를 살 수 있고 주인 아저씨가 자전거의 핸들 부분에 학번을 새겨 주시기 때문에 도난 사고도 방지할 수 있다. 실제로 카이스트 내에선 자전거 도난 사고가 빈번하게 일어나는데, 이는 카이스트 내부인의 소행이라기보다는 외부인이 몰래 숨어 들어와 가져간다는 의견이 많다. 그러므로 자전거를 이용할 때는 자물쇠를 꼭 채워 놓는 것이 필수!

교내 최고의 교통수단은 단연 자전거!

스쿠터

| 스쿠터는 자전거 다음으로 많은 학생들이 이용하는 교통수단이다. 카이스트 학내 커뮤니티 사이트인 '아라'에 접속해 보면 중고 스쿠터를 파는 글들을 많이 볼 수 있으며, 학교 근처 오토바이 가게에서 직접 사기도 한다. 새벽 늦게까지 깨어 있는 카이스트 학생들의 특성상 아침 수업은 유난히 가기 힘든 것이 사실이다. 그때 스쿠터를 가진 자라면 아침에 남들보다 몇 분은 더 잘 수 있다! 타 본 자만이 알 수 있지만 스쿠터는 교내에서의 이동 시간을 상당히 단축시켜 준다. 심지어 끝이 없는 엔드리스 로드의 경우에도 스쿠터를 타고 가면 1~2분에 완주할 수 있다.

빠른 기동력을 자랑하는 스쿠터.

편리함에 있어서는 스쿠터만한 것이 없지만, 기름 값과 잔고장으로 인해 발생하는 수리비가 부담이 되기도 한다. 교내에서 스쿠터를 타는 학생들이 많아지다 보니 캠퍼스 폴리스에서 단속을 하기도 한다. 걸리면 적어도 30분은 캠폴 아저씨의 설교를 들어야 한다. 주된 단속 이유는 헬멧 미착용인데, 학교 내부에서 타다 보니 헬멧을 쓰기가 귀찮기도 하고 헬멧을 쓰면 머리가 떡 진 듯이 짓눌리기 때문에 잘 쓰지 않는다. 하지만 본인의 안전을 위해 반드시 헬멧을 착용할 것!

교내 교통 질서는 내가 책임진다! 캠폴 아저씨.

택시 승강장

| 택시 승강장은 기계공학동 건물 앞에 위치하고 있다. 말 그대로 택시들이 대기하고 있는 승강장이다. 카이스트 내에선 택시를 탈 수 있는 곳이 몇 군데 더 있긴 하지만 기계공학동 앞의 택시 승강장이 메인 승강장이라고 할 수 있다. 그러니까 외부에서 택시를 타고 '아저씨, 카이스트로 가 주세요.'라고 했을 때, 별다른 언급이 없으면 도착하는 곳이 기계공학동의 택시 승강장이다. 택시 승강장에는 꽤 많은 택시들이 줄을 서서 기다리고 있기 때문에 웬만해선 승강장에 가기만 하면 택시를 탈 수 있다. 하지만 시험이 끝난 직후나 방학이 시작되는 무렵에는 학생들이 집으로 돌아가기 위해 대전역으로 가는 택시를 타기 때문에 오히려 학생들이 줄을 서서 기다려야 하는 경우도 있다. 그러므로 사람이 많이 몰릴 것 같은 시기에는 미리 콜택시를 불러 두는 것이 센스!

택시 승강장에 줄을 선 학생들.

2부

따뜻한 감성보다는 논리 정연한 이성이 먼저일 것 같은 카이스트 학생들.
하지만, 자세히 들여다보면 누구보다 감성적이면서도
무궁무진한 상상력을 가지고 있다.
때로는 엉뚱하게, 때로는 기발하게
자신들의 생활과 꿈을 소설로 엮어낸 글을 만나보자.

1장

카이스트 공부벌레들

2318호, 이상한 사람들 _ 물리학과 08 박성윤

팬티 온 날 _ 산업 및 시스템공학과 09 원소연

공생 _ 항공우주공학과 11 강승체

God of Dormitory _ 생명화학공학과 10 배한주

☞ TIP 캠퍼스 라이프 _ 한눈에 보는 카이스트 학과

2318호, 이상한 사람들

_ 물리학과 08 박성윤

또 해가 떴다. 교양분관에서 가까스로 과제를 끝냈다. 과제를 끝냈다는 안도감과 동시에, 아슬아슬하게 과제를 끝냈다는 자책감이 밀려들었다. 과제를 제출하고 기숙사로 돌아가는 길, 희미한 빛에 둘러싸인 동측 기숙사가 보였다. 흰 페인트가 칠해진 기숙사 벽이 복도 끝 창문에 걸린 새벽 해로 붉게 물들었다. 힘든 주말이 지났다는 생각에 온몸의 긴장이 풀려 방문을 열려다 말고 멍하니 그 빛을 바라보았다. 문 안쪽에서는 룸메이트의 알람 소리가 울려 퍼지고 있었다.

밤새 과제를 위해 붙들고 있던 노트북.

분명 과제 제출일이 월요일에 모여 있는 것은, 주말을 잘 활용하라는 배려겠지만 나는 늘 밤을 꼬박 새워 과제를 끝마쳤다. 그게 꼭 과제가 많아서만은 아니었다. 단지 내가 거절을 잘 못하는 성격이기 때문이었다. 고등학교 친구들과의 모임, 동아리 활동, 남자 친구와의 전화 통화……. 나는 그들의 부름을 거절하면 내쳐지기라도 할 것 같은 위기감에 아등바등 그 모든 관계를 손에 쥐고 있었다. 그래서 매번 모든 모임에 적당한 시간에 나가서 적절한 농담을 던지고 돌아와 밤새워 한, 그다지 잘하지도 못하지도 않은 과제를 제출했다.

나의 월요일은 항상 이런 식이었다. 그리고 일주일의 절반이 쏜살같이 지나갔다. 월요일부터 금요일까지 계속되는 수업은 피곤했지만, 얽히고설킨 관계 속에서 허우적대는 것보다는 나았다.

내가 그들을 처음 본 것은 월요일 마지막 수업을 마치고 돌아온 늦은 저녁, 기숙사 휴게실이었다. 전날 남자 친구와 말다툼을 한 나는 다른 날보다 몸이 더 피곤하게만 느껴졌다. 남자 친구는 내가 지겹다고 했다. 아니 지루하다고 했다. 개성이라고는 찾아볼 수 없다고 했다. 다른 사람들도 나를 그렇게 생각할까? 나는 이런저런 고민들로 머릿속이 복잡했다. 이런 날은 그저 아무 생각 없이 드라마를 보는 것이 최고였다. 그래서 매주 월요일 밤 10시에 시작하는 드라마 〈빅〉은 금요일 밤부터 월요일까지를 무사히 넘긴 나에게 주는 자그마한 상이었다. 작은 기대를 안고 기숙사 휴게실 문을 열었을 때, 나는 기숙사가 떠나갈 것 같은 울음소리를 들었다.

"어떻게 이런 일이 일어날 수 있어!"

하얀 반소매 티셔츠의 팔 부분을 돌돌 말아 어깨 부분까지 올려 입은 여자가 악을 쓰며 울고 있었다. 앞머리를 위로 질끈 올려 묶어 드러난 이마가 새빨갛게 달아올라 있었다. 옆에서는 친구로 보이는 여자가 그녀를 무신경하게 바라보다 슬쩍 내 쪽으로 눈을 들었다. 마른 체구에 위로 올라간 눈이 도전적으로 보였다. 마치 내게 무슨 일이냐고 묻는 듯 했다.

나는 순간 당황했다. 초등학교를 졸업한 이후 저렇게 엉엉 우는 사람을 본 적이 없었다. 아무래도 오늘은 〈빅〉을 포기해야 할 것 같았다. 기분이 최악이다. 살짝 문을 닫고 나가려는데 나와 눈이 마주친 여자가 씩 웃었다. 그리고 무슨 문제가 있냐는 듯 어깨를 들썩여 보였다. 나는 쭈뼛쭈뼛 들어가 그들의 뒤편에 있는 탁자에 앉았다.

텔레비전에서는 공유의 열연이 계속되고 있었지만 내 눈길은 자꾸만 앞 테이블로 가 닿았다. 여자는 조금 진정이 되었는지 소리를 지르는 것은 멈추고 주변을 힐끔거렸다. 저렇게 서럽게 우는 것을 보니 무언가 대단한 사연이 있는 것 같은데 내가 이렇게 자리를 차지하고 앉아 텔레비전을 보며 웃어도 되는 것인가 싶었다. 그때 여자가 입을 열었다.

"내가 어떻게 소독 날짜를 잊을 수가 있지? 쪽지를 안 붙였으니 분명 우리 방에도 소독 아저씨가 들어왔을 거 아냐?"

"지영아, 아닐 거야. 분무 형이 아니라잖아. 사감 선생님께도 물어봤고. 여기저기 소독약이 묻지는 않았을 거야."

그녀의 친구가 재빠르게 말했다. 그리고 고개를 들어 나와 눈을 마주치고는 손가락을 입에 가져다 댔다. 기숙사 안 소독약은 분명 분무 형이다. 그렇다고 해도 내가 여기서 입을 열지는 않을 텐데 그녀는 기어이 눈까지 찡긋해 보였다. 그런데, 고작 소독 때문에 이 난리를 쳤다는 건가? 나는 이해하지 못할 상황에 눈만 껌뻑이고 있었다.

"내가 걱정하는 것은 그게 아니라고. 그 소독 아저씨가 이 방, 저 방 다 쓸고 다닌 옷으로 들어와서 내 물건도 스쳤을 것 아니야!"

지영이라고 불린 여자가 다시 입을 열었다. 그러고는 다시 감정이 복받쳐 오르는지 훌쩍거렸다. 여전히 이해가 되지 않았다.

"그러게. 그건 방법이 없네. 아직 월요일밖에 안 되었으니 집에 갈 수도 없고……. 책상 쪽은 닦으면 되니까 걱정하지 말고, 어머니께 말씀드려서 내일 오전 특급으로 이불을 부쳐 달라고 하면 안 될까? 오늘만 대충 여기서 자. 어차피 나도 과제해야 하니까 3시 정도까지는 같이 있어 줄게."

그녀의 친구가 사뭇 진지한 말투로 말했다. 그러나 사실 별 걱정은 안 되는지 텔레비전을 슬쩍슬쩍 쳐다보며 빙글거렸다. 친구의 말에 위안이 되었는지 여자가 눈물을 닦고 안경을 쓰며 누그러진 목소리고 그러겠다고 대답했다. 뒤에 작은 목소리로 짜증난다고 덧붙이는 것도 잊지 않았다.

잠시 밖으로 나갔다 들어온 그들의 손에는 치킨이 들려져 있었다. 그러고는 아무 일도 없었다는 듯 치킨을 먹었다. 나는 어이가 없어서 드라마를 볼 생각도 하지 못한 채 멍하니 그들을 바라봤다. 하도 울어 눈이 빨개진 여자가 닭다리를 들며, "야야, 오늘은 내가 두 개 먹을래. 힘든 하루였잖아."라고 말했을 때 황당한 기분은 절정에 달했다. 이 사람들 정말 이상하다.

"야, 그거 너 먹지 말고 저 사람 줘. 우리 때문에 텔레비전도 제대로 못 봤잖아."

앞쪽에서 나지막한 목소리가 들려왔다.

"그런가?"

"응. 넌 내 날개 먹어. 오늘만 특별히 양보하는 거야. 다음부터는 국물도 없어. 닭다리 줘 봐. 내가 주고 올게."

그들 딴에는 속삭였지만 워낙 작은 휴게실인지라 그들의 대화가 너무 잘 들렸다. 내 앞에 빨간 양념이 묻은 닭다리가 불쑥 내밀어졌다.

"저기요, 이거 드실래요? 처갓집 치킨은 닭다리가 세 개 오더라고요."

 싱글거리며 경쾌하게 말하는 여자의 손에서 엉겁결에 치킨을 받아들었다. 이상했다. 괜히 머리가 더 지끈거리는 것 같아 휴게실을 나가려다 나에게 치킨을 건네준 여자와 또다시 눈이 마주쳤다. 왠지 눈치가 보였다. 드라마는 이미 내 관심 밖이었지만 억지로 끝날 때까지 앉아 있었다. 그런 날 보며 여자가 피식 웃었다. 왠지 모르게 그 웃음이 비웃음처럼 느껴졌다.

"그래서, 드라마 끝나자마자 그냥 나온 거야?"

"응."

"근데 걔네 완전 웃긴다. 소독 한 번 했다고 그 난리를 친 거야?"

 나는 방으로 돌아가자마자 룸메이트에게 그들 이야기를 했다. 룸메이트는 배를 잡고 웃으며 그들의 행동이 한 편의 희극 같다고 말했다.

"근데, 넉살도 좋게 웃으면서 아무 일도 없었다는 듯이 나한테 치킨을 주잖아."

 계속 말을 이어나가려는데 룸메이트가 말을 끊었다.

"잠깐, 나 걔네들 누군지 알 것 같아."

"누구?"

"왜, 그 2318호 애들 있잖아. 학기 초에 소문났던……."

"그 복도 맨 끝 방?"

 그제야 나도 그들의 평범하지 않던 행동들이 이해되기 시작했다.

 학기 초, 불이 꺼지지 않는 2318호의 사람들은 꽤나 유명했다. 새벽 3시까지 방문을 다 열고 청소를 하는 결벽증 환자는 공용 세탁기 한 대와 샤워실 하나를 아예 제 것인 양 차지하고 앉아 매일 물소리를 흘렸다. 기숙사에서 본 그녀의 모습은 언제나 팔다리를 걷어붙이고 앞머리를 질끈 묶어 올린 후 나지막이 욕설을 내뱉으며 빨래를 하거나 무슨 의식이라도 치르듯 몇 시간씩 샤워실에 처박혀 꼼짝하지 않았다.

그녀의 룸메이트도 정상은 아니었다. 기숙사에는 그녀를 본 사람이 별로 없었다. 복도와 화장실을 오가며 한 번쯤 마주칠 법도 한데, 나도 여태까지 그녀를 한 번도 보지 못했다. 그녀가 소문처럼 불면증인지는 모르겠지만, 월요일 새벽에 과제를 마치고 돌아올 때면 2318호 문틈에서 희미하게 형광등 불빛이 새어 나왔다. 그리고 사감 선생님도 잠든 늦은 밤에 종종 남의 이목을 피해 기숙사 휴게실에서 양주를 따라 마시는 모습을 본 사람이 있다고 들었다. 그런 그들의 소문을 얘기한 룸메이트는 "그나마 다른 사람에게 민폐 안 끼치고 둘이 잘 만났네. 짚신도 짝이 있다지 않아? 그나저나 얼굴이나 한 번 보고 싶네, 둘 다."라고 이죽거렸다.

"그 운 사람이 결벽증이라는 애인가 봐. 옆에 있던 사람이 룸메이트고. 그런데 나쁜 애들은 아닌가 보네? 치킨도 주고. 나도 한 번 보고 싶다. 너 운 진짜 좋다. 걔네 둘 다 본 애들 별로 없을걸?"

룸메이트는 계속 주절거렸지만 나는 대답하지 않았다. 어쨌든 그들은 이상했다. 나는 그들처럼 튀는 사람들이 싫다. 별것도 아닌 일로 그렇게 울어대는 것도, 그걸 진지하게 받아 주는 것도 마음에 들지 않았다. 평범하다, 무난하다, 원만하다, 내가 세상에서 가장 좋아하는 말이었다.

그들을 보고 싶어 하던 룸메이트는 여전히 그들의 머리카락조차 보지 못했다. 그러나 나는 지겹도록 그들을 봐야 했다. 매주 월요일, 내가 휴게실에서 드라마를 보는 시간에 그들은 치킨을 먹었다. 나는 그들에 대해 많은 것을 알 수 있었다. 결벽증이 있는 여자는 이지영,

룸메이트는 조한솔이었다. 지영이는 늘 반소매 티셔츠와 반바지를 걸어 올려 통통한 팔다리를 내놓고 다녔고, 빠른 어조로 수다를 떨었다. 한솔은 쇄골을 드러내는 끈 원피스를 즐겨 입었다.

보통 한솔은 지영의 이야기를 듣는지 안 듣는지 모를 얼굴로 무심하게 앉아 있다가 가끔 씩~ 하고 웃으며 경쾌하게 한마디씩을 덧붙였는데 지영은 그 말에 대부분 공감했다. 둘 다 남자 친구가 없었다. 그렇다고 여자를 좋아하는 것처럼 보이지는 않았다. 그저 특이하거나 예쁜 물건, 사람에 광적으로 집착했고, 먹는 것을 무척 좋아했다. 둘 다 그리 큰 체격은 아니건만 얼마나 많이 먹는지, 늘 앉은 자리에서 치킨 한 마리와 햇반 두 개, 참치 한 캔을 모두 먹어 치웠다. 치킨은 언제나 닭다리 세 개가 있는 처갓집에서 시켜 먹었다. 그들은 치킨을 앞에 두고 하루의 온갖 일을 이야기했다. 여분의 닭다리 한 개는 그날 하루가 더 불행했던 사람의 몫이었다.

그들은 원래 그 시간에 〈섹스 앤 더 시티〉를 보았는지, 내가 조금만 늦게 오면 호시탐탐 기회를 노려 케이블 채널을 틀어 놓고는 야한 농담을 했다. 덕분에 나는 응용미분학 연습반이 끝나자마자 기숙사로 달려와 채널을 사수해야만 했다. 내가 일주일 중 가장 사랑하는 시간, 유일한 휴식을 그들에게 빼앗길 수는 없었다. 나와 그들의 미묘한 신경전은 한 달이 넘게 계속되었다. 그들은 그다지 신경 쓰는 것 같지 않았지만……

그런데 이상한 것은 월요일 밤 침대에 누우면 그토록 신경전을 벌여 본 〈빅〉의 내용보다 그들의 대화가 더 기억에 남는다는 것이다. 휴게실을 나가는 순간, 드라마의 내용은 아무리 떠올리려고 해도 생각나지 않는데, 2318호 사람들의 이야기는 계속 머릿속을 맴돌았다. 아무도 공감할 수 없는 고민에 엉엉 울고, 술잔을 비우고, 그러다가도 그 이야기의 대가로 치킨 다리 하나를 얻으면 또다시 씩 웃으며 이야기를 계속해 나가는 그들의 모습이 너무 우스워서일 것이다. 그들의 이야기에 점점 빠져들게 된 나는 항상 드라마를 보는 척하며 그들의 이야기를 엿들었다.

"야, 너 요즘 무슨 심경의 변화라도 있어?"

"왜?"

"예전에는 물티슈로 바닥 닦는 소리가 사악사악 났었는데, 저번 주부터는 쓱싹쓱싹 닦잖아. 내가 사악사악 소리는 어떻게 버티고 자보겠는데, 쓱싹거리는 소리는 도저히 못 참겠어."

그날은 분위기가 이상했다. 보통은 지영이가 온갖 짜증을 내며 이야기를 꺼내고 한솔이가 달래 주는 편이었는데, 오늘은 한솔이가 불평을 했다.

"요즘 입체디자인 과제 때문에 석고 깎는데 아무래도 석고 가루가 옷에 붙어서 방 안에 들어올 것 같아. 어떡하지? 그냥 공장동(산업디자인학과 학생들이 과제를 하는 곳)에서 밤새우고 아침에 너 나가면 닦을까?"

"아, 몰라. 그럴 필요까진 없고 내일 잡화점에서 귀마개나 사다 줘. 그거 끼고 자면 좀 낫겠지."

"맞다. 그거 저번 주에 사다 놨는데 깜박하고 안 줬다. 방에 올라가서 줄게. 근데 다음 주부터는 그렇게 많이 안 닦을 것 같아. 과제 끝나거든."

지영이가 평소와 달리 싹싹하게 대답했다. 역시 어이없는 대화다. 도대체 왜 바닥은 물티슈로 매일 닦을까? 사악사악 닦는 것과 쓱싹쓱싹 닦는 것의 차이는 무엇일까? 매일 밤늦게까지 계속되는 청소가 귀마개 하나면 해결된다고 믿는 건 무슨 이유지? 그들의 대화 내용은 도무지 이해할 수가 없었다.

"너 청소 끝내고 잘 때, 현관 지나야 하니까 불 끄지 말라고 했지?"

한솔이 다시 입을 열었다.

'이게 불 켜진 2318호의 비밀이었군.'

기숙사를 들끓게 했던 2318호의 불은 생각보다 시시한 내용이었다.

"응."

"그러면 나 깨워서 불 끄라고 말해 줘. 아마 한 번만 부르면 일어날 거야."

"그래. 근데 갑자기 왜?"

지영은 정말 궁금한 듯 물었고, 나도 궁금해 귀를 기울였다.

"그냥 오늘부터는 잠 좀 제대로 자려고. 집에서 갖고 온 술도 다 마셨고…… 이젠 밤에 할 일도 없어."

대단한 답을 기대한 내가 바보다. 어쨌든 이제 2318호는 겉에서 보기에 큰 문제가 없는 방이 될 것 같았다. 왠지 재미가 없어졌다. 〈빅〉은 내 관심 밖이 된 지 오래고, 불 꺼진 2318호도 별로 매력 없었다.

그 후로는 휴게실에 가지 않았다. 월요일 동이 틀 무렵, 룸메이트의 알람이 울리기 전, 기숙사는 조용했고 복도 끝 창문에서 새어 들어오는 희미한 붉은 빛을 제외하고는 어떤 빛도 비치지 않았다. 고요한 일상의 복도가 내 맘을 편하게 한다고 믿었다.

그들을 다시 만난 것은 한 달이 지나서였다. 나는 여전히 바쁘고 피곤한 주말을 보냈고, 월요일 아침이면 불 꺼진 복도 끝 방을 확인하고 방에 들어갔으며, 남자 친구와는 형식적인 통화만 반복했다.

그리고 어느날 갑자기 우리는 헤어졌다.

방으로 향하던 길에 기숙사 입구에 놓인 거울을 들여다 보니 얼굴이 많이 안 좋았다. 이대로 방에 들어가면 룸메이트는 또 무언가를 꼬치꼬치 캐물을 것이다. 정작 알고 싶은 것이 있는 것도 아니면서 말이다.

발걸음이 휴게실로 향했다. 문을 여니 그들이 있었다. 지영은 손가락까지 쪽쪽 빨며 치킨을 먹고 있었고 한솔은 어디서 났는지 늘 마시던 양주 대신 맥주 캔을 손에 들고 있었다. 내심 반가운 면도 있었지만 그래도 오늘은 휴게실이 비어 있길 바랐었다. 한숨을 쉬며 문을 닫고 나가려는데 한솔과 눈이 마주쳤다. 처음 만난 그때처럼. 그녀는 씩 웃으며 어깨를 들썩였다. 그리고 지영의 옆구리를 쿡 찔렀다. 지영이 슬쩍 내 눈치를 보며 채널을 7번으로 돌렸다. 이렇게 되니 눈치가 보여 나갈 수도 없게 되었다. 역시나 맘에 안 드는 사람들이다.

분명 시간은 10시 20분밖에 안 되었고, 늘 보던 채널인데도 익숙한 얼굴들이 보이지 않는다. 그새 드라마가 종영된 것이다. 하필이면! 갑자기 짜증이 치솟았다. 눈물이 났다. 남자 친구의 헤어지자는 문자를 받았을 때도 흐르지 않던 눈물이 이런 사소한 일에 불쑥 찾아온다. 창피했다. 그때 내 앞으로 빨간 양념이 묻은 닭다리가 불쑥 내밀어졌다. 한솔이다. 내 눈치를 살피며 어색하게 말을 꺼낸다.

"저기, 드실래요? 치킨…… 다리가……"

그녀답지 않게 말끝을 흐리는 모습을 보니 지금 내 몰골이 상당히 엉망인가 보다. 나는 엉겁결에 그녀의 손에서 치킨을 받아들었다.

"음, 곧 마음에 드는 드라마가 방영될 거예요. 또, 온스타일에서 하는 〈섹스 앤 더 시티〉도 꽤 재밌어요."

다시 억양이 경쾌해졌다. 재빠르게 말을 끝내고 돌아가 아무 일도 없다는 듯 다시 지영과 이야기를 나누는 한솔의 모습에 눈물이 쏙 들어갔다.

새 드라마가 별로 재미없었기 때문에 나는 치킨을 먹고 바로 방으로 들어갔다. 룸메이트는 내 부은 눈을 이상하게 생각했지만 한 번씩 웃어주고는 별말 없이 침대에 누웠다. 아까 먹은 닭다리는 맛있었다. 그들의 이상한 친절이 나쁘지 않았다. 슬며시 웃음이 나왔다. 그러고 보니 벌써 두 번이나 치킨을 얻어먹었다. 이번 주말에는 약속을 취소하고 과제를 다 해 놓은 다음, 월요일 밤 그들과 새벽까지 〈섹스 앤 더 시티〉를 보는 것도 좋지 않을까? 그들은 꽤 늦게까지 휴게실에 있는 것 같았으니까. 내가 두 번이나 얻어먹었으니 그날은 내가 치킨을 사 가는 것도 나쁘지 않을 거다. 처갓집 치킨은 닭다리가 세 개 오니까 함께 먹기에도 좋을 거다.

팬티 온 날

_산업 및 시스템공학과 09 원소연

"뭐 샀어?"

잠시 고민했다. 내가 뭘 샀지? 내 이름이 고스란히 적힌 조그마한 상자를 주워들었다. 여자 기숙사 로비는 늘 이런 식이다. 각종 크기의 택배 상자가 빼곡히 쌓여 있다. 다양한 크기의 상자들 속에서 내 이름이 적힌 상자는 참으로 아담했다. 나는 무게감이라고는 전혀 느껴지지 않는 상자를 쳐다봤다. 상자 위에 붙여진 택배 송장에는 보낸 회사의 이름과 내 이름과 기숙사 주소와 상자 내용물의 품명이 쓰여 있었다.

"……팬티."

뒤에서 멀뚱히 날 기다리는 동거녀에게 짧게 대답했다.

"팬티?"

그녀는 눈살을 찌푸리며

기숙사 로비에 쌓인 택배들.

되물었다. 그 순간 화장을 처음 배운 신입생으로 보이는 ―아이라인을 그리는 법을 한 달 전쯤부터 익혔을 것이 분명한― 덩치도 작은 여자애가 제 몸집 만한 상자를 들고는 뒤뚱뒤뚱 기숙사 복도 쪽으로 사라졌다. 난 동거녀 말도 무시하고 여자애의 뒷모습을 멍하니 쳐다봤다.

그렇다, 나는 팬티를 샀다. 저 여자애는 뭘 샀을까? 상자 크기로 짐작하면 아마 팬티는 아닐 것 같다. 나는 엘리베이터를 타자는 동거녀의 제안을 무시하고 계단을 걸어 올라갔다. 그녀는 고층에 사는 우리가 엘리베이터를 타지 않으면 누가 엘리베이터를 타냐고 투덜대면서 날 따라왔다. 우리 기숙사는 4층까지 있으니까 3층이 고층이긴 하다. 뒤에서 올라오던 그녀는 계단이 많다며 투덜거렸다.

나는 그녀의 말을 듣는 둥 마는 둥 하며 상자를 열었다. 상자 속에는 네 개의 팬티가 들어 있었다. 하나는 호피 무늬, 하나는 땡땡이, 하나는 현란한 스트라이프, 하나는 그냥 까만색. 팬티는 기숙사 침대 밑에 있는 세 개의 서랍 중 가운데 서랍에 넣었다. 서랍 안에는 넘칠 만큼 팬티가 많은데 난 이걸 대체 왜 샀을까? 그리고 팬티는 주문한 지 한 달 정도 된 것 같다. 아마 내 기억이 틀리지 않았다면 말이다. 호피 무늬 팬티의 재고가 지금에야 확보되어 이제야 물건을 보낸다는 내용이 적힌 편지가 상자 안에 같이 들어 있었다. 어이가 없어 실소가 새어 나왔다. 주문한 것 자체를 잊어버린 내가 더 우스웠다. 주문할 때만 해도 분명 엄청나게 필요하다고 생각하면서 주문했던 것일 텐데.

나는 내 이름과 기숙사 주소 따위의 신상 정보가 적힌 상자와 팬티를 감싸고 있던 비닐봉지를 재활용 쓰레기통에 던져 넣었다. 사과의 편지도 같이. 걸어가면서 버리느라 비닐봉지는 쓰레기통 안으로 차분히 들어가지 못하고 밖으로 떨어졌다. 조금 뒤쳐져 날 따라오던 동거녀는 뒤에서 잔소리를 하며 허리를 굽혀 쓰레기를 주워 버렸다. 그 사이에 나는 먼저 우리가 사는 기숙사 방문을 열었다. 우리가 사는 곳은 아름관 3층, 350호. 창문 밖으로는 기숙사 뒤쪽의 작은 동산이 보인다. 마치 유배를 온 것 같은 느낌이었다. 처음 들어왔을 때는 아침마다 시끄러운 새소리에 눈이 번쩍 떠졌다. 쓸데없이 청량하고 짜증날 정도로 맑은 새소리. 짹짹거리는 새소리는 다 구라다. 짹짹 따위의 귀여운 의성어를 내는 새는 어디에도 없다.

350호는 아침에 나갈 때의 처참한 상태 그대로이다. 나갈 때 깨워 달랬더니 동거녀는 날 두고 그냥 혼자 수업에 가 버렸다. 그녀만 믿고 알람도 끄고 잤는데 일어나 보니 수업 시작 10분 전이었다. 방 안은 막 벗어던진 옷가지가 널려 있었다.

갑자기 집안일을 맞닥뜨린 주부처럼 순간 현기증이 난다. 나는 손에 들린 4장의 팬티를 침대 위로 던졌다. 아침 일찍부터 수업이 쭉 있었던 동거녀는 신발만 던져 버리고 도대체 누울 자리라고는 찾아볼 수 없는 침대에 누워 버렸다. "밥 뭐 먹을까?" 하고 물었더니 돌아온 대답은 "자고 나서 생각하자."였다. 딱히 배가 고픈 게 아니라서 가만히 고개를 끄덕였다. 나는 대충 걸쳤던 옷들을 다시 허물처럼 벗었다.

맨살을 가려서 날 멀쩡토록 보이게 만들었던 옷을 벗고 좀 고민했다.

'지금 다시 잠옷을 입으면 나갈 일이 없을까?'

아주 사소한 문제지만 생활에는 아주 중요하다. 남은 하루의 생활 동선이 정해지는 일이니까. 속옷만 입을 채로 생각하다가 엉뚱한 것이 떠올랐다. 내가 팬티를 산 이유를 말이다.

"야, 은지야."

"왜? 밥 이따 먹자니까."

"내 가슴이 그렇게 작어?"

"뭐?"

베개에 얼굴을 파묻었던 동거녀는 귀찮다는 표정이 가득한 채 날 쳐다봤다. 속옷 차림의 나를 아래위로 훑더니 뭔 소리냐고 코웃음을 쳤다.

"아, 겁나 섹시하니까 걱정 마."

굉장히 성의 없게 대답한 동거녀는 더 이상 말 시키지 말란 듯이 이불을 머리끝까지 덮었다.

'그래, 사실 내 몸매가 그렇게까지 못 봐줄 만하지는 않아. 하지만 대한민국 평균 정도는 된다고. 여기는 서양이 아니니까 가슴이 그렇게 클 필요는 없다고. 그리고 내 가슴은 너보다는 크니까. 다행히도.'

"난 그냥, 여자 몸이 별론 거 같아. 너 말고 그냥 여자가."

분명히 그는 그렇게 말했다. 아주 담담한 표정과 담담한 목소리로. 게다가 그 억양은 단조롭기까지 했다. 그래서 나는 그가 던진 말의 중요성이라든지 강도라든지 하는 것을 재깍 깨닫지 못하고 "아, 그래? 여자 몸이 별로라고?"라고 그렇게 되받을 뻔했다. 웃으면서……. 나는 멍청하게 웃다가 그를 멍하니 쳐다보았다. 그는 미소 짓고 있었다. 내가 반한 그 미소를.

"그럴 수도 있는 거 아니야?"

그는 능청맞게 내게 물었다.

"맞다. 그럴 순 있는 거야. 근데 너 내 가슴 만졌잖아."

난 사실 엄청 꽉 막힌 보수적인 성격은 아니지만 아무도 내게 이런 건 알려주지 않았다. 뽀뽀도 하고 가슴까지 내준 남자 친구가 게이라고 커밍아웃했을 때 정상적인 여자 친구의 반응 같은 거 말이다. 뭐라고 대답해야 하나, 아니 내가 지금 화를 내야 하나, 화를 내면 누구에게 내야 하는 거지? 따위의 고민을 하고 있을 때 그가 먼저 선수를 쳤다.

"네가 지금 생각하는 거 맞아."

나는 아무 말도 하지 못하고 그를 쳐다보았다. 다시 생각해 보면 그 카페에서 길길이 날뛰었어야 했다.

"여보세요! 여기 제 앞에 게이 있어요!"

침대 위에 널브러진 팬티는 그 때문에 산 것이었다. 이런 거 보면 좀 낫지 않을까 하는 헛된 희망, 작고 예쁜 꿈같은 거. 한 달 전에는 그렇게 생각했다. 지금 생각하면 코웃음이 나오지만. 생각했던 것보다 그의 성적 취향은 확고했다. 너무 확고해서 황당할 정도였다. 그 정도의 확신을 준 사람은 다른 사람도 아닌 바로 나였다.

단지 그 때문은 아니다. 팬티를 산 게 단지 그의 성적 취향을 돌리고자 하는 내 눈물 나는 성의 때문만은 아니었다.

나는 일단 잠옷을 챙겨 입고 온갖 종이로 난장판인 바닥에 앉았다. 속옷을 담아 두는 침대 밑의 서랍을 열었다. 내 컬렉션들이 위엄을 보이며 자태를 뽐내고 있었다. 꽉 차 있는 것처럼 보이지만 왼쪽에 빈 공간이 좀 남아 있었다. 나는 새로 산 팬티들을 그 빈 공간에 개켜 넣었다.

나는 빨래를 그때그때 하는 편이다. 여기서 그때그때라는 건 입을 수 있는 속옷이 하나 정도 남을 정도. 그런데 어느 날 좀 이상하단 느낌을 받았다. 건조기에 돌린 빨랫감들을 찾아와 하나하나 개고 있는데 뭔가 좀 부족했다. 내가 팬티가 몇 개고 브래지어가 몇 갠지

일일이 기억하는 편은 아니지만 뭔가 부족한 느낌이었다. 그래서 팬티를 한 장 한 장 세어 보았는데, 내가 좋아하는 까만색 사과가 그려진 팬티가 없었던 것이다. 그 사과 디자인이 좀 좋아서 빨간색, 초록색, 노란색, 까만색 세트를 구비해 놓고 남다른 애착을 가지고 있었기 때문에 더 빨리 알아챌 수 있었다. 그중에서도 까만색 사과가 그려진 팬티를 가장 좋아

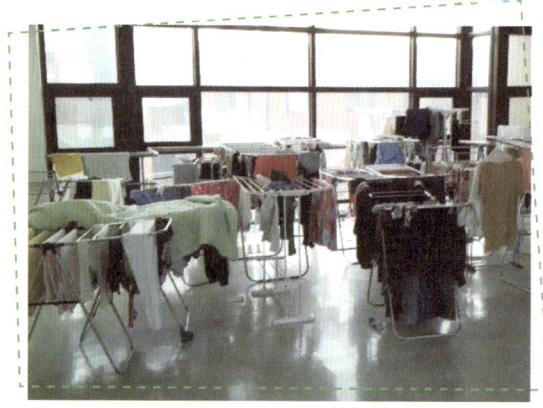

기숙사 생활 중 가장 하기 싫은 일은 빨래하는 일.

했는데 그게 없어진 것이다. 세탁기, 건조기, 빨래를 잠깐 올려 뒀던 침대 위까지 뒤집었지만 끝내 찾을 수 없었다. 아쉬운 마음이 있었지만 별일 아니라고 생각한 나는 대수롭지 않게 넘어갔다. 문제는 그다음 빨랫감을 갤 때였다.

혼자 기숙사 생활을 하면서 가장 서러울 때를 뽑으라면, 약속이 없어서 룸메이트와 함께 뭔가를 시켜 먹으려고 방에 돌아왔는데 룸메이트에게는 저녁 약속이 있을 때다. 그리고 혼자 빨래를 갤 때다. 왜냐면 온전히 내 소유물로만 구성된 빨랫감들은 내가 지금 정말로 혼자 살고 있구나, 하는 것을 여실히 느끼게 해 주기 때문이나. 아무튼 그렇게 서러움 속에 혼자 빨래를 정리하는데 이번엔 빨간색 사과 팬티가 없어진 것이다. 빨간색, 초록색, 노란색, 까만색. 그렇게 네 개는 완벽한 조화를 이루고 있었는데 고작 두 번의 빨래 사이에 초라하게 반쪽이 된 것이다.

내가 허접한 인터넷 쇼핑몰에서 섹시한 네 개의 속옷을 고른 건

그런 이유다. 이제 사과 팬티는 초록색 밖에 안 남았다. 기숙사에는 사과에 대한 페티시즘을 가졌거나, 내 팬티를 가져가야 할 정도로 생활고에 시달린다거나, 혹은 내 전 남자 친구처럼 남다른 성적 취향으로 날 연모하는 애가 있을 수도 있다는 것이다. 그것도 아니라면 내가 사과 팬티만 골라서 흘리고 다니는 것일지도.

묘하게도 팬티를 도둑맞은 것과 남자 친구의 커밍아웃 시기가 겹쳤다. 팬티 도둑은 괘씸했지만 생각보다 그렇게 기분 나쁘지는 않았다. 팬티를 도둑맞았다고 하니까 게이인 전 남자 친구는 넌 여자한테 인기 없을 타입이니 걱정하지 말라고 했다. 칭찬인지 욕인지 분간할 수 없는 말이었다. 노란색 팬티까지 끝내 도둑맞은 날, 난 세상에 이렇게 남들과는 다른 성적 취향을 가진 이들이 많다는 사실에 놀랐을 뿐 혐오스럽거나 짜증이 나진 않았다. 그게 다 전 남자 친구 덕분인 것 같았다. 팬티는 좀 아깝긴 했지만. 다른 팬티도 많았는데 왜 걘 사과 팬티만 가져간 걸까. 나쁜 년.

그 모든 일이 잠잠해져 갈 때 즈음 도착한 팬티는 드디어 내 서랍 속에 안착했다. 나는 서랍의 문을 쾅 소리가 나게 닫았다. 홀로 남은 초록색 사과 팬티는 외로워 보였다.

동거녀는 나의 이런 복잡한 마음과는 상관없이 코까지 골며 잠만 잘 자고 있었다. 나는 심심해졌다. 컴퓨터를 켜고 빠르게 메신저에 로그인을 했다. 오늘 산 팬티의 원인이었던 한 사람이 기다렸다는 듯 말을 건넸다. 난 이미 그가 나에게 준 상처는 잊고, 슬슬 그가 안쓰러워졌다. 이제는 심지어 잘됐으면 좋겠다고 생각까지 하는 경지에 이르렀다. 신체 건장한 성인 남자라는 타이틀은 사실 기득권층에 편입하기에는 굉장히 좋은 요소 중 하나이다. 하지만 지금 그의 마음은 어떨까? 아주 쉽게 기득권층에 편입할 수 있을 줄 알고 평범하게 살아왔던 자신이, 사실은 세상에 섞이기 어려운 변종이었음을 깨닫게 되었을 때의 그의 마음은 어땠을까? 공교롭게도 그가 변종이라는 것을 알게 해 준 것은 나였다. 역시 내 가슴이 문제였나? 너무 작아서 그랬을까? 그는 내 가슴을 손에 쥔 순간 아, 이 말랑말랑한 건 별로구나, 하고 느꼈다고 했다. 더 단단하고 딱딱한 그런 것에 닿고 싶다고. 갑빠(가슴 근육) 같은 거. 흥, 자신에게도 있는 근육질의 가슴을 굳이 또 만지고 싶다고 하는 심리를 난 잘 모르겠다.

하긴, 이런 내 생각보다 더한 편견들을 그는 하루에도 여러 번 마주칠 것이다. 그러니까 나까지 그렇게 엄격해질 필요는 없다. 이러니저러니 해도 나 때문에 깨달은 성적 취향이니까, 나라도 잘해 줘야지.

남자한테 차이고 솔직히 좀 슬펐는데 어디 가서 털어놓을 데도 없었다. 원래 헤어진 사람들과는 좀처럼 연락하지 않았었는데 도대체 이 상황을 말할 데가 없었다. 그래서 스스로 타협한 것이 바로 이것이다. 나는 그의 말 못할 고민들을 들어주기만 하고, 남들에게 우리는 아무런 문제없이 이별한 것처럼 보이게 행동하고, 헤어진 후에도 아주 좋은 친구로 남은 것처럼 보이게 하는 것. 그는 굉장히 기뻐했다. 아이처럼 기뻐하는 그의 얼굴을 보니, 그에게는 나랑 사귀었던 게 어쩌면 불행했을지도 모른다고 생각이 들어 마음이 아팠다.

그가 남자의 가슴에 대한 연설을 하고 있는 와중에 동거녀가 잠에서 깼다. 배고프단다. 마침 나도 그랬다. 얼른 그와의 대화를 수습하고 자주 시켜 먹는 집에 평소보다 조금 많은 양을 주문했다. 하지만 결국 우리 둘은 저녁을 남겼다. 우린 늘 이렇다. 식어 가는 음식을 앞에 두고 우린 일어나기 귀찮아서 잠자코 있었다. 제사 지내듯 음식을 모셔 놓고 시답잖은 얘기를 계속했다.

"너 진짜 걔랑 헤어진 거야?"

동거녀는 걱정이 섞인 목소리로 말했다.

사실 그녀는 내색은 안 하지만 내가 남자 친구와 헤어져서 좋을 것이다. 이제 이렇게 자기랑 같이 밥을 먹을 수 있으니까. 남자 친구랑 저녁 먹을 거라고 했을 때 그녀의 표정이 기억난다.

룸메이트가 밖에서 밥 먹는다고 하면 같이 먹을 사람 구하는 것도 일이고, 시켜 먹을 것을 고르는 것도 일이다. 밖에 나와 살면 숨 쉴 때마다 돈이 들어간다. 기숙사에 살면서 돈이 제일 아깝다는 생각이 드는 순간은 치약과 샴푸 같은 것을 살 때다. 아, 생리대도. 집에선 늘 그 자리에 당연한 것처럼 있으니 말이다. 무엇보다도 매끼니 챙겨 먹는 것도 일이다. 옆에서 누가 독려해 주지 않으면 먹는 것조차 싫고 귀찮은 것이다. 동거녀가 곁에서 뭐라고 위로의 말을 건넸지만 난 귓등으로 들었다. 얼핏 보면 우리 둘은 매우 잘 맞는 것 같지만, 실상 우리 둘이 가진 생각은 상당히 다르다. 둘 사이의 일은 아무리 설명해 봐야 다른 사람은 모르는 것이다. 그러니 그 관계 안에 속하지 않았던 이의 위로는 크게 내게 닿지 않는 것이다.

엄마가 말하는 내 유일한 장점은, 싸가지가 없기 때문에 편견이 없다는 점이다. 그도 처음엔 꽤 놀랐다고 한다. 사실을 알고 뺨이라도 올려붙일 줄 알았는데 생각보다 덤덤해서. 근데 사실 그건 덤덤해서 그랬던 것이 아니다. 나는 그저 몰랐을 뿐이다. 그때 내가 행동해야 하는 매뉴얼 같은 거. 사람이 살면서 한 번이라도 마주치기 어려운 상황을 만나면서 난 그저 당황했을 뿐이었다.

동성애자라든가 그런 평범치 않은 것들에 대한 두려움은 무지에서 비롯된다. 한 번도 접해 본 적이 없으니까 그에 대한 환상과 편견을 섞은 프로토타입을 머릿속에서 상상을 하고, 멋대로 먼저 결론짓고 평가했던 것이다. 나뿐만 아니라 대부분의 사람들이 그럴 것이다. 단지 난 '그'라는 실체를 접했기 때문에 제대로 된 평가를 할 수 있게 된 것뿐이다. 딱히 내가 포용력이 넓다거나 이해심이 바다 같은 인간이라서가 아니다.

문득 309호가 생각났다. 나는 주섬주섬 조미료의 풍미로 가득 베인 배달 음식을 쌌다. 처음 배달 왔던 것과 팔 할 정도 비슷한 모양으로 돌려놨다.

"버리게?"

동거녀는 건성으로 묻는다. 졸린 지 목소리가 늘어진다. 음식을 담은 봉투에 다 먹은 젓가락을 넣으려는 걸 내가 막았다.

"건넛방 주고 올게."

동거녀는 크게 개의치 않고 제 젓가락을 쓰레기통에 휙 버렸다. 내가 음식을 들고 일어서고 그녀는 바닥을 닦는다.

'아, 근데 309호에 젓가락이 있을까?'

나는 309호의 문을 두드렸다. 안에서는 대답이 없었다. 방에 불이 켜져 있는 걸 보면 방에 누군가 있는 게 틀림없다.

"들어갈게요."

나는 방문을 열었다.

방 안에서는 옅은 기침 소리가 났다. 우리 방이 대한민국 여자의 표준에서 좀 벗어난다고 생각했지만 이 방에 들어오면 그 생각은 싹 사라진다. 이 방의 주인과 비교하면 나와 동거녀는 대한민국 표준 여성이다. 내 경우에는 가슴 사이즈까지. 여긴 정말 발 디딜 틈이 없다. 그리고 책상 위에는 모니터가 무려 두 개다. 마우스며 키보드며 딱 보기에도 엄청 좋고 전문적으로 보이는 것들이다. 309호 주인은 문을 열고 들어온 내게 고개도 돌리지 않았다.

역시 한 달 전인가, 새벽 같이 일어나 집에 올라갈 일이 있었다. 5시 30분에 맞춘 알람 소리에 꾸역꾸역 일어나 샤워를 하고 방으로 돌아오는데 복도에서 큰 소리가 났다. "넌 미친년이야!"라는 격한 욕설과 함께. 깜짝 놀란 난 바닥에 수건을 떨어뜨렸다.

"투 배럭 더블에 앞마당을 가져갔으면 당연히 벙커링을 해야지, 거기서 네가 베슬 뽑겠다고 스타포트 올려서 러커한테 발렸잖아. 넌 대체 생각이 있는 거야? 걔 매일 본진 드랍 쓰는 거 몰라서 그래?"

그건 분명히 한국말이었는데 내가 알아들을 수 있는 단어는 별로 없었다.

복도에 있던 한 명은 불쌍하게 머리를 숙이고 있었고, 방 안쪽에서는 마우스며 휴지며 책이며 별의별 것이 복도로 던져지고 있었다. 놀란 나는 일단 크게 싸우거나 다치기 전에 일단 말리고 보자 하는 마음으로 머리에 수건을 얹고 더 가까이 갔다. 그들의 방은 그들의 언어만큼이나 난해했다.

그게 한 달 전인데 난 지금은 그래도 벙커링 정도는 할 줄 아는 애가 됐다. 309호의 한영이는 엄청난 게임 길드의 장이라고 한다. 프로 게이머와도 친분이 있는 그런 장? 그리고 보경이는 그런 한영이 사령관이다. 한마디로 입스타 하는 애란 거다.

이 둘은 가끔 밥도 잊고 게임만 한다. 못생긴 애들끼리 싸움 붙이는 게 뭐가 그렇게 재밌는 진 모르겠다. 일단 난 테란이 별로야. 사실 둘 몰래 프로토스로 좀 연습을 하는 중이다. 아직 컴퓨터랑 게임해도 지긴 하지만. 이것 좀 먹고 하라고 음식 봉투를 내밀었다. 한영이의 손은 거의 신 급이다. 보고 있으면 손가락이 스무 개쯤 달린 것 같다.

"오늘은 보경이가 없네."

난 딱 한 사람이 누울 자리만 있는 한영이의 침대에 털썩 앉으며 말했다. 잠시 후 게임이 끝났는지 봉지가 부스럭거리는 소리가 들린다. 기본적으로 둘 다 나쁜 애들은 아닌데 뭔가 지나친 구석이 있는 애들이긴 하다.

예전에 한 번 한영이한테 "부모님은 너희 이러는 거 알아?" 하고 물어 봤는데 게임으로 상금을 탄 적이 있어서 그렇게 싫어하지는 않는다고 했다. 한영이는 평소에는 수다스러운 타입이고 보경이는 말이 없는데 게임만 시작하면 달라진다. 별것도 아닌데 되게 맛있게 먹는다. 꼭 뺏어 먹고 싶게. 난 방금 먹고 배부른데도 한영이가 먹는 걸 보고 먹고 싶은 마음이 다시 생겼다.

한영이는 다음 주에 아마추어 리그가 있다며 거의 매일 밤을 새워 컴퓨터 게임을 하는 것 같았다. 한영이는 게임을 잠시 멈추고 담배를 가져다 입에 물었다. 곧 너구리 굴이 되겠군. 원래 기숙사에서 피우면 안 되는 거긴 하지만 쟤 게임 할 때 뭔 소릴 해도 안 들으니 참았다. 나한테도 한 대 내밀기에 3초 정도 고민했다. 귀신 같이 코가 좋은 동거녀는 내가 담배 피우고 들어오면 30분 동안 옥상에 다녀오라고 잔소리를 해댄다. 그 뿔난 얼굴이 생각나서 고개를 저어 거절했다. 나 때문에 흥이 깨졌는지 한영이도 담배를 다시 넣어두고 내가 준 음식을 아주 맛있게 먹는다.

바닥에 늘어진 둘의 옷가지를 쳐다보며 혹시 여기에 내 팬티가 있진 않을까 생각해 봤다. 이런 냄새만 안 나는 커다란 쓰레기통에 내가 아끼는 까만색 사과가 그려진 팬티라니. 안 어울린다. 그리고 기본적으로 두 친구는 팬티에 관심이 없을 것 같다. "가 본다."고 말하는 나에게 한영이는 금세 다 먹어치운 음식의 잔해를 내밀었다. 버려달라는 것이다.

나는 보경이가 방에 들어오기 전에 309호를 떴다. 보경이도 참 괜찮은 애다. 그녀의 유일한 단점은 자기가 아는 모든 사람에게 스타크래프트를 시키려 한다는 거다. 그것도 자기가 생각하는 전략대로만 말이다. 무슨 불의의 부상을 당해 전향한 축구 감독도 아니면서, 자긴 손가락이 짧아서 못한다고 했다.

우리 방으로 돌아오니 엄청 안락하게 느껴진다. 떠난 지 30분도 안 됐던 거 같은데. 기계로만 가득한 309호보다는 좀 지저분해도 사람 사는 것 같은 350호가 나은 것 같다. 동거녀는 컴퓨터를 켜서 뭔가를 하긴 하는데 웃는 걸 보니 그냥 노는 것 같다. 팬티나 입어 볼까? 나는 바닥에 쪼그려 앉아서 서랍을 열고 가지런히 개켜진 팬티를 노려봤다.

그가 내게 폭탄 선언을 했을 때 난 고작 날 차기 위해 준비한 거짓말이 그 정도란 사실에 어이가 없었다. 아무리 생각해도 여자 친구를 차려고 "나 게이야."라고 커밍아웃하는 건 배보다 배꼽이니까. 근데 그는 진심이었다. 나는 컴퓨터와 사랑에 빠진 동거녀의 뒷모습을 쳐다봤다. 객관적으로 동거녀는 나쁘지 않은 얼굴과 성격과 몸매를 가지고 있지만 그렇다고 그녀의 몸이 만지고 싶다거나 그녀의 얼굴이 참을 수 없게 사랑스럽다거나 하는 생각은 들지 않는다. 아니, 저것 좀 봐. 저렇게 코딱지를 파며 실실 웃는 모습을 보면서 그런 생각이 든다면 그야말로 진실된 사랑이 아닐 수 없을 것이다.

"누굴 좋아해? 남자 몸이 좋은 것 같다면 그 대상이 있을 거 아냐?"

내 물음에 그는 쑥스러워하며 웃었다. 난 그제야 얘가 '진심이구나' 하고 깨달았다. 매일 몸 부딪히고 볼 거 안 볼 거 다 본 그런 대상을 좋아할 수 있는 걸까? 아니 그 이전에 좋아한 걸까? 그의 마음을 나는 잘 모르겠다. 그는 신체 건강한 대한민국 20대 남자 중에 한 명이다. 나는 갑자기 안쓰러운 마음이 들었다. 같은 성에게 사랑을 느낄 수 있는 몸이란 이유로 기득권층과 멀어질 거라 쉽게 생각하는 나 때문에 말이다. 그리고 이러한 편견에 앞으로도 수없이 부딪혀야 하며 혹은 심지어, 그 편견에 사로잡힌 척해야 할 그가 안쓰러웠다.

아무튼 팬티를 산 건, 그의 마음을 조금이라도 돌려 볼까 하는 생각 반, 없어진 사과 무늬 팬티 때문이 반이다. 내 팬티를 훔쳐가는 사람도 그런 쉽게 말 못할 성벽이나 취향 같은 것 때문에 고민하는 사람일까? 아님 단지 그 팬티가 너무 예뻤을 따름일까? 정말 돈이 없었을까? 아니면 그 팬티는 그냥 내 방 어딘가에 있는데 내가 못 찾고 있는 것뿐일까? 사실 모르겠다. 잊고 있던 택배 때문에 답지 않게 번잡했던 한 달 전의 마음이 다시 떠오르는 것 같다. 누구에게도 화를 낼 수 없고, 그렇다고 누군가에게 쉽게 털어놓을 수도 없고, 이런 상황에선 대체 어떻게 대처해야 하는지에 대한 가이드가 있을 리도 만무하고. 억울하기도 한데 어느 포인트에서 억울한 건지도 모르겠고. 그냥 말 그대로 혼란스러움의 한 가운데에 서 있었다.

난 전 남자 친구와 그 이후로 더 친해진 것 같다. 우습지만 진짜 그렇다. 그와 만나 하는 얘기가 '남자' 얘기 밖에 없다는 건 좀 슬프다. 근데 웃긴 건 그가 속옷 도둑에 대해 신경 쓰는 것 같다는 거다. 넌 여자한테 인기 없을 타입이라고 콕 집어 말할 땐 언제고. 이상한 편지 날아오진 않아? 다른 거 없어진 건 없어? 누가 보고 있다거나 그런 건? 너무 과하게 걱정을 하길래 혹시 얘가 그랬던 전적이 있나, 하고 좀 궁금해졌지만 묻진 않았다. 나에게까지 말할 수 없는 비밀이 생기면 얘가 좀 불쌍하니까.

누구에게나 남들에게 말 못하는 스스로의 모습을 가지고 있을 테지만 말할 수 '없는' 종류의 것들은 더 답답하고 쓸쓸한 것 같다. 그리고 나도 좀 쓸쓸하다. 걔 때문에 가슴 크기에 콤플렉스가 생길 것 같다. 나쁜 놈.

서랍을 닫고 침대 위에 털썩 누웠다. 천장을 바라보다가 눈을 감았다. 아마 이 기숙사 침대를 썼던, 손으로 꼽을 수도 없는 많은 사람들은 이런 밤을 보냈을 것이다. 해결할 수 없는 고민에 혼란스러워하고, 말할 수 없는 것들이 늘어만 가는 것에 쓸쓸해하고. 동거녀의 끊임없는 타자치는 소리가 자장가처럼 들린다. 좋아하는 사람이 있냐는 말에 세상을 다 가진 것처럼 웃던 그는 누군가에게 그 마음을 전할 수 있을까? 그의 진심을 거절할지언정 무시하진 않았으면 좋겠다 생각하니 눈물이 날 것 같은 기분이 든다. 그리고 나도 그래야지. 팬티 도둑이 사실 날 오랫동안 흠모해 왔다고 그렇게 고백한다면 너의 모든 것은 참 고맙지만 난 그럴 수 없는 사람이라고 정중하게 답을 해줘야지.

어떻게 그게 가능하냐는 내 질문에 그는 뜬금없이 넌 키가 왜 이렇게 작은 거냐고 물었다. 안 그래도 키에 대한 콤플렉스가 있는데 그는 그걸 알면서도 그렇게 물었다. 발끈해서 이건 불가항력적인 것이라고 대들었다. 그는 작게 웃고는 나도 그래, 하고 낮은 목소리로 덧붙였다. 그 목소리는 남자의 목소리라 더욱 현실감 있었다. 텔레비전에서 희화되어 나오는 여성스러운 몸짓에 여자인 척하려는 말도 안 되는 게이들과는 다르게 그는 큰 손, 넓은 어깨, 낮은 목소리를 가진 나보다도 4단계 정도 큰 옷을 입는 남자다. 나보다 키는 20센티미터 정도 더 크고, 내가 들 수 없는 것도 거뜬히 들고, 친구들과 어울려 뜀박질하는 것 따위에 재미를 느끼는 그는. 나처럼 키 작고 크진 않아도 말랑한 가슴과 작은 손발을 가진 여자 말고 저와 같은 성기를 가진 사람에게 불가항력으로 끌린다는 거다. 한숨이 나온다.

세상이 엄청나게 좋아져서, 길 다니는 사람한테 물어보면 되게 쿨한 척, 취향이 다른 거지 나쁜 게 아니잖아요. 이해해야죠. 이런 식으로 대답하겠지. 근데 사실 그 대답 자체가 오만이고 편견이다. 왜 이해를 하나? 이해를 해야 하는 사항인가? 그냥 그런 사람일 뿐인데. 너에겐 이런 결점이 있지만 나는 관대하고 자비롭고 신세대니까 널 포용하고 안아줄게, 이런 거잖아. 그건 자기가 위에 있다는 착각에 기반하고 있는 거고. 나는 불쾌해졌다.

나는 그를 이해하고 있지 않다. 이해가 되지 않는다. 단지 그는 그런 사람일 뿐이라고 생각하게 된 것이다. 이해라는 말은 그의 잘못이라든가 허물을 감싸주기 위한 단어라고 생각한다. 그는 잘못하지 않았다.

"넌 잘못하지 않았어."

한 번은 술 먹고 미안하다고 전화가 와서 그렇게 말해 줬었다.

그가 내 말에 웃었던가 아니면 울었던가. 기억나지 않는다.

나는 이불 속으로 파고들었다. 자장가 같은 타자치는 소리는 멈추질 않는다. 1년 전, 아니 10년쯤 전에 어쩜 나와 비슷한 하루를 보낸 누군가도 이렇게 잠들었을 것이다. 이 침대 위에서. 눈을 감고 해결되지 않는 것들에 한숨 쉬고 그래도 괜찮다고 애써 위안하면서. 팬티를 훔친 사람은 무슨 생각을 하면서 잠자리에 들고 있을까? 그래도 까만색 사과 팬티는 돌려줬으면 좋겠다.

아직 쌓인 과제들이 많다. 옷장도 정리 좀 해야 하고. 팬티는 엄마가 사고 나서 바로 입지 말고 한 번 빨아 입으라고 그랬는데. 눈을 감으면 안 되지만 이건 불가항력이다. 내 작은 키처럼. 아니 그의 취향처럼. 배는 부르고 이불 속은 따뜻하고 동거녀가 키보드를 치는 소리는 감미롭다. 자려고? 멀리서 아득하게 그녀의 목소리가 들린다.

309호보다 훨씬 사람 사는 것 같은 우리 방 350호. 많은 이들에게 집이었을 350호. 내가 대답이 없자 동거녀는 타자치는 소리를 죽인다. 이어서 탁, 방 불이 꺼지는 소리가 들린다. 환했던 방이 순식간에 까만 젤리처럼 변하는 것을 느꼈다.

    평범한 하루다. 비록 그 속에 평범한 사람은 하나도 없지만.

공생

_ 항공우주공학과 11 강승체

　내가 찬형이를 처음 본 것은 신입생 오리엔테이션 때였다. 신입생 오리엔테이션 프로그램 중에는 장기 자랑 시간이 있었다. 그때 찬형이가 보여준 것은 '먹이를 갈구하는 나무늘보 흉내'였는데, 몸짓 하나하나가 너무나도 기묘한 것이어서, 1년이란 세월이 흘러버린 지금에 와서도 나는 그의 표정과 몸동작을 선명하게 떠올릴 수 있었다. 다소 괴상한 첫 인상을 남겨준 찬형이는 오리엔테이션이 끝난 후 웬일인지 어느 누구하고도 쉽게 마주치질 않았다. 그 이유는 첫째로 그가 기숙사 복도 가장 끝자락에 있는 방을 배정받았기 때문이고, 둘째로 한국과학영재학교 출신이라 그런지 수업 시간표가 반 아이들과 많이 달랐기 때문이다(한국과학영재학교를 졸업한 학생이 카이스트에 진학할 시 고등학교에서 이수한 과목과 취득한 학점을 인정해 준다).

　나는 다른 아이들에 비해 유달리 교류가 드문 찬형이가 신경이 쓰여서 내가 먼저 다가가 친해지려고 노력하였다. 우선은 찬형이라는 친구가 어떤 아이인지 알아야 했기에 그의 고교 동창들에게 그에 대한 이야기를 해 달라고 부탁했다. 소문이라는 것은 으레 사람들을 거치면서 과장되기 마련이라지만, 찬형이의 경우는 아주 독특한 배경을 가지고 있었다. 들리는 말로는 그는 소위 '곤충 박사'라는 것이었다. 모든 곤충에 대하여 박식하고 심지어 고등학교 시절에는 기숙사에서 개미를 떼로 기르기까지 했다고 한다.

나는 본래 곤충이라는 것들을 좋아하지 않았다. 그것들은 추잡하고, 징그럽고, 역겹고, 심지어 불쾌한 소리를 내는 경우도 많다. 그렇지만 오히려 그렇기 때문에 찬형이에 대한 호기심은 더욱 커졌다. 곤충을 기르는 남자라니. 나는 수업이 없는 주말, 그의 방으로 찾아가 보기로 했다. 일직선으로 곧게 뻗은 기숙사 복도는 자연스레 내 발걸음을 끝 쪽으로 안내했다. 그의 방은 정확히 복도가 끝나는 지점 오른편에 위치해 있었다. 곤충에 대한 이야기를 들었기 때문인지, 머릿속에서는 강박적으로 '곤충, 곤충' 하고 자꾸 맴돌았다. 혹시나 내가 끔찍이 싫어하는 바퀴벌레나 지네 같은 것을 실제로 방 안에서 기르고 있다면 나로서는 여간 난처한 일이 아닐 수 없었다. 이러한 생각들 때문에 그의 방문은 유달리 음침해 보였다. 어딘지 모르게 기숙사 방문이 아닌 기괴한 실험을 하는 어느 지하의 실험실처럼 보였다. 나는 잠깐 호흡을 가다듬고, 방문을 짧고 강하게 두드렸다.

"누구세요?"

한 남자의 목소리가 들리더니 그가 문을 열고 나왔다. 찬형이였다.

"하하하, 안녕? 내 이름은 승체야. 놀러 왔어."

나는 멋쩍게 말했다.

"오, 웬일이냐? 들어와."

곤충 박사 찬형이(우측)와 함께 찰칵!

찬형이가 반갑게 맞았다.

나는 신발을 벗고 찬형이의 방으로 들어갔다. 방 안의 커튼은 두 텁게 닫혀 있었고 형광등은 의도적으로 켜지 않은 듯 보였다. 찬형이의 책상 위에 놓인 스탠드의 불빛만이 방 전체를 어스레하게 비추고 있었다. 그의 책상은 깔끔하게 정돈되어 반들반들 윤기가 나고 있었다.

책꽂이는 3칸으로 나뉘어져 있는데 가장 아래 칸에는 『르몽드 세계사』나 『니코마코스 윤리학』과 같은, 공대생과는 다소 어울리지 않는 고풍스런 책들이 대여섯 권 꽂혀 있었고, 두 번째 칸에는 전공 서적들과 여러 출판사에서 나온 라틴어 교재들이 정갈하게 정렬되어 있었다. 나의 눈을 사로잡은 것은 바로 세 번째 칸이었는데, 플라스틱으로 된 커다란 집과 윗부분이 잘려 나간 페트병들이 즐비하게 늘어져 있었다. 페트병들은 모두 흙으로 채워져 있었다. 미리 얘기를 듣고 온 터라 놀라지는 않았지만 그가 정말로 곤충을 기르고 있다는 사실을 온몸으로 실감했다.

"룸메이트는 다 나갔나보네?"

내가 물었다.

"응. 요즘 방에서 곤충을 많이 길러서 무서운지 방에 잘 없어."

"책꽂이에 있는 저거 곤충이야? 진짜로 기르고 있네. 구경해도 돼?"

"그래. 잠깐만 기다려 봐."

찬형이는 의자를 밟고 올라가 조심스럽게 책꽂이에 있는 곤충들을 책상으로 옮긴다.

"뭐부터 보여 줄까나?"

찬형이는 상기된 목소리로 말하더니 잘린 페트병 하나를 내 앞으로 가져왔다.

"이건 여왕개미야. 곧 알을 낳을 거라서 그런지 요즘 힘이 없어 보이긴 해."

페트병 속에는 얇은 날개를 지닌 여왕개미 한 마리가 움직임 없이 정지해 있었다. 개미의 마디마디 구분된 몸통은 몹시 징그러웠다. 당장 고개를 돌려버리고 싶지만 차마 그렇게 할 수는 없었다. 나는 애써 여왕개미에 관심이 있는 척을 했다.

"와, 가까이서 보니까 또 색다르네. 다른 건 없어?"

그러자 이번에는 또 다른 페트병을 가져왔다.

"이건 지네야. 며칠 전에 우리 방바닥에서 기어 다녀서 잡았어. 운이 좋았지."

찬형이가 자랑스럽다는 듯이 말했다.

지네는 불쾌한 색을 띤 채, 무수히 많은 다리들을 움직여가며 페트병 속을 기어 다니고 있었다. 나는 그 모습을 보며 침을 꿀꺽 삼켰다.

'웩, 정말 소름끼치는군.'

나는 속으로 생각했다. 그러고는 마음과 다른 말을 했다.

"하하하. 정말 별걸 다 기르고 있네. 근데 저건 뭐야?"

나는 최대한 자연스럽게 지네로부터 화제를 돌리기 위해 처음 눈에 띄었던 커다란 플라스틱 집을 가리켰다.

"이거? 이건 정말 귀한 거야. 인터넷에서 꽤 비싸게 샀어. 흙이랑 먹이까지 세트로."

그 집 속은 습기를 많이 머금은 흙으로 가득 채워져 있었지만 곤충은 보이지 않았다.

"아무것도 없는데?"

"지금은 땅속에 있어. 원래는 건드리면 안 되는데, 특별히 보여 줄게. 기다려 봐."

찬형이는 플라스틱 집의 뚜껑을 열었다. 그러고는 마치 그 속에 들어있는 무언가가 잠에서 깨기라도 할까 봐 걱정된다는 듯이 조심스럽게 흙을 파내기 시작했다. 흙 속에서 스르륵 움직이는 소리가 난 것은 그로부터 조금 뒤였다. 찬형이가 흙을 반쯤 파내자 무엇인가 살며시 정체를 드러내기 시작했다. 나는 어두침침한 방 안에서 스탠드 불빛에만 의존한 채, 그것을 자세히 보기 위해 허리를 숙였다. 검고 딱딱해 보이는 생물이 모습을 드러냈다. 그것은 찬형이가 파 놓은 흙 사이로 스멀스멀 아주 느린 속도로 기어 나오고 있었다. 나는 숨을 멈추고 그것을 바라보았다.

이게 대체 뭐란 말인가? 태어나서 한 번도 본 적이 없는 곤충이었다. 그것은 딱딱한 껍질로 뒤덮여 있었고 눈, 코, 입이라든가 더듬이 같은 것도 없어서 어디가 앞이고 뒤인지 구별하기 힘들었다. 모양새도 워낙에 괴상해서, 지렁이 같긴 한데 보통의 지렁이보단 훨씬 굵고 약간 남성의 생식기를 연상케 하는 망측한 모습이었다. 그 생물은 움직임은 매우 느렸지만 스멀스멀 확실하게 기어 다니고 있었다.

"이…… 이게 대체 뭐야?"

"처음 보냐? 이거 노래기야."

"노래기?"

"응. 고약한 냄새를 풍기는 녀석이지."

듣고 보니 정말 불쾌한 냄새가 났다. 이렇게 소름끼치는 것을 키운다는 것이 놀라울 따름이었다. 찬형이와 친해지면 이 방에 자주 들락거리려야 할 텐데 과연 내가 노래기라는 것에 익숙해질 수 있을까? 괜스레 불안해졌다.

"나, 난 이제 그만 가 볼게. 과제가 있다는 걸 깜빡했네."

나는 대충 말을 둘러댄 후 서둘러 찬형이의 방을 빠져나왔다. 생각할수록 끔찍한 방이었다. 내가 살면서 느낄 곤충에 대한 혐오감을 오늘 다 느낀 듯했다. 나는 방으로 돌아와 수건과 세면도구를 챙겨서 샤워실로 뛰어갔다. 곤충들이 내 몸에 닿은 적은 없지만 그래도 왠지 모를 찝찝함을 털어내기 위해 몸 구석구석을 깨끗이 씻었다.

그 일이 있은 후, 며칠간 찬형이의 방이 머릿속에서 계속 맴돌았다. 수업 시간에도 생각나고, 잠들기 전에도 생각나고, 샤워를 할 때면 특히 더 생각났다. 나는 어찌할 바를 몰랐다. 대체 찬형이는 곤충들을 왜 기르는 걸까? 그것들은 왜 하필 그렇게 징그럽게 생겨야만 하는 걸까? 나는 혼자 온갖 고민들을 해대며 하루하루를 보냈다. 그러던 어느 날, 1학년 학생들 모두가 듣는 '즐거운 대학생활' 수업 시간이었다. 나는 그날따라 몸이 좋지 않아서 혼자 침대에 누워 있었다.

나는 찬형이에 대해 생각했다. 그리고 그 방에 있던 징그럽고 소름끼치는 생물들에 대해 생각했다. 주인이 방을 비우면 그것들은 대체 무엇을 할까? 어쩌면 인간이 주시하고 있을 때 차마 하지 못했던 것들을 마음 편히 하고 있을지도 모른다. 생각하면 할수록 더욱 답답해지고 머리가 터질 것만 같았다. 나는 모두가 없는 지금 이 순간 찬형이의 방에 몰래 들어가 보는 것은 어떨까 생각했다. 곤충들이 좋은 것은 아니지만, 그것들은 왠지 모르게 나를 끌어당기고 있었다.

결국 나는 다시 한 번 찬형이의 방을 찾아갔다. 혹시나 해서 슬쩍 노크를 해 봤지만, 아무도 없었다. 나는 살며시 문을 열고 들어갔다. 방 안의 풍경은 저번에 왔을 때와 별 차이가 없었다. 여전히 어둡고 음산했다. 나는 잠시 어두움에 눈을 적응시킨 뒤, 숨을 죽이고 곤충들을 향해 다가가서 그것들을 빤히 쳐다보았다. 오늘의 주 관심사는 노래기다. 그것은 내가 올 줄 알고 있었는지 오늘은 흙 밖으로 나와 있다. 징그럽지만 눈을 바싹 갖다 대고 살펴본다. 여전히 생김새는 마음에 들지 않았다.

나는 노래기를 똑바로 쳐다보며 말했다.

"이건 대체 왜 이렇게 징그럽게 생겨 먹은 거야."

"이렇게 생겨서 미안하군 그래."

노래기가 대답했다.

"노래기가 말을?"

"정확히 그렇다고 볼 순 없지."

역시 노래기가 말했다.

"나는 입이 없기 때문에 소리를 밖으로 내보낼 수가 없어. 그러니까 이건 말을 한다는 것과는 조금 다른 개념이지."

"그렇다면 내 마음속을 통해 얘기하는 뭐 그런 건가?"

"무슨 말도 안 되는 소리야. 마음속으로 이야기하다니."

노래기가 한심하다는 듯이 말했다.

"그럼?"

"그저 너희들이 말하는 방식과 다를 뿐이야. 성대의 운동도 음파의 전달도 없지. 하지만 내 말은 어떤 형태로든 분명히 너에게 전해지고 있어. 말하자면 형이상학적 언어 같은 거야."

"잘 모르겠는걸."

내가 말했다.

"몰라도 돼."

노래기가 답했다.

노래기 : "에~ 그러니까, 이왕 말도 튼 김에 재밌는 이야기 하나 해 주지."

나 : "이야기?"

노래기 : "재밌는 이야기."

나 : "뭔데?"

노래기 : "내가 하는 도박에 관한 거야."

나 : "곤충이 도박을 한다?"

노래기 : "안 할 이유는 또 없잖아. 어때, 흥미가 생기나? 듣고 싶지? 응?"

나 : "확실히 흥미로운걸."

노래기 : "그럼 지금부터 말할 테니 잘 들어봐. 이 방에는 나와 지네 그리고 여왕개미가 살고 있어. 아시다시피 방 안에는 할 게 정말 없지. 심심하단 말이야. 그래서 우리 셋은 종종 도박을 해. 어떤 도박이냐 하면 일명 '학점 먹기'란 것인데, 한 방에 세 명의 사람이 살고 있으니 각자 한 사람씩 정해서 그 사람의 학점을 베팅하는 거야. 그래서 이긴 사람의 학점을 올려주는 거지."

나 : "이상한걸. 어떻게 학점을 마음대로 조정할 수 있는 거지?"

노래기 : "그렇게 이상할 건 없어. 어떤 특수한 능력 같은 것으로 하는 게 아니니까 말이야. 우리 나름대로의 깔끔한 방식으로 처리하고 있지."

나 : "어떻게?"

노래기 : "간단해. 학생들 학점을 관리하는 책임자와 뒷거래를 하면 되지. 뒷거래가 뭘 뜻하는지는 알지? 샤바샤바하는 것 말이야."

나 : "하지만 학점은 교수님들이 주시는걸. 담당자가 마음대로 바꿀 수 있는 게 아닐 텐데."

노래기 : "아, 물론 너무 눈에 띄게 하지는 않지. D 받은 학생의 성적을 A로 바꾼다거나 하면 금세 들통 날 테니까. 적당한 선이란 게 있다고. B를 받았다면 B+로 바꾸는 정도지. 교수들도 그렇게 세밀한 부분까지 기억

하진 못한단 말씀이야."

나 : "정말 영리하군."

노래기 : "원한다면 네 학점도 올려줄 수가 있는데 말이지……."

나 : "그런 비양심적인 방법으로까지 학점을 올리고 싶지는 않은걸."

노래기 : "위선이군. 정말로 구린 위선이야. 내가 알기론 넌 일반고 출신이지? 학업 따라가는 게 어렵지 않아? 만약 학점이 장학금 커트라인 아래로 나오면 어쩔 거지? 학비는 네 용돈으로 낼 건가? 응?"

나 : "……."

노래기 : "잘 생각해 보라고. 기회는 쉽게 찾아오지 않아."

나 : "네 말이 맞아. 그렇다면 내 학점도 부탁해. 널 믿을게."

노래기 : "훌륭한 선택이야. 친구."

나 : "혹시 걸리진 않겠지?"

노래기 : "걱정하지 마. 우린 프로니까. 이런 뒷거래는 한두 번 하는 일이 아니라고. 물론 가끔 위험한 상황도 있긴 했지만."

나 : "위험한 상황?"

노래기 : "그냥 예전에 한 번 늙은 할멈한테 죽을 뻔했던 적이 있어. 내가 그 할멈 남편한테 매일 부엌의 음식을 받아먹곤 했거든. 물론 뒷거래의 조건이었지. 근데 이 할망구가 그 사실을 알고서는 낫을 들고 나를 죽이겠다며 달려든 거야."

나 : "그래서 넌 어떻게 했는데?"

노래기 : "그냥 꿈틀거렸어."

나 : "……."

노래기 : "어쨌든 그런 일은 몇 년에 한 번 꼴로 있는 거고, 웬만하면 들키는 일은 없을 거야. 그건 내가 보장하지."

나 : "다행이군."

노래기 : "그런데 설마 너 내가 주는 학점만 날름 받아먹겠다는 건 아니겠지?"

나 : "내가 뭔가를 해야 하는 건가?"

노래기 : "당연하지. 이건 거래라고. 자선 기부 같은 것이 아니란 말이야."

나 : "하지만 난 돈이 없는걸……."

노래기 : "이봐, 돈 같은 건 나한테 아무런 소용이 없다고. 흙 속에서 사는 놈한테 돈이 무슨 소용이겠어, 생각해 봐."

나 : "그럼 뭘 원하는 데?"

노래기 : "그저 찬형이와 좀 더 친하게 지내주길 바랄뿐이야."

나 : "찬형이?"

노래기 : "그래."

나 : "하지만 찬형이는 같은 새터반이고, 음, 방도 가깝고, 이미 친한 걸……."

노래기 : "그렇지 않아."

나 : "그걸 어떻게 확신하는 거지?"

노래기 : "곤충들은 인간이 보지 못하는 것을 볼 수 있어."

나 : "뭐가 보이는데?"

노래기 : "말하면 기분 나빠할 텐데……."

나 : "괜찮으니까 말해 줘."

노래기 : "그렇다면 좋아, 말할게. 넌 지금 우리 때문에 찬형이를 멀리하려고 있어. 같은 반이라는 울타리 안에 있는 아이라 어떻게든 친해지려고 하지만 그것은 그저 위선일 뿐, 마음속 깊은 곳에서는 '대충 학기 초에 몇 마디 나누다가 점점 멀어지겠지'라는 생각이 굳건히 자리 잡고 있지. 찬형이는 착한 아이지만 유감스럽게도 내성적이지. 그리고 너 역시 그 사실을 알고 있지. 그렇기 때문에 추후에 사이가 멀어지더라도 굳이

마주치지만 않는다면 그리 문제되지 않을 것이라고 생각하는 거야. 멀어지는 명분이야 간단하지. 어릴 적부터 곤충들을 극도로 무서워했다는 식으로 말하면 될 거야. 물론 핑계일 뿐이지만. 곤충을 무서워하는 것이 아니라 '곤충을 키우는 괴짜'를 멀리하고 싶은 거겠지. 그리고 그렇게, 찬형이와의 관계는 누구의 질책도 받지 않고, 마음의 죄책감도 남지 않은 채로, 자연스레 소원해 질 거야. 지금은 이렇게 일부러 찾아와서 말을 걸곤 하지만, 넌 전혀 진심으로 대화하고 있지 않아. 그렇지?"

나 : "정말 직설적이군."

노래기 : "하지만 위선이라도 결국은 선이지. 넌 이렇게 찬형이의 방까지 찾아왔다고. 한 번 인사하러 오지도 않는 아이들이 많아. 그러니 내가 이렇게 부탁하는 거 아니겠어?"

나 : "그러니까…… 찬형이와 친하게 지내줬으면 좋겠다 이 말이지?"

노래기 : "그래. 그 녀석은 정말 좋은 놈이라고. 네가 찬형이와 성격적인 차이라든가 서로 간의 트러블이 있어서 찬형이를 멀리하는 것은 상관없어. 하지만 적어도 곤충을 기른단 이유만으로 멀리하진 말아 달라는 뜻이야. 그러면 우리가 너무 미안해진다고."

나 : "알았어. 친하게 지내볼게. 그나저나 넌 정말 찬형이를 좋아하나 보군."

노래기 : "글쎄, 난 원래 인간 자체를 좋아하는 편은 아냐. 하지만 찬형이에겐 특별한 무언가가 있어. 그 녀석이랑 있으면 마음이 포근해진다고나 할까. 뭐 그런 기분 좋은 느낌이 들거든."

나 : "기분 좋은 느낌이라……."

노래기 : "그럼 난 너만 믿고 이제 자러 가도록 하지."

나 : "잠깐만! 그런데 넌 정말로 어떻게 말을 할 수 있는 거지?"

노래기 : "멍청하긴! 그야 당연히 여긴 소설 속이니까."

나 : "소설 속?"

노래기 "그래, 네가 쓰는 소설. 어떻게 하면 네가 과거에 꿨던 꿈을 좀 더 극적으로 표현할까 고민하다가 떠올린 게 이런 대화체 수법이라고. 저길 봐, 내 이름도 어느샌가 고딕체로 바뀌어 있잖아."

나 : "내가 꿨던 꿈? 그럼 이게 꿈이란 말이야?"

노래기 : "꿈속의 소설이기도 하고 소설 속의 꿈이기도 하고…… 아아, 몰라 헷갈리는군. 하지만 확실한 건 한 가지 있지. 이건 절대 현실이 아니라는 거야. 곤충이 말을 하다니! 이거야 원!"

그리고 나는 잠에서 깨어났다. 일어나서 주위를 둘러보았지만 노래기도 지네도 여왕개미도 보이지 않는다. 나는 혼자 내 방 침대 위에 덩그러니 누워 있었다. 어쩌면 그것은 꿈속에서 일어난 일종의 계시 같은 걸지도 모른다. 찬형이와의 관계에 대해 내심 많이 고민하고 있던 스트레스가 꿈이라는 공간을 통해 나에게 해결책을 알려준 것이다. '이제부터는 찬형이에게만 집중하자. 곤충 따위는 알 게 뭐야!' 하고 나는 생각했다.

그 꿈을 꾸고 난 이후로, 나는 찬형이의 방을 찾아가는 일이 부쩍 잦아졌다. 여전히 곤충들에 대한 거부감은 있었지만 시간이 갈수록, 감각은 무뎌져 갔다. 찬형이는 한국영재고등학교 출신답게 '곤충 박사'이면서 '생물학의 제왕'이었다. 고등학교 때부터 생물이란 과목을 멀리했던 나는, 대학에 들어와서 많은 양의 생물을 영어로(카이스트는 전공 과목의 경우 대부분 영어 강의를 한다) 공부를 해 내려니 힘이 들었는데, 찬형이가 친절하게 과외를 해 준 덕분에 그럭저럭 선방을 할 수 있었다. 그 외에도 내 방에 지네가 나타나기라도 하면(나는 아직도 곤충을 무서워한다) 곧바로 찬형이에게 달려가 신속하고 깔끔한 처리를 부탁한다. 그는 프로였다. 한 번도 벌레들을 놓친 적이 없었고 벌레를 죽인 후 나오는 진물 같은 것으로 방을 지저분하게 한 적도 없었다. 특별히 진한 진물이 나올 만한 곤충이 나온 적도 없었지만 그런 종류의 벌레라고 해도 딱히 걱정할 필요도 없었다. 찬형이는 절대 벌레를 죽이지 않기 때문이다. 그는 벌레가 나타나면 재빨리 주워 담아서 기르거나 혹은 기숙사 밖 자연으로 방생한다.

한 번은 사랑관 기숙사 전체가 난리가 났던 적이 있었다. 비가 추적추적 내리던 밤, 평소와 같이 방에서 과제를 하고 있는데 정체불명의 소리가 들려왔다.

꾀익- 꾀익- 꾀익-.

처음에는 학교를 배회하는 거위떼들이 찾아오기라도 한 줄 알았는데 도무지 소리의 진원지를 찾을 수가 없었다. 기괴한 소음은 5시간가량 계속되었다. 새벽 2시를 넘어가자 사랑관에 사는 모든 학우들의 짜증은 극에 달했다. 하지만 아무도 소리의 원인을 찾아낼 수 없었다. 나는 찬형이 방으로 가보았지만 그는 부재중이었다. 일단 서둘러 전화를 했고, 얼마 지나지 않아 그는 기숙사로 돌아왔다.

카이스트의 명물, 거위

"찬형아, 제발 저 소리 좀 어떻게 해 줘. 정말 미쳐버릴 거 같다!"

그러자 찬형이는 소리가 나는 기숙사 뒤편 풀숲으로 가더니 쭈그리고 앉아서 턱을 괴고 풀 속을 가만히 쳐다봤다. 그는 무언가를 생각하고 있는 듯했다. 어떤 일을 생각했는지는 알 수가 없다. 나를 포함한 우리 반 아이들은 숨을 죽인 채, 창문을 통해서 찬형이를 지켜보았다. 그는 오른손으로 턱을 괸 채 거의 몸을 움직이지 않고 있었다. 이따금 오른팔과 왼팔의 위치가 바뀔 뿐이었다. 10분쯤 지나자 그는 갑자기 턱을 괴고 있던 손을 내리고 벌떡 일어났다. 그러더니 풀 숲 어딘가로 살금살금 다가가더니 풀을 향해 '푸욱' 하고 양손을 찔러 넣었다. 그 모습은 기괴하기 짝이 없어서, 마치 구미호가 사람 간을 빼먹는 것 같았다. 이윽고 찬형이는 아무 일도 없었다는 듯이 일어나 조용히 기숙사로 돌아왔다. 그의 손에는 아기 주먹만 한 개구리인지 두꺼비인지가 들려 있었다.

"이건 맹꽁이야."

찬형이가 말했다.

"요새 짝짓기 철에다가 마침 비도 오니까 맹꽁맹꽁 울만도 하지."

그 맹꽁이란 녀석은 찬형이의 손 안에서도 턱밑의 울음주머니를 한껏 부풀려가며 울어 대고 있었다. 맹꽁이의 울음소리를 되풀이해서 듣고 있는 사이에 나는 꿈속에서 노래기가 말했던 말에 대해서 조금은 알 수 있을 것 같았다. 생물들을 사랑하고 생물들의 마음을 이해할 수 있는 재능을 겸비한 찬형이는 여러 곤충들과 최고의 공생 관계인 것이다. 그것은 타고난 것일 수도 있고 후천적으로 얻어진 것일 수도 있다. 그러나 그것은 어린 시절부터 함께 자라온 죽마고우의 관계처럼 환상적인 공생 관계임에 틀림없다.

다음 날 아침, 찬형이의 방에 새로 들어온 맹꽁이까지 합세하자 그의 방은 거의 파브르 곤충관 수준이 되었다. 문을 열고 들어가자 찬형이는 침대에 누워서 자고 있었고 맹꽁이는 나름 신경 써서 만들어진 듯한, 멋진 플라스틱 용기 안에 앉아 있었다. 맹꽁이의 보금자리를 위해 찬형이가 밤새 만든 것이다. 그는 누군가에게 보여 주기 위해서가 아니라, 자기 자신을 위해 곤충들을 기르고 보살펴 주는 것이다. 자기 마음을 포근하게 만들기 위해서. 그리고 그 포근함은 언제나 곤충들에게도 전달된다.

　나는 노래기에게로 다가간다. 그것은 흙 속에서 반쯤 고개를 내밀고 있었지만, 그 부분이 머리인지 꼬리인지는 알 길이 없다. 나는 꿈속의 기억을 더듬으며 노래기를 바라본다. 항상 굳게 닫혀 있던 찬형이 방의 커튼 틈이 살짝 벌어져 있다. 그 사이로 숨을 죽일 만큼 아름다운 햇살이 뚫고 들어온다. 햇살을 받은 찬형이의 방은 너무나도 완벽한 곤충 박물관의 모습을 띄고 있다. 찬형이를 알기 전까지 나에게 곤충들은 그저 징그럽고 소름끼치는 것일 뿐이었다. 그러나 여기서 길러지고 있는, 아니, 살아가고 있는 곤충들은 활기찬 운동을 하고, 따스한 호흡을 뱉어 내며, 기회가 오면 말도 한다. 나 역시도 공생관계에 대하여 다시 한 번 생각해 보게 되었다. 그것이 곤충과 인간 사이의 공생이건 인간과 인간 사이의 공생이건, 아마도 비슷한 종류일 것이다.

　어느새 처음 찬형이 방에 왔을 때 가졌던 곤충에 대한 거부감은 사라지고 없다. 지금은 군대에 가 있는 찬형이지만, 나는 그가 곧 돌아오기를 기다린다. 그리고 그의 곤충 박물관에 새로운 곤충들이 많이 들어오길 기대해 본다. 정말 멋진 곤충원이 될 것이다. 그의 룸메이트들에겐 다소 미안한 일이지만.

God of Dormitory

_생명화학공학과 10 배한주

※ 이 글은 우리 학교 일상생활 및 기숙사 생활을 재해석한 것입니다. 특정 단체, 종교, 인물과는 상관이 없음을 밝힙니다.

프롤로그

2020년, 대한민국 대전의 카이스트 학생복지팀 회의실은 차가운 기운이 감돌았다.

"이번에도 꼴찌란 말입니까?"

팀장 이복지가 꽤 신경질적으로 입을 열었다.

"바꿔 달라는 시설도 다 바꿔 주고, 있는 투정 없는 투정 다 받아 주었지만……."

"이게 벌써 몇 번째입니까! 다른 곳도 아니고 우리 학생복지팀이 매 분기 직원 평가에서 꼴등을 하다니! 이러다간 우리 모두 해고란 말이요! 부 팀장, 학생들의 불만을 신속하게 처리만 해 주면 다 해결된다고 장담하지 않았나요? 있는 돈이란 돈과 시간이란 시간은 다 쓰고 이게 뭐 하는 건지 원, 쯧쯧쯧."

부 팀장을 맡고 있는 부복지의 얼굴이 심하게 일그러졌다.

'자기도 좋다고 시행하자고 할 때는 언제고 이제 와서 나에게 일을 덮어씌우다니……. 하는 일 없이 매일 사무실에만 틀어박혀서 웹툰이나 보는 주제에.'

부복지는 마음속과는 다른 말을 했다.

"팀장님, 제 생각이 짧았나 봅니다. 헤헤헤. 그보다 학생지원 본부장님께서는 뭐라고 하십니까?"

"이번 분기 직원 평가에서도 꼴찌를 한다면 그때는 복지팀 내에서 구조조정이 있을 거라고 하셨습니다."

"말도 안 되는 소리입니다! 구조조정이라니요! 분명 노동조합에서 가만있지 않을 겁니다. 본부장님이 그냥 겁준다고 하신 말씀일 겁니다!"

"나도 그 생각을 안 해 본 건 아닙니다. 하지만 이번 건은 우리들에게 문제가 있다 생각하여, 노조에서도 나서지 않기로 한 모양입니다. 솔직히 우리 복지팀이 그냥 꼴지도 아니고, 다른 팀들과 점수 차이가 엄연히 벌어지지 않습니까. 휴……."

갑자기 회의 분위기가 술렁이기 시작했다.

"자자! 모두들 조용히 하세요! 그래서 내가 이렇게 여러분들을 소집한 거 아닙니까! 일단 직원 평가에서 우리가 한 번 더 꼴등을 한다면 구조조정을 하겠다는 건 이미 발표가 된 거고, 번복할 수 없습니다. 이런 때일수록 우리가 뭉쳐서 앞으로의 계획을 논의해 봐야 되지 않겠습니까? 일단 모두 앞에 있는 종이를 보세요. 이것은……."

"지난 10년간 우리 복지팀 사업의 만족도를 조사한 것이군요!"

이복지가 사나운 눈초리로 부복지를 바라보았다.

"그거야 종이를 보면 바로 알 수 있는 거 아닌가? 아는 체 하기는……."

자기 말을 가로챈 부복지에게 핀잔을 준 다음에 이복지의 말은 계속되었다.

"종이를 보면 알 수 있겠지만, 다른 사업들은 모두 좋은 평가를 받고 있지만, 딱 한 가지! 기숙사만큼은 학생들의 평가가 완전 바닥입니다. 이 기숙사가 바로 우리 복지팀을 갉아먹는 기생충이란 말입니다! 그래서 기숙사 문제를 해결할 수 있는 방안을 논의해 봤으면 합니다."

부복지가 불만 가득한 목소리로 목청을 높였다.

"아니 해달라는 대로 다 해 줬는데, 불만이면 뭐 어쩌란 거야! 그럼 맘대로 한 번 해 보든가! 이거 원 더러워서 못해 먹겠네."

모두들 공감한다는 표정으로 고개를 끄덕이고 있을 때였다.

"바로 그겁니다! 마음대로!"

모든 시선이 나백수에게 쏠렸다.

올해로 서른인 나백수는 대학 졸업 후 4년간의 백수 생활 끝에 현재 카이스트 복지팀에 1년차로 근무 중인 신입 사원이다. 방금 전까지만 해도 구조조정이라는 말에 '다시 백수로 돌아가는 것인가?' 하고 절망하고 있던 그가 꺼낸 한 마디였다.

"마음대로! 학생들에게 자유를 주는 겁니다. 학생들이 원하는 기숙사를 만들어 보라고 하는 것입니다! 지금 아이디어가 막 떠오르고 있는데, 자세한 것은 일주일 후에 기획서로 제출하겠습니다. 이 기숙사 건은 저한테 맡겨 주십시오!"

안 그래도 오늘 나온 웹툰을 못 봐서 몸이 근질거리던 이복지는 마침 잘 됐다는 듯 반가운 목소리로 말했다.

"좋아! 백수, 자네가 한 번 맡아 보게! 내 자네만 믿네. 허허허. 그럼 다른 의견 없으면 오늘 회의는 여기까지 하지. 이상."

이렇게 이복지 팀장의 게으름으로 나백수의 기숙사 프로젝트는 시작되었다. 나백수를 제외한 모두가 귀찮은 일을 맡지 않아 다행이라고 생각하며 회의실을 빠져나갈 때, 창밖에서는 봄을 맞은 나비 떼가 큰 원을 그리며 기숙사를 향해 날아가고 있었다.

God of Dormitory

소망관은 사랑관과 함께 신입생의 기숙사로 불리는 건물이다. 소망관은 신입생들만 있는 사랑관과는 달리 재학생들도 같이 머무르는 기숙사이긴 하지만, 오른쪽엔 여자 기숙사 아름관과 야식을 받을 수 있는 철망이 가깝고, 앞쪽에는 테니스장 등이 있는 등 위치가 좋아 많은 남학생들에게 사랑을 받고 있는 기숙사이다.

소망관에 오신 것을 환영합니다.

"그래도 카이스트라고 기숙사는 꽤 좋은가 본데? 목소리도 나오고 말이야. 엘리트가 될 이 몸이 시작하기엔 안성맞춤이군. 입학식 때문에 좀 피곤했는데, 짐이나 빨리 옮기고 쉬어야겠어."

본인확인 완료. 아주 님 환영합니다. 입사 신청 및 기숙사 튜토리얼이 있겠습니다. 책상 위에 있는 단말기를 봐 주시기 바랍니다.

"기숙사 튜토리얼? 정말 귀찮게 하는군. 핸드폰처럼 생긴 이걸 말하는 건가? 튜토리얼 시작."

지금부터 기숙사 튜토리얼을 시작하도록 하겠습니다. 먼저 4년 동안 곁에서 여러 일들을 도와줄 기숙사 AI의 이름을 정해 주시기 바랍니다.

아주는 예상치 못한 상황이라는 듯 잠깐 고민을 하다 말했다.

"이름? 흐음…… 나랑 4년을 함께 할 건데 멋있는 이름을 하나 지어줘야지. 그래! 엘리트. 엘리트로 하겠다."

엘리트로 설정되었습니다. 지금부터 기숙사 생활 튜토리얼을 시작하도록 하겠습니다. 이번 해부터 새로 시행되는 기숙사 프로젝트는 God of Dormitory로서 학생들의……

"하아아암…… 오늘 너무 무리해서 그런가 잠이 오네. 튜토리얼 이거 꼭 해야 하는 건가? 음, 안 듣는다고 별일 있겠어. 일단 켜놓고 자지 뭐."

God of Dormitory 승인까지 10초 남았습니다. 거부 요청이 없을 시 자동 승인 됩니다. 8, 7, 6, 5, 4, 3, 2, 1. God of Dormitory를 승인하셨습니다. God of Dormitory를 시작합니다.

그렇게 아주의 기숙사 생활은 시작되었다.

내 방의 빨간 선

아주-엘리트의 방에 오신 것을 환영합니다.

막 수업을 끝내고 돌아온 아주는 쓰러지듯이 침대에 누우며 말했다.

"정말 힘든 일주일이군. 하루 종일 수업에 연습반에, 쉴 틈을 주지 않는군. 이사하면서 방 청소도 못 했더니 방 상태도 말이 아니고. 어라? 어제까지만 해도 없었는데, 저게 뭐지?"

아주는 방에 갑자기 나타난 빨간 선을 보며 말했다.

"뭐지…… 방에 누가 들어왔었나? 엘리트, 방에 나 말고 들어온 사람 있어?"

없습니다.

"그럼 이게 뭐야? 도대체 물로 닦아도 안 지워지네. 엘리트, 혹시 이 빨간 선이 뭔지 알아?"

축소선입니다. 튜토리얼 때 말씀드렸듯이 생활관 이용 방침 위반 시 위반 정도에 따라 방이 축소됩니다. 참고로 방 축소 또는 방 증축 일시는 매일 밤 자정입니다.

아주는 황당하다는 듯이 말하며 목소리를 높였다.

"나 같은 엘리트가 뭘 위반했길래 지금 내 방에 축소선이 있는 거야! 벌써부터 전산 오류가 난 건가? 미쳐 버리겠군. 그리고 누구 맘대로 방을 축소하겠단 거야. 이거 불법 아냐?"

아주-엘리트 방의 벌점 목록입니다. 생활관 수칙 2조 1항에 의거하여 입사 후 관리 부족으로 방이 많이 더러워진 바 이에 대한 벌점을 부과하고 방을 축소합니다.

아주는 황당하다는 표정을 지으며 엘리트가 띄워준 벌점 목록을 보고 있었다.

"지금 방 청소 안 했다고 벌점을 부과하는 거야? 엘리트! 학생복지팀에 전화 연결해."

전화 연결 중입니다. 손 틈새로 비치는 내 맘 들킬까 두려워~ 가슴이 막벅차 서러워~.

'나름 학교의 공공기관인데, 컬러링이 저게 뭐야? 전화 받는 속도까지 정말 형편없군.'이라고 생각하며 고개를 절레절레하던 아주는 통화 연결음이 끊기자 목소리를 가다듬었다.

"학생복지팀 나백수입니다."

"흠흠, 카이스트 학생인데요. 기숙사 때문에 전화드렸습니다. 청소 좀 안 했다고 지금 방이 축소된다고 하는데, 이게 무슨 일이죠?"

"제가 한 번 체크해 보도록 하겠습니다. 기숙사랑 호실, 그리고 방 이름이 뭐죠?"

"소망관 310호 아주-엘리트 방입니다."

"소망관 310호는 현재 God of Dormitory를 하고 있습니다. 그에 따른 규정은 처음 튜토리얼 때 다 설명이 된 걸로 알고 있습니다. 그래서 방 관리 미숙으로 벌점이 부과되고, 방이 축소되네요."

아주가 짜증난다는 듯이 목소리를 높였다.

"그러니까 내가 왜 그 God of Dormitory를 하고 있냐고요! 난 그런 거 하겠다고 한 적 없는데, 마음대로 적용시키다니 이거 뭡니까? 장난해요?"

요즘 한창 이런 전화로 스트레스를 받고 있던 나백수는 이제는 질렸다는 듯 고개를 흔들며 업무용 대사를 읊고 있었다.

"아무튼 아주 학생은 현재 God of Dormitory를 승인했습니다. 방을 줄이건 늘리건 그건 아주 학생 마음대로라는 거죠. 저는 규칙대로 할 뿐입니다. 룰대로 합시다! 룰대로! 끊겠습니다."

통화가 종료되었습니다.

말할 기회를 놓친 아주는 황당하다는 듯한 표정으로 방의 빨간 줄만 쳐다보다가 잠시 후에야 다시 정신을 차릴 수 있었다.

"룰이라……."

청소의 신

오전 7시. 햇살이 밤새 펼쳐 놓았던 별빛 이불을 조용히 걷어내고 있다. 간간히 산새들만이 지저귀는 고요함 가운데 어두운 방 안에서 한 남자가 미친 듯이 웃고 있었다. 햇살이 비치면서 드러난 남자의 얼굴은 폐인 그 자체였다. 충혈된 두 눈과 산발된 머리가 그의 미친 듯한 웃음과 함께 괴기스러운 분위기를 연출하고 있었다.

튜토리얼이 끝났습니다.

"ㅋㅎㅎㅎㅎㅎㅎㅎㅎㅎ, 크하하하하하하하하. 드디어 튜토리얼을 끝냈다."

밤새 튜토리얼로 눈이 충혈된 아주였지만, 튜토리얼을 완벽하게 숙지했다는 성취감에 피곤함도 잊고 새 마음 새 뜻으로 새로운 아침을 시작하고 있었다.

"Rule이라…… 오늘부터 Rule이 뭔지 보여 주겠어. 엘리트는 자고로 Rule을 지배하는 사람이지. 내 빙 뺏을 생각을 못 하도록 콧대를 납작하게 눌러 주겠어! 흠, 밤새 공부를 했더니 배가 좀 고픈데? 아침이라도 먹고 시작해야겠어. 엘리트! 돼지국밥 하나 휴게실로 주문 좀 해 줘."

주문 완료되었습니다. 5금(카이스트 학내의 화폐 단위, 1금은 1000원의 가치와 같다)이 차감됩니다. 음식 준비에 10분 정도가 소요됩니다.

학생복지팀, 아니 백수의 코를 납작하게 눌러 줄 즐거운 상상을 하며, 휴게실에 들어선 아주는 코를 찌르는 악취에 인상을 찡그렸다.

"먹고 제대로 좀 치우지. 학생복지팀은 뭐하나, 이런 애들 벌점 안주고."

휴게실 악취의 주인공은 바로 어제 먹고 남은 야식들이었다. 각 기숙사에는 휴게실이 있어서 많은 학생들이 야식을 휴게실에서 먹지만, 이렇게 먹고 난 후 뒷정리를 제대로 하지 않는 사람이 많으면 지금처럼 악취가 진동한다.

"그래…… 성격 좋은 내가 참자. 그런데 냄새가 너무 심한데? 내 방도 지저분한데 휴게실부터 치우긴 그렇지만, 그래도 10분 정도 남았고, 아침은 깨끗한 곳에서 먹고 싶으니, 할 일도 없는데 좀 치워 볼까?"

아주는 휴게실 청소를 시작했다. 이왕 테이블 정리하기로 한 거 바닥에 있는 쓰레기도 줍고, 바닥에 흘린 음식도 치우는 이 시대의 진정한 사나이 아주였다.

띠링.

청소를 끝내고 뿌듯하게 휴게실을 바라보던 아주는 갑작스런 알림 소리에 엘리트를 바라보았다.

숨겨진 근로 - 휴게실 관리자(3층)

조건: 청소 아주머니가 일하지 않은 시간에 다른 사람이 쓴 휴게실을 아주 깨끗하게 정리했다!

효과: 3층에만 적용. 휴게실 사용 후 뒷정리를 안 한 사람이 있을 때 그 사람의 뒷정리를 하면, 그 사람의 금을 10% 가져올 수 있다. 주 단위로 휴게실을 사용하는 사람에 비례해 추가 금이 지급된다. 자신이 휴게실 뒷정리를 하지 않았을 때는 관리자의 권리가 박탈되고, 가지고 있는 금의 50%가 감소한다. 휴게실 운영에 대한 전권은 관리자에게 위임한다.

설명: 모두가 사용하는 공용 휴게실이지만, 다른 사람들과는 달리 내 것처럼 아끼고 사랑하는 당신! 휴게실 관리자가 되어라. 말보다 행동이 앞서는 당신이야 말로 진정한 휴게실의 관리자다!

수락하시겠습니까?

흥미롭다는 듯 휴게실 관리자 알림을 보던 아주는 망설임 없이 외쳤다.

"당연 OK! 크하하하! 드디어 이 엘리트의 진가를 알아보기 시작하는군! 이거 효과도 꽤 짭짤하고 괜찮은 것 같군. 처음에 내 방 청소를 안 해서 방이 조금 줄어들긴 했지만, 휴게실 관리자로 금을 모아 나가면 기숙사 숍(인터넷으로 운영되는 기숙사 숍은 금으로 방 평수를 늘리거나 에어컨, 정수기 등의 물건을 구매할 수 있다)에서 내 방 평수를 늘리는 건 문제도 아니지. 나중엔 50평도 금방이겠는데?"

한숨도 못 잤는데 아주의 머리에서는 휴게실 관리자로 금을 모을 방법이 무궁무진하게 떠오르고 있었다. 따끈따끈한 돼지국밥이 식어 가는 줄도 모르고 아주는 기숙사 생활에 대한 계획을 차근차근 세워 나가기 시작했다. 계획을 세우면서 아주는 너무 기쁜 나머지 미친 듯이 계속 웃었는데, 그로 인해 결국 옆방에서 소음 공해 신고를 받았다. 또 방이 축소되었다.

겸직

새벽 6시. 카이스트에서는 가장 조용한 시간이다. 밤샘 과제를 하던 사람들도 하나둘씩 나가떨어지는 마의 시간인 6시의 적막함을 깨는 소리가 있었다.

띠링.

숨겨진 근로 – 휴게실의 관리자(5) 수락하시겠습니까?

"수락."

지금부터 소망관 5층 휴게실의 관리자입니다.

"크하하하하하하, 역시 내 예상이 맞았어. 나백수, 기대하라고. 크크크."

한 달 후 카이스트 학생복지팀은 비상대책을 위해 회의실에 모였다.

이른 아침임에도 불구하고 많은 사람들이 회의실에 모여 있다. 추리닝, 슬리퍼 등 모든 사람들이 급하게 나온 티가 역력한데, 가장 주목할 만한 점은 모두의 시선이 단 한 명에게 고정되어 있다는 것이다. 하나 같이 무시무시한 짜증과 살기를 내뿜고 있었다.

분노가 가득한 목소리로 이복지가 말했다.

"어떻게 된 일인지 자세히 설명해 보게."

분노가 가득한 이복지의 목소리를 듣고 나백수가 한숨을 쉬며 대답했다.

"저번에 시행하기로 했던 God of Dormitory 말입니다. 아직 계속해서 세부 규칙을 수정 중이었는데, 어떤 망할 놈이 허점을 파고들어 분탕질을 치고 있습니다. 불법적인 방법으로 분탕질을 치고 있는 것이라면, 강제로 분탕질을 막으려고 해 봤지만, 모두 규칙에 어긋난 것이 아니라……."

부복지가 답답하다는 듯이 말을 끊고 나백수에게 다시 질문을 던졌다.

"그러니까 내 말은 얼마만큼 큰 분탕질을 해서 이 난리냐는 말이지. 속 시원하게 말 좀 해 봐."

나백수가 머뭇거리며 말했다.

"저…… 그게…… 소망관이…… 한 사람에게 넘어갔습니다."

그 순간 부복지의 입은 여러 비속어들을 속사포로 쏟아내고 있었다.

"야, 이런 미……."

나백수의 말이 끝나기도 전에 극도로 흥분하는 부복지를 보고 급기야 이복지를 제외한 복지팀의 모든 인원이 부복지를 말리고 있었다. 카이스트의 기숙사는 학생 수에 비해 공간이 부족해 학내 캠퍼스 외에 밖에서 자취하는 사람들도 많다. 그런데 이런 상황에서 소망관 기숙사 하나를 한 명이 쓴다는 것이 알려지는 날에는 학생복지팀이 옷을 벗어야 하는 상황인 것이다. 이렇게 학생복지팀의 아침엔 혼란과 멘탈 붕괴를 동반한 태풍이 몰아치고 있었다.

복수

"하아아암~ 근로 일 한다고 요즘 별로 자지 못했는데 오늘은 푹

잤군. 엘리트, 오늘은 기분 좋은 날이니까 푸짐한 음식으로 먹어야겠어. 제일 비싼 걸로 휴게실에서 먹을 테니 주문 넣어 줘."

스페셜 카이스트를 주문하셨습니다. 20금이 차감됩니다. 10분 정도 소요됩니다.

"그런데 내가 자는 동안 학생복지팀에서 메일이나 뭐 온 거 없어?"

부재중 전화 100통, 문자 20통, 메일 10통, 음성 메시지 10통이 있습니다. 확인하시겠습니까?

아주는 아주 예상하고 있었다는 표정으로 씨익 웃으며 말했다.

"연결해."

전화 연결 중입니다. 딸깍.

"여보세요. 학생복지팀의 나백수입니다."

아주는 만족스럽다는 듯이 고개를 끄덕이며 전화를 받았다.

"여~ 전화 받는 속도가 무지하게 빨라지셨네요. 새로 광랜이라도 설치하셨나 봐요?"

'주먹이 운다. 그래도 일단 참자, 나백수! 참자!'

나백수는 억누르지 못한 화 때문에 약간 떨리는 목소리로 통화를 이어나갔다.

"네, 운이 좋게도 제가 전화기 가까이에 있어 빨리 받을 수 있었네요. 그보다 제가 드릴 얘기가 있어서 전화 드렸었는데, 음성 메시지 들으셨나요?"

'안 봐도 뻔하지. 내가 휴게실 관리자 같은 비밀 근로직을 1층부터 5층까지 혼자 싹 다 먹었으니, 다 뱉어내란 말이겠지. 그러니까 처음부터 겸직 금지를 해 놨어야지. 게다가 기숙사 숍에서 금으로 방을 늘릴 수 있게 해 놓다니! 이건 뭐 나 혼자 돈 벌고 그 돈으로 소망관 사서 쓰라는 거잖아. 물론 이런 일이 일어날 줄은 몰랐겠지만 말이야. 그나저나 전화가 100통이나 왔었다니, 꽤 급했나 보군. 하긴 지금쯤이면 강제 퇴사 당한 학생들이 복지팀 앞에서 시위하고 있으려나?'

"아직 못 봤습니다. 방금 일어났거든요. 그리고 저는 스무 살이니 말을 놓으세요. 부담스럽네요."

속에서 천불이 났던 백수는 마치 자기가 대화의 주도권을 잡은 듯한 기분에 커다란 미끼인 줄도 모르고 아주가 던진 떡밥을 덥석 물었다.

"그래. 말 편하게 놓도록 하겠네. 중요하게 할 얘기란 게 뭐냐고 하면, 현재 아주 군이 모든 근로를 독점하고 있지 않나. 그 결과로, 지금 소망관 전체를 아주 군이 홀로 사용하고 있네. 그 때문에 지금 많은 다른 학생들이 기숙사를 잃고 밖에 나와 있는데 이에 대해 어떻게 생각하나?"

아주는 떡밥을 문 나백수를 속으로 비웃으며, 통화 녹음을 시작했다.

"아, 그런 일이 있었군요. 그런데 이게 다 룰에 위반되는 일인가요?"

대화를 자기 쪽으로 끌었다고 생각한 나백수는 한결 여유로운 목소리로 아주를 달래기 시작했다.

"물론 아주 학생이 규칙을 어겼다는 건 아니네. 하지만, 규칙을 따지기에 앞서 많은 학우들의 고통과 슬픔을 알아주는 것 또한 카이스트를 이끌어가는 엘리트로서의 덕목이 아닌가 생각을 하네. 그래서 앞으로는 아주 학생에게 청소나 고성방가 따위의 사소한 일로 벌점을 부과하지 않을테니 소망관을 원래대로 다른 학생들에게 양보를 해 주면 안 되겠는가?"

'웃기는 소리를 하는군. 내가 힘들게 일해서 이루어 낸 건데 다 내

놓으라고? 그럴 순 없지.'

아주는 곤란하다는 듯한 말투로 말을 꺼냈다.

"물론 제가 양보를 해야 하는 것은 맞겠지만, 제가 노력한 것도 있는데, 그에 대한 보상은 너무 형편이 없는 것 같군요. '등가 교환의 법칙'이라고 아십니까?"

나백수는 속으로 분통이 터졌다.

'이 XX! 결국은 보상인 건가? 이거 해결 못 하면 나는 진짜 직장 잘리기 전에 학생복지팀에서 맞아 죽을 거라고. 흐음…… 그래도 기숙사 한 동을 통째로 내주는 것보다는 이게 낫겠지.'

나백수는 침착하게 말을 이었다.

"그, 그렇군. 노력에 비해 보상이 부족했던 것 같네. 그래, 한 층! 한 층만 쓰는 건 어떤가?"

나백수는 소망관 한 층이라면 1학년인 아주가 미치지 않은 이상은 그냥 살 거라고 생각했지만, 백수의 생각과는 달리 아주는 만만한 1학년이 아니었다.

"안 해."

"뭐? 뭐라고 했나?"

한 층이라는 큰 공간임에도 불구하고 협상하지 않겠다고 말하는 아주의 목소리에 나백수의 얼굴이 굳어졌다. 게다가 방금 전까지만 해도 꼬박꼬박 존댓말을 하던 것과는 달리 갑자기 퉁명스럽게 반말을 내뱉는 아주를 보며 나백수는 황당하다는 듯이 입을 열었다.

"아주 군, 화가 나는 건 알겠지만 내가 나이가 많은 인생의 선밴데 이런 식으로 말하면 안 되지."

"왜 이렇게 말귀를 못 알아들으실까…… 어이, 백수, 지금 나한테 소망관을 돌려받고 싶은가 본데, 나한테 기어도 모자랄 판에 이런 식으로 나오면 내가 줄 마음이 생기겠어? 룰대로 하자는 너의 뻔뻔한 말에 나는 복수를 결심한 거야. 혼자서 휴게실 청소, 화장실 청소, 세탁기 청소 등 있는 근로 없는 근로 다 찾아내서 할 때도 넌 알고 있었지. 그래도 '미친놈. 무슨 생각인지 모르겠지만, 그래 고생이나 해 봐라.'라고 생각하며 그냥 놔뒀겠지. 그래. 처음엔 고생도 많았어. 치워도 치워도 끊임없는 쓰레기와 악취. 전쟁 같은 나날이었어. 매일 코피를 흘려가며 청소했다고! 진심으로 포기할까도 생각했지. 하지만, 일주일이 지나고 이주일이 지나면서 쌓여가는 근로비를 보며 힘을 냈지. 근로비 모두를 방 확장에 투자하고, 기숙사에 사는 사람들에게 매일 야식을 사 주면서 쓰레기를 선천적으로 잘 버리는 사람들을 골라냈거든. 쓰레기를 버리는 데에 있어 일말의 양심도 없는 것들이었지. 그래서 하나둘씩 포인트를 뺏으며 제거했어. 그놈들이 사라지고 나니 이제 내가 따로 일할 것도 없더군. 그다음엔……."

들으면 들을수록 치밀한 아주의 계획에 나백수는 치를 떨었고, 절규하듯 외쳤다.

"이…… 이런 미친놈! 네가 그러고도 엘리트냐! 도대체 무엇 때문에 이런 짓을 하는 거야!"

나백수의 절규에 아주는 상대할 가치도 없다는 듯 고개를 절레절레 저으며 가소롭다는 듯이 대꾸했다.

"엘리트는 규칙에 지배 받지 않는다. 규칙을 지배하는 자가 엘리트지. 그리고 직원이 학생에게 미친 놈이라니…… 내가 지금 통화 녹음을 하고 있거든. 아라에 올려 볼까?"

"자…… 자네 왜 이러나? 보, 보상이 부족해서 그러는 거야? 내가 좀 더……."

"자네? 백수 자네. 말이 좀 짧다고 생각하지 않습니까?"

"아, 아니 이보게. 내 말은 그게 아니라……."

"아니면 아니고 기면 기고! 지금이 어떤 상황인데 어물쩍 넘기려 들어? 하려면 확실하게 합시다, 확! 실! 하! 게!"

대화 주도권에 마지막 쐐기를 박은 아주는 나백수가 아무 말도 하지 않자 이제 만족스럽다는 듯이 고개를 끄덕이며 다음 단계를 실시했다.

"엘리트, 영상 통화 연결해."

영상 통화로 연결된 백수의 모습은 멘탈 붕괴 그 자체였다. 자신의 복수가 마음에 드는 듯, 만족스런 미소를 짓고 있던 아주는 기분이 조금은 풀린듯한 목소리로 백수에게 말했다.

"백수 형."

웃고 있지만, 언제 미친 짓을 할 지 모르는 아주였기에, 백수는 공손하게 굽실거리기로 했다.

"네, 아주 씨."

"원래는 룰대로 가야겠지만, 제가 양보를 하죠. 협상을 시작합시다. 형 쪽에서 조건을 제시하다간 끝이 없을 거 같고, 제가 조건을 하나 제시하도록 하죠. 제가 원하는 것은……."

에필로그

2021년 카이스트 소망관.

"크아아악! 이 인간은 분명히 잊고 있는 게 분명해. 또 방에서 퍼질러 자고 있겠지."

이번 학기의 소망관 동장인 통통이는 부리나케 어디론가 뛰어가고 있었다. 그가 도착한 곳은 소망관 510호. 도금인지 통짜 금인지 모를 문 때문에 다른 호실들과 확실히 비교되는 방이다. 혹시 금이면 누가 조금씩 파내거나 통으로 떼어가지 않느냐고? 그런 일은 있을 수 없다. 왜냐면 이 문의 주인은 카이스트에서 성격이 제일 더러운 인간이니까. 혹시라도 꼬투리가 잡히면 안 되기 때문에 옷 매무새와 목소리를 가다듬은 통통이는 다급하다는 듯 510호의 주인을 부르고 있었다.

"신 님! 준비 다 하셨나요?! 빨리 가셔야 합니다! 오늘 중요한 날인 거 잊으신 건 아니죠?"

그때 방문을 열고 한 사내가 나오며 통통이의 말에 대답했다.

"당연히 잊지 않았지. 오늘이 어떤 날인데. 철부지 신입생들에게 기숙사 벌점을 마구 먹일 수 있는 날이 아닌가? 흐흐흐."

통통이가 어이가 없다는 듯 신이라 불린 사내를 바라보다 말을 꺼냈다.

"벌점을 마구 먹이는 날이 아니라니까요! 신입생 오리엔테이션(OT)입니다. 교육하는 날이라 말입니다, 교육!"

대수롭지 않다는 듯 혼자 말을 중얼거리는 신이었다.

"교육하다가 좀 맘에 안 들면 벌점 먹일 수도 있는 거지, 뭐. 쫌생이 같이 뭘 그렇게 빡빡하게 살아. 이거 원, 나 때는 엄청나게 벌점을 먹었는데 말이지."

속에서 열불이 나지만 굉장한 인내심으로 화를 꾹꾹 눌러 참는 통통이였다.

"그래서 이렇게 바뀐 거 아닙니까! 저번에도 벌점 뿌리다가 총장님께 혼난 거 기억 안 나세요?"

좋지 않은 추억인 듯 손을 내저으며 통통이의 말을 중단시킨 신은 화제를 바꿨다.

"그 얘긴 그만하지. 그보다 자네는 아침부터 뭐가 이리 급한가? 자고로 군자는 비가 와도! 급한 일이 있어도! 뛰지 않는 법이라네."

혼자 고상한 척 다하는 신을 보며 고개를 절레절레 저으며 통통이는 말을 꺼냈다.

"벌써 30분이나 늦었단 말입니다. 이번에도 총장님께서 아시면 저도 장담 못합니다."

30분이나 늦었다는 말에 깜짝 놀란 신은 앞으로 뛰어나가며 말했다.

"그래? 오늘은 좀 뛰어야겠군. 원래 엘리트는 약속 시간을 칼 같이 지키는 법이지."

이렇게 카이스트의 새로운 봄 학기가 시작되고 있었다. 소망관 밖에서는 새로운 학기를 축하하듯 나비 떼들이 꽃 위를 날아다니고 있었고, 따스한 햇살은 510호의 황금빛 문에 새겨진 문패를 비추고 있었다.

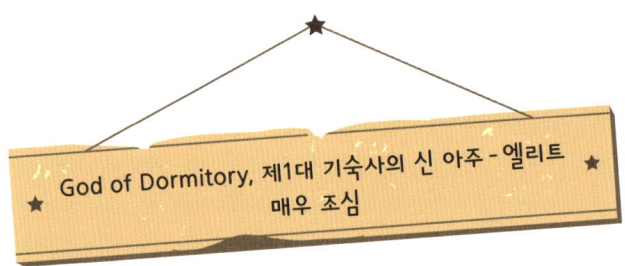

God of Dormitory, 제1대 기숙사의 신 아주 - 엘리트
매우 조심

TIP 캠퍼스 라이프

한눈에 보는 카이스트 학과

1. 기계공학동

소망관과 진리관에서 도보 4분이면 도착하는 건물이다. 기계공학동에 속한 세 학과의 학생들은 기숙사가 튕기지 않는 한 무조건 북측 기숙사에 산다. 다른 기숙사와 정말 차이가 많이 나기 때문. 신신축이 생기고

기계공학동.

서는 여기에 사는 사람도 많지만 신신축이 워낙 비싼 편이라 북측을 더 선호한다.

기계공학과

| 기계공학동의 실질적인 주 학과. 기계공학동 1층에는 조 모임하기 좋은 자리가 마련되어 있어서 편하게 조 모임을 할 수 있다. 하지만 워낙 명당인 자리라 1학년이나 다른 학과에게 뺏기는 경우도 많다. 1층에는 피아노도 있어 가끔 연주회가 열리기도 한다.

항공우주공학과

| 미니 학과로 꼽히는 학과 중 하나. 2010년에는 학과 설명회 홍보를 위해서 모든 학부 여학생을 모았더니 딱 9명이어서 'Aero Generation'이라고 해서 소녀시대를 패러디한 포스터를 만들어서 한참 화제가 된 적도 있다. 우주인 이소연 교수가 있는 학과로 많은 관심을 받고 있다.

원자력 및 양자공학과

| 항공우주공학과와 맞먹는 미니 학과이며 여학생들이 적은 편이다. 원자력 및 양자공학과 친구를 찾기는 하늘의 별따기이다. 그래서 뭘 배우는지 베일에 싸여 있다고 볼 수 있다.

2. 정보전자공학동과 산업경영학동

정보전자공학동(좌측)과 산업경영학동(우측).

정보전자공학동과 산업경영학동은 동측의 유일한 기숙사인 세종관과 가깝다. 그래서 북측 기숙사 학생들이 이 건물까지 이동하려면 꽤 먼 거리여서 자전거나 스쿠터가 절실히 필요하다.

전기 및 전자공학과

| 한 학년에 100명이 넘는 거대 학과이다. 같은 과 학생들이라도 서로의 이름을 모르는 경우가 많다. 과 동아리도 꽤 활발하게 돌아가는 편이며, 다른 학과에 비해 경제적으로 여유가 많은 교수님들이 많다는 소문이 있다.

전산학과

| 전기 및 전자공학과와 같은 건물을 쓰는 학과이다. 전산학과 학생들은 전기 및 전자공학과 학생들과 비슷한 생활 패턴을 가지고 있다. 전기 및 전자공학과보다는 작은 규모이지만 역시 학생 수가 많고, 규모에 비해 여학생이 가장 적은 학과로 알려져 있다.

산업 및 시스템공학과

| 정문과 가장 가까운 건물에 위치해 있는 학과이다. 다른 학과에 비해 여학생 비율이 높은 편이다. 산업 및 시스템공학과 학생들은 세종관이나 신축 기숙사를 선호한다.

3. 산업디자인학과동

산업디자인학과동.

　인문사회과학부동과 인접해 있는 건물로, 리모델링 당시 졸업생들이 졸업 작품으로 건물 내부를 디자인한 것으로 알려져 있다. 카이스트에서 가장 예쁜 건물로 꼽히는 학과 건물이다.

산업디자인학과

| 북측 기숙사 라인과 가까이 위치해 있는 학과이다. 여학생의 비율이 높은 편이며 카이스트의 패셔니스타를 담당하는 학생들이 많다. 첫눈에 보고도 산업디자인학과 학생인지 알 수 있는 사람이 많은 편이다.

4. 응용공학동

응용공학동.

　신축 기숙사에서 도보로 6분이면 도착하는 건물이다. 기계동, 전자동과 더불어 파란색 욕실 타일 같은 벽면으로 되어 있다. 이 세 건물이 카이스트에서 가장 오래된 건물들이다. 딱 보면 그렇게 생겼다. 응용공학동은 전자동과 산업경영학동과 더불어 북측에서 가장 멀어서 불쌍히 여겨지는 건물이다.

생명화학공학과

| 응용공학동을 사용하는 학과들 중에 가장 덩치가 큰 학과이다. 학부 때까지는 응용공학동에서보다는 창의학습관에서 전공 수업이 열리는 경우가 많지만 북측에서 응용공학동까지 숙제를 내거나 연습반을 하러 가는 거리에는 뭔가 마음의 거리가 있다. 응용공학동은 쪽문과 매우 가깝다.

건설 및 환경공학과

| 학생 수가 많지 않은 미니 학과. 서로가 서로의 이름을 다 아는 것은 물론 선후배 간에도 모르는 사람이 거의 없는 편이다. 학과 단합이 정말 잘 되는 것으로 유명한 학과이다. 생명화학공학과와 함께 응용공학동을 사용한다. 건설 및 환경공학과 학생들은 신축 기숙사를 선호한다.

신소재공학과

| 한 학년 10명이 안 되는 미니 학과였지만 요새는 20명 가까이 된다고 한다. 신소재공학과 학생들도 건설 및 환경공학과 학생들처럼 단합이 잘 되는 학과로 알려져 있다.

5. 정문술빌딩

정문술빌딩은 미래산업 정문술 회장님께서 카이스트 연구를 위해 기부하신 돈으로 지어진 건물이다. 정재승 교수님이 계시는 '바이오 및 뇌공학과'의 연구실들이 위치하고 있는 곳으로 기숙사를 제외하고는 카이스트에서 가장 높

정문술빌딩.

은 건물에 해당한다.

바이오 및 뇌공학과

| 정문술빌딩이라는 최신식 건물에서 수업받는 학과이다. 인원은 많지 않은 편이지만 연구 지원이 괜찮은 학과다. 어느 기숙사를 사용하든 조금은 애매한 거리에 있는 건물이라 딱히 기숙사에 구애 받지 않는 편이지만 그나마 동측이 가까운 편이다.

6. 자연과학동

자연과학동에 있는 네 과 중 특히 화학과와 생명과는 절대적으로 동측에 있는 기숙사 세종관을 선호한다. 실험을 마치고 들어가서 쓰러져 자야하기 때문이다. 자연과학동 근처에는 파팔라도 메디컬 센터가 있다.

자연과학동

물리학과

| 자연과학동에 자리 잡은 네 학과 중 하나이다. 실험이 있을 경우 궁리 실험실을 사용하며 점심은 주로 동측 식당에서 해결한다. 공부 역시 북측에 올라가 교양분관을 사용하는 대신에 과학도서관을 이용하는 경우가 많다.

생명과

| 자연과학동에 자리 잡은, 카이스트에서 산업디자인학과를 제외하고는 유일하게 여학생이 많은 학과이다. 물리학과와 비슷한 생활 패턴을 가지고 있으며 기숙사는 동측을 선호한다.

화학과

| 물리학과와 생명과와 거의 비슷한 생활 패턴을 가진다. 다만 자연과학동의 네 학과 중에서 가장 궁리 실험실에 오래 머무는 학과라고 할 수 있겠다.

수리과학과

| 자연과학동을 사용하는 과들 중에 유일하게 궁리 실험실을 사용하지 않는 학과이다. 자연과학동에서도 과별로 건물이 구분이 되어 있는데, 유일하게 전면 칠판을 가지고 있는 학과이다. 이 칠판은 보면 참 멋있다는 생각이 들 수밖에 없다.

2장 ::

카이스트는 지금 열공 모드

좁은 문은 다시 열릴까요? _ 화학과 09 정규원

나는 힘들지 않다 _ 전산학과 07 정연준

5층 테라스 이야기 _ 생명화학공학과 09 임은지

두 갈래의 길 _ 화학과 11 김경헌

TIP 캠퍼스 라이프 _ 공순이 생활백서
한눈에 보는 카이스트

좁은 문은 다시 열릴까요?

_ 화학과 09 정규원

　나는 지금 하얗고 긴 통로를 따라 여행하고 있어요. 끝없이 놓여 있는 길 위에서 잠시 멈추기도 하고 앞으로 굴러가기도 하고 있지요. 내게 좁은 문을 지나갈 수 있게 해 준 장헌이에 대한 고마움과 그를 향한 안쓰러운 마음을 가진 채로…….

　내가 원래 살던 곳은 이 통로가 아니에요. 인간의 몸속, 어둡고 캄캄한 곳, 뜨끈뜨끈하고 구불구불한 길이 있었던 곳이었죠. 나처럼 갈색 몸을 지닌 친구들과 함께 뒤죽박죽 섞인 채 한 방향으로 계속 밀려가고 있었어요.
　"형! 우리 어디로 가는 거예요?"
　"나도 몰라, 짜샤! 그냥 어딘가로 가는 거겠지."
　우리의 대화는 늘 이런 식이었어요. 앞에는 형들, 뒤에는 동생들이 있었는데 다들 어디로 가는지 모르는 채 쭈루룩 굴러가고 있었어요.

그러던 어느 날이었어요. 우리 중에 가장 나이 많은 형님이 갑자기 소리를 치는 바람에 잠에서 깨고 말았어요.

"얘들아! 내가 조금 전에 이 인간에게서 벗어날 출구를 발견한 것 같은데, 하마터면 너희한테 인사도 못하고 갈 뻔했지 뭐야. 너희들이 섭섭해 할까 봐 밀려나는 것을 열심히 버티며 다시 돌아왔어."

"우와! 멋있어요!"

여기저기서 감탄사들이 쏟아져 나왔어요. 이때, 옆에 있던 내 친구가 형님한테 큰 소리로 물어봤어요.

"형님! 밖에는 뭐가 있나요?"

"음, 글쎄? 워낙 갑자기 일어난 일이라 자세히는 못 봤는데, 뭔가 커다란 호수가 있었던 것 같아. 하얀 바닥이었나? 잘 모르겠네."

그러자 모두들 웅성거리기 시작했어요. 밖으로 나가면 무엇이 있을까 하는 질문부터 시작해서, 우리를 잡아먹는 괴물이 있을지도 모른다는 추측까지 온갖 이야기들이 가득했지요. 그러다가 구석에 조용히 누워 있던 어떤 형님이 흥미로운 이야기를 하나 들려주었어요.

"흠흠! 사실 이건 비밀인데 말이야, 아주 아주 오래전부터 전해져 온 전설이 하나 있어. 우리가 지금 살고 있는 이곳을 나가게 되면 큰 물웅덩이나 하얀 집처럼 보이는 곳이 우릴 기다리고 있대. 우리는 그곳에 기다리면서 우리에게 다가오는 시험을 준비해야 하지."

"무슨 시험인데요?"

"어떤 좁은 문이 있는데, 그곳을 통과하는 시험이라고 하더라. 내가 들은 바로는 어떤 큰 소리가 나면 짧은 시간 동안 좁은 문이 잠시 열리는데, 그때 그곳을 통과하지 못하면 정말 불행한 일이 일어날 수도 있대."

"어떤 일이 일어나는데요?"

"아……. 나도 잘 몰라. 그냥 거기까지는 들었는데, 그 전설을 내게 들려주던 형님이 이야기를 하던 중에 훌쩍 떠나 버렸어. 뭔가 안 좋은 일이 있을 것이라고는 했는데, 내 귀가 좀 안 좋아서 말이지. 미안하게 되었구만, 허허허."

정말이지, 그날 밤은 아무도 잠들 수 없는, 모두가 흥분되는 밤이었어요.

어느 날 밤은 높은 곳에서 떨어지는 꿈을 꾸었어요. 끝없이 떨어지는 꿈을 꾸었는데 갑자기 온몸이 차가워지는 것을 느꼈어요.

"끄으으응! 아!"

갑자기 엄청 큰 소리가 들렸어요.

"젠장, 파닭을 먹었더니 똥꼬가 헐겠네! 다시는 먹지 말아야지, 아오!"

얼른 정신을 차리고 옆을 둘러보니 형님들이 들려주었던 그 이야기가 정말 눈앞에 펼쳐져 있었어요. 위에는 내가 방금 인간의 몸을 탈출한 흔적이 보였지요.

우르르- 쾅쾅!

앗, 형님들이 말해 주었던 그 시험의 순간이 다가왔어요. 벌써 앞에 가고 있는 친구들은 몸을 길게 내빼고 좁은 문을 향해 달려가고 있었어요. 난 아직 준비가 안 되었는데…….

"얘들아, 기다려! 같이 가!"

그렇지만 친구들은 나를 기다려 주지 않았어요. 그래서 나도 크게 심호흡을 하고 몸을 길게 쭉 빼려고 애쓰며 그 문을 향해 달려갔지요. 호수가 점점 얕아지더니 문이 바로 내 눈 앞에 나타났어요. 조금만 더 몸을 뻗으면 문으로 쏙 들어갈 수 있을 것 같았어요.

'쾅!'

"아야!"

머리가 열린 문틈 사이에 닿으려는 순간, 갑자기 문이 닫히는 바람에 곧장 머리를 부딪히고 말았어요. 머리가 띵한 상태로 서서히 호수 표면으로 몸이 떠오르는 것을 느꼈어요. 나를 밖으로 내보내 준 인간은 엉덩이를 계속 만지작거리며 밖으로 떠났어요.

"이봐, 한 번 더 저 문을 열어 줘! 아직 가지 마!"

그러나 그는 뒤돌아보지 않았어요.

"야, 유진한! 그만 싸고 빨리 나와. 수업 5분밖에 안 남았다고, 이 똥쟁아."

"곧 감! 기다리셈!"

그리고 다시는 그를 볼 수 없었지요.

그날 내내 난 하얀 호수에 잠잠히 떠 있었어요. 열렸던 좁은 문으로 들어가려고 서로 밀치고 싸우던 이들의 몸 조각 일부가 내 주위에 흩뿌려져 있었을 뿐, 아무도 없었지요.

아주 가끔씩 인간들이 불쑥 다가오곤 했어요. 나는 반가운 마음에 온몸을 흔들었어요. 그렇지만 인간들의 반응은 너무나 차가웠어요.

"이런 미친, 누가 물을 안 내린 거야?"

"아오, 냄새! 기숙사에서 똥 싸고 제발 물 좀 내리라고 그렇게 아라에 글을 써도 끝까지 안 내리는 건 무슨 심보냐?"

그래도 괜찮았어요. 더럽고 냄새난다고 욕해도 괜찮으니, 얼른 좁은 문을 열어줘서 내가 나갈 수 있게 해 주기만을 바랐어요. 그렇지만 인간들은 내게 그렇게 욕만 끼얹고는 큰 문을 꽝꽝 닫은 채 궁시렁거리며 어디론가 가 버렸어요.

또 이따금씩 옆 호수에서 나 같은 똥 덩어리들이 좁은 문을 향해 달려가는 소리가 들렸어요. 비명을 지르며 서로 그 문에 들어가겠다고 소동을 피우는 소리가 여기까지 들려왔었죠. 그리고 인간이 문을 박차고 나오는 소리가 들릴 때쯤이면 아주 잠잠해져 있었어요. 모두들 새로운 곳으로 잘 넘어갔나 봐요.

문득 좁은 문이 열렸던 그때 성공하지 못했던 내 모습이 자꾸 떠올랐어요. 지금 생각해 보니 나와 함께 있었던 친구들은 그곳으로 나갈 준비를 오랫동안 해 왔던 것 같았어요. 마치 모든 것을 알고 있었다는 듯이 좁은 문 바로 앞에서 열리기만을 기다리고 있었죠. 캄캄한 인간 몸속에 있을 때에는 그냥 친구들이 가는 대로 따라가기만 하면 되는 줄 알았는데, 그게 아니었던 거예요. 그 친구들은 이미 어떻게 가야 하는지도 다 알고 있었던 것이었죠.

어제도 몇몇 인간들이 똥을 누러 왔다가 하얀 호수에 내가 둥둥 떠 있는 것을 보고는 화가 났는지 문을 쾅쾅 닫고 갔어요. 그러다 쾅 닫은 문에 하얀 호수의 지붕이 흔들리다가 무너지면서 갑자기 주위가 어두워졌어요. 이젠 정말 바깥으로 나갈 수도 없고, 좁은 문을 통과해서 지나갈 수도 없는 채로 호수에 갇혀 버리게 되었어요.

이렇게 갇혀 있으니까 모두에게서 영영 잊혀지는 것은 아닐까 하는 두려움이 생겼어요. 나와 함께 시끌벅적 떠들던 친구들도 모두 떠나고, 나를 지니고 다녔던 유진한이라는 인간도 나를 떠나갔어요. 아무도 관심을 가져 주지 않는 호수는 물이 점점 마르면서 그 누구도 생각하고 싶지 않은 곳이 되어버렸어요.

그런데 오늘 아침, 정말 흥미진진한 일이 일어났어요.

"왜요, 엄마! 나 그래도 정말 이 학교에 있고 싶단 말이에요."

"너 성적이 그 모양으로 나와서 어떻게 하려고 그래? 등록금은 또 어떻게 하려고?"

"엄마, 나 정말 열심히 한단 말이야. 열심히 하는데도 잘 못하는 건 어쩔 수 없는 거잖아요."

갑자기 하얀 지붕이 살짝 꺼지는 느낌이 들더니 그 위에서 인간의 목소리가 들려왔어요.

"그러니까 엄마가 너 카이스트로 가지 말랬지. 전문계고를 나와서 어떻게 과학고 나온 애들을 이겨보겠다고 그러는 거야? 걔네들은 학원에서 미리 다 배우고 준비해 온 애들인데 넌 아니잖니. 준비도 하나도 안 돼서 일반물리인가 미적분인가 하는 그 과목들은 그렇게 다 망쳐버리고……. 그러고도 엄마한테 할 말이 있는 거야?"

"엄마……."

"장헌아, 이미 준비된 애들을 이길 수는 없는 거야. 그러다가 너 정말 이도 저도 아니게 된다. 수능 한 번 더 봐서 다른 학교로 가라, 제발!"

"엄마, 나 여기에 온 거, 좋은 성적 받으려고 온 건 아니잖아요. 정말 몸 불편한 사람들에게 도움이 되는 로봇 한 번 만들어 보려고, 그래서 여기까지 온 거 엄마도 잘 알잖아요. 좀만 더 기다려 주면 안돼요? 기회는 아직 많은 거라고 엄마가 직접 말했었잖아요."

"됐다. 장학금도 못 받고……. 우리 집은 너 대줄 돈 없다. 이만 끊자."

그리고 잠시 정적이 흘렀어요. 그러더니 울먹이며 중얼거리는 소리가 들리기 시작했어요.

"왜, 날 아무도 이해해 주지 못하는 거야? 난 정말 잘해 보고 싶은데, 왜? 흑흑흑……."

인간은 한참을 울더니 휴지로 코를 킁킁 풀었어요. 그리고 하얀 호수의 지붕을 들어 올리다가 꽤 말라 버린, 호수에 덩그러니 누워 있는 나와 마주쳤어요.

"아오, 깜짝이야! 똥이 있었잖아!"

그런데 장헌이라는 저 인간은 나를 정말 오랫동안 쳐다보았어요.

"너도 나처럼 이도 저도 아닌 상황에 놓여 있구나. 얼마나 오랫동안 방치되었으면 이렇게나 말라 비틀어져서……. 아오, 냄새! 니 주인이 물 내릴 때 한 번만 더 내렸으면 깔끔하게 잘 내려갔을 텐데, 넌 도대체 어떻게 된 거냐?"

그러게나 말입니다. 그때는 불러도 대답 없는 그를 붙잡으려고 고생 좀 했었죠.

장헌이는 손에 들고 있던 꼬깃꼬깃한 휴지 뭉치를 호수 위로 던졌어요.

"어휴……. 나한테도 한 번 더 일어날 수 있는 기회가 있다면 참 좋을 텐데. 우리 부모님도 그렇고, 내가 한 번 미끄러지기 시작하니까 나를 향한 신뢰를 잃어버리는 것 같아. 여기 입학할 때만 해도 나더러 유망주라면서 많은 사람들이 관심도 가져 줬는데……. 정말 이런 것들이 다 한순간 뿐인 것일까? 친구들도 다 제 갈 길 가느라 바쁘고……. 너무 슬프다."

이렇게 말하면서 닭똥 같은 눈물을 뚝뚝 흘리는데 얼마나 안타까운지요. 어쩌면 내가 장헌이라는 저 인간이고, 저 인간이 나 같은 똥덩어리인지도 모르겠어요. 난 똥이라 눈물은 안 나와서 한숨만 푹푹 내쉬었지요.

"휴……. 너라도 얼른 저쪽의 세상으로 넘어가라. 그간 얼마나 답답했겠냐?"

드디어 기회가 온 것이었지요. 영원히 여기서 이렇게 말라 비틀어진 채로 죽어버릴 것만 같았던 내 삶에 다시 한 번 기회가 찾아온 것이었어요. 먼저 출발한 친구들을 드디어 볼 수 있을까요? 아직 가보지 않은 그 새로운 곳을 향해 나아갈 수 있는 것일까요? 갑자기 내 온몸이 두근거리기 시작했어요.

장헌이는 하얀 호수 꼭대기에 있는 긴 막대기 같은 것을 손으로 눌렀어요. 그러자 굳게 닫혀 있던 좁은 문이 다시 열렸지요. 지난번 좁은 문이 열렸던 때와는 분명 달랐어요. 최대한 몸을 길게 내빼고 몸을 집어넣으려고 했지요.

이번에는 정말 완벽했어요. 좁은 문을 거의 다 통과했을 쯤에 호수 위로 아른아른 보이는 장헌이의 모습이 느껴졌어요. 나는 똥답지 않게 인간을 걱정하게 되었어요. 멍하게 나를 쳐다보는 그를 보니 마음이 아파왔어요.

그는 정말 괜찮을까요? 그에게도 좁은 문이 다시금 열리는 때가 찾아올까요?

좁은 문을 지나고 나니 내 눈 앞에는 아주 밝은 빛이 쏟아지고 있었어요. 그리고, 그리고 난…….

나는 힘들지 않다

_ 전산학과 07 정연준

　컴퓨터의 소음과 자판을 두드리는 소리가 귀 주변을 맴도는 듯이 들려온다. 모니터에서 몸에 좋지 않을 법한 전자파가 나오는 게 느껴진다. 룸메이트는 주말이라 여자 친구를 만난다고 어제 집으로 내려갔다. 방 안에는 기계 소리와 가끔씩 깊게 내쉬는 나의 숨소리밖에 들리지 않는다. 어제 아는 선배와 술을 늦게까지 마시고 잤더니 오히려 아침 일찍 잠에서 깨어났다. 피곤하고 속도 메스꺼웠지만 일어난 김에 혼자 기숙사 밖에 있는 식당에서 해장국 한 그릇을 먹고 들어왔다. 토요일이지만 전혀 기쁘지 않았다. 여느 때와 다름없이 내일모레까지 과제를 3개나 제출해야 하니까. 이번 학기도 쉽게 끝나지는 않을 것 같다. 아침을 먹은 후 시간이 얼마나 지났는지도 잘 모르겠다. 프로그래밍이 잘되지 않아 이리저리 검사를 하고 있는데 갑자기 전화벨이 울렸다.

　"야, 담배 있으면 조금만 줘. 있다가 네 방으로 갈게."
　"있어 봐……. 딱 2개 남았다. 하나만 들고 가라."

1층 방에 있는 친구의 전화였다. 이 친구는 항상 돈이 없다고 툴툴대면서 뭐가 하나씩 빌려가곤 했다. 집중이 끊겨서 그런지 괜히 짜증이 났다. 오늘 이걸 다 끝내야 내일 조 모임 발표 준비를 할 수 있을 텐데……. 자꾸 마음이 조급해진다.
　친구가 다녀간 뒤 또 얼마나 지났을까. 문득 핸드폰을 켜 보니 벌써 3시 반이었다. 아침을 먹고 들어왔을 때가 대충 9시 조금 넘었으니까 거의 6시간을 모니터만 보고 있었던 셈이었다. 점심을 굶었다는 생각이 듦과 동시에 머리가 어지럽고 오한이 났다. 이마를 만져보니 열이 좀 나는 것 같았다. 어제 차가운 밤공기를 마셔서 그런지 감기 몸살이 난 것 같다. 배가 살짝 고픈 느낌은 있지만 그것보다는 책상 옆에 있는 침대가 눈에 크게 들어왔다. 어제 잠은 너덧 시간 정도밖에 못 잤겠지. 확실히 충분한 수면이 필요하다는 걸 새삼스럽게 깨달았다. 순간적으로 과제를 다 못할 것 같다는 불안감이 들었지만 더 이상 집중하기에는 무리였다.
　베개에 머리를 놓고 혼잣말을 중얼거렸다.
　"주말에 이게 뭐하는 짓이야……."
　기말고사를 치기 전까진 행복한 주말 따위는 없다는 현실이 너무나 답답했다. 몸도 점점 아파져 오는데다가 얘기를 나눌 룸메이트도 없다. 눈물 없는 울음이 마음속에서 시작되었다. 잠들기 위해 몸을 돌려 이불을 뒤집어썼는데, 갑자기 통기타 소리가 귓속을 파고들었다. 좋지 않은 건 꼭 절묘한 타이밍에 틈을 파고 들어온다. 옆인지 위층인지 건넛방인지 알 수가 없었다. 마음 같아서는 당장 찾아가서 소리 좀 줄여달라고 말하고 싶지만, 한편으로는 주말 오후에 즐겁게 기타 치는 걸 조금만 자제해 달라고 할 수 있는 것인지 의문이 들었다. 오늘 따라 방음 처리가 부실한 기숙사에 화가 났다. 제발 금방 멈춰

주길 바랄 뿐이었다.

오한이 점점 심해지는 것 같아 이불로 몸을 더욱 강하게 둘러싸며 누워 있는데, 어디선가 작고 규칙적인 소리가 들려왔다. 어느 순간 기타 소리는 들리지 않았다. 이번엔 또 누가 만들어 내는 소음인지, 잠은 언제 들 수 있는 건지 기분이 울적했다. 그런데 어쩐지 소리가 내 방에서 들리는 것 같았다. 무언가 작게 톡톡 치는 소리다. 손으로 이불을 걷고 상체만 일으켜 세웠다. 좀 더 자세히 들어 보니 내 침대 옆에 있는 창문 쪽에서 들리는 느낌이었다. 펼쳐져 있는 커튼을 젖혔다. 3층에서 언덕 쪽으로 나 있는 방이니 당연히 창밖에는 아무도 없었다. 하지만 분명 창문을 톡톡 치는 소리가 계속해서 들려왔다. 조금 밑 부분에서 들리는 것 같아 슬며시 아래쪽을 봤는데 매우 놀라운 장면이 눈에 들어왔다. 흰색과 검은색이 섞인, 윤이 나는 털을 가진 까치 두 마리가 나란히 서서 부리로 창문을 두드리고 있었다. 먹을 게 있는 것도 아닌데 계속해서 이러고 있는 건 단순한 우연은 아닐 터였다. 나는 조심스럽게 창문을 왼쪽으로 열었다. 두 마리 까치들의 눈이 나를 뚫어져라 쳐다보는 느낌이 들었다.

"희한한 녀석들이네. 여기에 뭐 먹을 게 있다고 창문을 두드리는 거지?"

"당신이 박찬수 씨인가요?"

난 잠시 동안 아무 말도 할 수가 없었다. 눈만 커진 채 지금 상황을 정리하려고 머리를 굴려 보았지만 몸살 때문인지 제대로 생각할 수가 없었다. 다시 몇 초 동안 가만히 까치들을 보고 있자, 오른쪽에 있는 녀석이 다시 말을 하기 시작했다.

"네 이름이 박찬수가 맞는지 물어보고 있잖아. 어디 아프냐?"

"당신은 좀 가만히 있어. 저기, 박찬수 씨 맞죠?"

오른쪽 까치는 경상도 사투리를 쓰는 것 같았다. 나도 창원 출신이라 그런지 경상도 말이 반갑게 느껴졌다. 하지만 이내 그것보단 다른 게 더 중요하다는 걸 떠올렸다.

"까치가 말을 하노? 내가 아파서 머리가 이상하게 된 건가?"

"아니요, 저희가 특별한 겁니다. 어찌 되었든 박찬수 씨 맞죠?"

"아, 어. 일단 맞다."

왼쪽 까치가 정중하게 높임말을 써도 난 반말이 툭 튀어나왔다. 날아다니는 새랑 이야기하는 것도 상당히 이상한 일인데, 굳이 말을 높일 것까지는 없다고 생각했다. 그보다 엄청 작은 새한테 높임말을 하는 게 순간적으로 싫었다.

"저희는 전국 각지를 돌며 사람들에게 말을 전해 주는 새입니다. 이쪽은 제 아내구요. 얼마 전에 남쪽 지방을 돌다가 우연히 찬수 씨 아버님을 뵌 적이 있습니다. 아버님 성함이 박철호 씨 되시죠?"

"어. 우리 아버지 성함 맞다."

정말 이상한 까치였다. 겨우 몇 마디 들었을 뿐인데 매우 격식을 차린 새처럼 보였다.

"그나저나 우리 아버지를 만났다고? 그럼 너희들이 창원에 갔다 온 거냐?"

"그래, 인간아. 너 때문에 쉬지도 못하고 날아왔어. 거기서 여기 대전까지. 거참, 아버지 쪽은 좀 괜찮아 보이던데 아들은 몰골이 왜 이래? 오늘 안 씻었냐?"

"당신은 쓸데없는 말 좀 하지 마. 몸 아파 보이는 거 뻔히 알면서 사람 화 돋울 일 있어? 내가 얘기할게."

시비를 거는 듯한 까치 때문에 기분이 언짢았는데, 남편 까치가 내가 하고 싶은 말을 다 해 주니 나에게 시비조로 말한 까치는 무시하고 넘겼다.

"그런데 우리 아버지도 니들 보고 놀라지 않더냐? 아니, 그게 중요한 게 아니지. 우리 아버지 만나고 왜 나한테 왔냐?"

"저희 부부가 배고파서 먹을 것을 찾던 와중에 찬수 씨 아버님께 식사 대접을 받았습니다. 작게나마 그 감사함에 보답하고자 아버님의 부탁을 받고 이곳으로 날아왔지요."

"아버지가 부탁하신 게 있나?"

"아들과 대화를 나눈 지 꽤 오래되었다고 하시며 편지를 적어 주셨습니다. 제가 읊어 드리겠습니다."

생각해 보니 아버지께 연락을 드린 지 정말 꽤 지난 것 같다. 저번 방학이 시작되면서부터 이것저것 일을 벌여놓은 데다가 개강 후 과제나 사람들에 치여 살다보니 자연스럽게 집 생각에 소홀해진 것 같다.

"그런데, 편지라면서? 너한테 그런 건 안 보이는데?"

"이이가 우리 새들 중에서도 천재야. 무거운 것 들고 올 필요가 전혀 없지!"

"종이를 직접 몸에 이고 오는 것은 아무래도 힘들 것 같아, 편지의 내용을 외워 왔습니다. 글자 그대로 읊어 드리지요."

까치가 그 작은 머리로 글을 외우는 게 훨씬 더 힘들 것이라 순간 생각했지만, 어찌되었든 들어 보기로 하였다.

"찬수야. 잘 지내고 있나? 너는 어찌된 게 아빠한테 몇 개월 동안 연락 한 번 없노? 전화기가 없으니 옆집 아저씨한테 전화하라고 한 거 잊어 버렸나보네? 그나저나 힘든 건 없나? 아빠는 잘 지내고 있다. 네 엄마가 하늘로 떠난 지 꽤 되었지? 아빠는 요새 농사도 잘 안 되고 해서 그냥 동네 아저씨들하고 재밌게 지내고 있다. 불편한 건 없으니 걱정하지 마라. 네가 벌써 그 학교 들어간 지 2년 다 되어 가나? 처음에 이 시골 촌구석에서 그렇게 대단한 데 합격해서 동네가 난리가 났었제. 네가 내 자랑하는 보물이다. 학교에서 할 게 많제? 그래도 좀 쉬면서 해라. 친구들하고 술도 좀 마시고. 거 공부만 죽어라 할라고 들어간 거 아니지 않느냐. 성적 좀 안 좋아도 아빠는 전혀 신경 안 쓴다. 그냥 하고 싶은 거 하면서 지내라. 등록금도 안 나오고 생활비도 조금 준다면서? 아빠가 네 통장에 푼돈이라도 조금씩 넣고 있으니 맛있는 거 사먹고 그래라.

그리고 친구들이랑 꼭 사이좋게 지내라. 네가 어릴 때부터 좀 내성적이지 않았냐. 평소보다 호탕하게 웃고 선후배건 친구건 밝은 얼굴로 대하고. 그 기숙사에서 문제는 없제? 같이 사는 친구랑 말도 많이 섞고 그래라. 그리고 누가 너한테 좀 짜증나게 하는 일이 생겨도 화내지 말고 넓은 마음으로 웃어넘겨라. 아빠가 살아보니까 그렇더라. 사람이 여유가 없고 작은 일에 너무 몰두하면 도량이 좁아지고 쉽게 성내게 되더라. 그러면 결국 자기만 크게 손해 보는 거야. 네가 속으로 좀 화를 삭이는 편이제? 그게 몸에 정말 안 좋으니깐 크게 멀리 바라보고 둥글둥글하게 살도록 노력해 봐라.

그리고 할머니한테도 가끔 연락 좀 하고 그래라. 그래도 니가 할머니한테 제일 귀여움 받고 자란 손자다. 할머니도 요즘 쓸쓸하신 것 같더라. 손자가 먼저 전화하고 찾아뵙고 하면 할머니가 엄청 기뻐하실 거다. 오는 게 힘드니 전화라도 드려라.

아빠도 몸이 좀 괜찮아지면 농사는 아예 접어버리고 소일거리라도 찾아봐야겠다. 지금도 크게 문제는 없다만 아들 녀석이 좋은 대학교에서 열심히 살고 있는데 아비가 놀아서야 되겠냐. 이 편지 받으면 연락이라도 좀 다오 먼저."

"……."

까치의 부리에서 나오는 목소리가 마치 아버지의 목소리처럼 들렸다. 돌이켜 보니 집 생각을 안 한지 상당히 오래된 것 같았다. 초등학교에 입학한 기념으로 아버지, 어머니와 놀이공원에 갔던 일, 농사하시는 걸 어린 마음에 도와주려다가 망쳐서 혼났던 일, 중학생이 되어서 교복을 새로 맞췄을 때 아버지께서 요즘 학교 옷은 너무 괜찮은 것 같다며 한 번만 입어 보자고 하셔서 어머니가 화내셨던 기억, 그리고 어머니가 돌아가셨을 때 너무나도 슬퍼하며 펑펑 우셨던 아버지를 보며 나라도 공부를 잘해서 아버지의 어두운 마음을 날려 버려야겠다고 다짐했던 일 같은 추억들이 갑자기 머릿속에서 홍수처럼 쏟아져 나왔다. 언제부터 잊고 살았는지 정말 후회가 되었다. 그렇게 생각하다 보니 내 앞에 있는 이 예쁜 까치들이 너무나도 고마웠다.

"저희 부부는 종종 사람 간의 대화를 전해 주곤 합니다. 찬수 씨는 전혀 고마워하실 필요가 없습니다. 이런 낙으로 전국을 누비며 여행하고 있는 것이니까요."

내가 감사하고 있다는 걸 미리 안 것인지 우연인지는 모르겠지만, 이렇게 저 옛날의 추억들을 머릿속 깊은 곳에서 끄집어내 준 까치들을 그냥 지나칠 순 없었다. 무언가 먹을 것이라도 주려고 하는데, 갑자기 어디선가 기타 소리가 들려왔다. 먹을 것을 찾아 건네려고 돌아보는데 까치들은 없고 창문은 닫혀 있었다.

어느새 내 머리는 베개 위에 놓여 있었다. 슬며시 몸을 일으켜 책상에 있는 시계를 쳐다보았다. 시곗바늘은 오후 6시를 조금 넘기고 있었다. 여전히 기타 소리는 들려오고 있었다. 몸이 아까보다는 훨씬 나아진 듯 했다. 감기 몸살이 이렇게 빨리 나을 수도 있구나 하고 생각하며 까치가 전한 아버지의 편지를 떠올렸다. 연락을 자주 하지 못해 죄송하다는 말부터 하고 싶다. 할머니께도 꼭 전화를 드려야겠다.

옆에 전원이 켜져 있는 컴퓨터를 쳐다보았다. 책상 앞 의자에서 일어난 지 몇 시간밖에 지나지 않았는데, 아까 전과는 다르게 가슴 속의 조급함이 사라졌다. 기타 소리도 전혀 다른 느낌으로 다가왔다. 혹시 하늘에 계신 어머니가 나를 보고 안쓰러워서 까치를 보내어 나에게 이런 메시지를 전한 건 아닐까라는 다소 어이없는 생각까지 들었다.

침대에서 내려와 뻐근한 몸을 풀고 모니터를 껐다. 배에서 꼬르륵거리는 소리가 났다. 그제서야 점심을 먹지 않았다는 것을 깨달았다. 화장실에 들어가 세수를 하고 거울에 비친 내 얼굴을 보았다. 평소에 보이던 불편한 인상이 없어진 것을 보니 지금 내 마음이 거짓은 아닌가보다. 휴대폰에 룸메이트가 기숙사로 올라오고 있다며 곧 도착한다는 문자가 떠 있다. 오늘 저녁은 오랜만에 이 녀석과 같이 먹어야겠다. 그 전에 아버지께 전화를 드려야겠다는 생각에 옆집 아저씨의 전화번호를 찾아 통화 버튼을 눌렀다. 반갑다고 껄껄 웃으시는 아저씨의 음성이 들렸다. 아버지를 불러 올 테니 잠깐 기다리라고 하신다. 아버지의 목소리를 기다리며 창문 밖을 보니, 까치 두 마리가 앞쪽으로 유유히 날아가고 있었다.

5층 테라스 이야기

_ 생명화학공학과 09 임은지

　저녁을 먹고 방에 들어와 어질러진 물건들을 정리한다. 나에게 목요일 저녁 시간은 한 주를 정리하는 시간이다. 정리를 끝내고 잠시 침대에 걸터앉아 멍하니 바닥을 내려다보다가 책상 앞 의자에 앉았다. 그렇게 의자에 기대어 작은 숨을 내뱉고서는 노트북을 켠다. 별다른 의미 없이 반복적인 몇 가지 할 일들을 한 후 노트북을 닫는다. 적당히 따뜻한 후드 티셔츠를 걸치고 MP3를 집어 든 나는 기숙사 5층 테라스로 간다. 테라스 난간에 기대고는 이어폰을 꽂는다. 이제는 이곳에 혼자 와 있는 것에 익숙해졌다.

　그녀는 떠났다. 하지만 이렇게 유난히 별빛이 많이 비추는 밤에는 아직 그녀와 함께 있는 것 같은 느낌이 든다.

　그녀를 만난 건 기억이 가물가물할 정도로 오래 전의 일이다. 그녀는 그곳에서 나를 처음 만나기 전에도 가끔 기숙사에서 본 적이 있다고 말했다. 내가 잘 기억나지 않는다고 말했을 때, 그녀는 아마 자신은 지나치는 사람들의 느낌을 잘 기억하기 때문이라고 했다. 그리고 그런 기억들은 그녀를 꽤나 힘들게 하는 한 가지라고 말했다. 그녀는 서글퍼 보였다. 나는 그녀가 기억하는 나의 느낌이 무엇인지 궁금했지만 묻지는 않았다.

당시 나는 입학하고 최신식 1인실 기숙사를 사용했었다. 가격이 상대적으로 많이 비싸서 내 돈을 보태가면서 신청한 이곳은 카이스트 호텔이라는 별칭처럼 꽤 괜찮은 시설을 갖추고 있었다. 무엇보다 잠자는 시간을 방해받지 않아도 된다는 것이 내게는 무척 소중한 일이었다. 룸메이트와 함께 방을 썼던 이전 기숙사에서의 생활은 활기차고 즐거웠다. 그러나 생활 패턴이 달라서 생기는 상황들은 몸과 마음 모두를 지치게 만들기에 쉬운 조건이었다.

1인실에서 살게 된 처음 몇 주간은 혼자만의 공간에서 그야말로 나만의 생활을 누리며 사는 행복에 젖어 있었다. 다만, 얼마간의 시간이 지난 후 다시 찾아온 불면증이 문제였다. 꼭 룸메이트 때문에 잠을 제대로 못 잔 것이 아니라는 건 나도 알고 있었다. 그렇지만 혼자 살게 되면서 누릴 수 있을 거라 기대했던 편안한 잠자리의 행복이 막상 이렇게 짧게 끝나 버리고 나니 이유 없는 답답함과 짜증이 밀려왔다.

생각이 너무 많았다. 어떤 생각이 시작되면 내 머리가 지치거나 마음이 지쳐 버려서 정신을 놓아 버릴 때까지 생각을 해야 했다. 그래야만 잠이 들 수 있었다. 이유를 알 수도 없는 꼬리에 꼬리를 물어가는 생각으로 잠들지 못하는 일들이 반복되었다. 이제는 그렇게 잠들지 못하는 밤에도 어느 정도는 익숙해져 버렸다. 분명 이유가 있을 것임에도 나는 어떤 것이 나를 죄고 있는 것인지 정확히 알지 못했다.

그렇게 잠들지 못하고 뒤척이다 어스름한 새벽이 되었을 때야 지쳐 잠드는 날들이 반복되던 어느 늦은 새벽. 이불을 걷어 버리고 겉옷을 집어 들고는 5층으로 올라갔다. 그리고 그날, 그곳에서 그녀를 만났다.

5층 테라스에 처음 간 건 2학년 봄이었다. 당시 함께 수업을 들으면서 많은 이야기를 나눴던 한 동생이 지금 내가 살고 있는 기숙사에 살고 있었다. 우리와는 상관없는 벚꽃만 잔뜩 피어 있던 따분한 축제 기간. 우리는 '치맥'과 함께 동생의 방에서 영화 〈이터널 선샤인〉을 보며 우리 나름의 봄을 즐겼다. 영화가 끝나고 동생은 나에게 보여 주고 싶은 것이 있다며 나를 끌고 갔다. 동생이 사는 기숙사 동 5층에는 작지만 아담한 테

우리의 공간, 5층 테라스.

라스가 있었다. 이곳은 복도에서 문을 열고 나가면 바람을 쐴 수 있는 공간이었다. 불안한 바닥 생김새에 겁이 나서 바닥만 쳐다보다 난간을 잡고서 고개를 올려다 본 야경은 탄성이 나올 정도로 아름다웠다.

층이 낮은 기숙사의 창문들과 멀리 있는 층이 높은 기숙사의 창문들이 빛을 내자 빛나는 작은 상자처럼 보였다. 그리고 그 위에는 희미하게나마 자기 빛을 내고 있는 별들이 그 상자들로 인해 빛을 모두 잃지 않기 위해 안간힘을 쓰고 있었다. 기숙사 옆을 따라 나 있는 도로에는 아무도 지나다니지 않았다. 적막함이 목에 차오를 정도로 조용한 그곳에서 동생은 내가 이것 때문에 자신을 싫어하지 않았으면 좋겠다고 하면서 담배를 피웠다.

그 동생이 휴학을 하고 꽤 오랜 시간이 지날 동안, 심지어 이 기숙

사에 방을 얻고서도 한 번도 생각나지 않았던 5층 테라스가 갑작스럽게 생각난 순간은 정확히 기억나지 않는다. 무엇 때문이었을까? 문득 한순간의 반짝이던 기억을 심어 준 그 장면이 떠올라 나는 5층, 그 테라스로 서둘러 올라갔다.

그곳에서 처음 그녀를 만났을 때 우리는 그저 마주쳤을 뿐이었다. 새벽 4시, 늦은 시간이라 내색은 하지 않았지만 조금 놀라기도 했다. 나만 찾는다고 생각했던 장소에서 다른 사람이 있는 것을 보니 왠지 혼자만의 무언가를 빼앗긴 서운함도 느꼈다. 나만 알고 좋아하던, 그런 줄 알고 있던 작가의 책이 어느 날 베스트셀러가 되었을 때 느끼는 배신감 같은. 그렇게 그녀를 처음 만난 날 그녀는 나만의 공간에 침범한 한 여자에 불과했다. 그녀가 돌아가고서 5층 테라스의 야경이 다시 나만의 것이 됐을 때만 해도 나는 그녀와 그렇게 자주 마주치게 될 것이라고는 생각하지 않았다.

그날 이후, 나는 잠이 오지 않을 때면 종종 5층 테라스로 올라갔다. 내가 테라스로 향하는 시각은 불규칙했다. 하지만 나는 꽤 자주 그녀를 만났다. 5층 테라스를 오가는 길목에서 우리는 약속한 것처럼 엇갈려 서로를 지나쳤다. 테라스를 떠나는 그녀에게는 늘 담배 냄새가 묻어 있었다.

그렇게 몇 주가 지났다. 과제를 하다가 새벽 2시가 돼서야 잠을 청했지만 뒤엉킨 생각들 때문에 어김없이 잠이 들지 않던 깊은 새벽, 나는 다시 5층 테라스로 향했다. 누군가가 난간에 기대어 밖을 바라보고 있었다. 빛을 비추는 창문 때문에 누군지 잘 볼 수는 없었지만 예상했던 대로 그녀였다. 순간 고민을 했지만 그냥 문을 열고 나갔다. 그녀도 예상을 했을까? 소리가 났을 텐데 그녀는 돌아보지 않았다. 여느 때처럼 그녀는 담배를 피우고 있었다. 물론 이전까지 그녀가 담배를 피우는 걸 직접 본 적은 한 번도 없었다. 종종 마주쳤음에도 그녀가 담배를 피우기 전이나 피우고 난 후에야 그녀를 봤으니까.

나는 그녀가 기대어 있는 쪽의 반대편 난간에 기대어 그녀가 보는 것과 같은 방향을 바라봤다. 그날은 너무 많은 소리들에 시달렸던 하루였기에 MP3도 들고 가지 않은 날이었다. 적막이 커다란 공기 덩어리가 되어 그녀와 나를 둘러쌌다. 꽤 오랫동안 우리는 말없이 서 있었다. 하지만 그 짧지 않은 침묵이 왠지 불편하지 않았다. 마치 그녀와 내가 서로가 존재하지 않는 각자의 공간에서 각자의 시간을 보내고 있는 느낌이었다. 그 묘한 침묵을 먼저 깬 것은 그녀였다.

"담배 한 대 필래요?"

그녀의 얼굴을 본 것은 그때가 처음이었다. 나는 그녀의 얼굴에 대해서는 어떤 인상도 기억하고 있지 않았다. 그녀는 생각보다 야무진 인상을 가지고 있었다. 물론 그녀의 얼굴을 생각해 본 적은 없지만 무의식중에 있던 그녀의 이미지와는 다르게 말이다. 나이는 나보다 많아 보였다. 나이가 들어 보이는 얼굴은 아니었지만 그럼에도 확실하게 그런 느낌을 주는 사람들이 있다. 이목구비가 그리 크지는 않았지만 얼굴 크기에 비해서 적당한 크기였고, 오목조목 자기 자리를 잡고 있어서 나이 들면 참 곱게 늙었다는 이야기를 들을 것 같은 얼굴이었다. 그녀는 차갑다고 할 수는 없어도 따뜻함보단 차가움에 가까운 인상을 주었다. 그녀는 담뱃갑에서 담배 하나를 꺼내 나에게 내밀었다.

"아니요, 담배는 안 펴서요."

"그럼, 저 한 대만 더 필게요."

담배는 피지 않는다는 말에 그녀는 아쉬움과 안도가 섞인 애매한 표정을 짓고는 내게 건네려던 담배를 도로 가져가 물었다. 그녀는 가볍게 한 모금 내뱉고서 다시 말을 건넸다.

"여기 자주 오죠?"

"네, 예뻐서요. 조용하기도 하고."

"왜 이렇게 늦은 시간에 차가운 데 나와요? 아, 4시면 이른 시간이라고 해야 하나?"

그 말을 하면서 그녀는 살짝 미소를 지었다. 갑자기 그녀의 얼굴에 온기가 퍼지는 느낌이었다. 나는 잠이 들지 못한 시간을 채우기 위해서 이곳에 온다. 그리고 그건 내가 묻고 싶었던 말이었다.

"나는 이 시간이 좋아요. 온전히 나를 가질 수 있는 시간 같아서. 뭐, 나도 그쪽처럼 잠이 들지 못해서 오는 것도 있지만요."

무슨 말을 더 해야 할지 몰랐다. 하지만 잠이 들지 못한다는 것에 대해 어떤 공감을 할 수 있을 것 같다는 생각이 들었다.

"불면증 있으세요?"

"이런 게 불면증인 건가? 그냥 생각이 많아요. 스트레스가 많은 걸지도."

"뭐 고민이라도 있으신 거예요?"

"글쎄요. 뭘 고민하고 있는 건지를 모르겠다고 해야 하나?"

나의 질문에 가볍게 웃으며 그렇게 대답한 그녀는 더 이상 아무 말도 하지 않았다.

나 역시 아무 말도 하지 않았다. 사실 불면증이란 건 우리 학교 사람들에게는 특별한 일은 아니었다. 수많은 사람들이 시험 기간이 아닐지라도 각자의 이유로 잠 못 이루는 밤을 지새우곤 하니까. 단지 우리에겐 그런 밤이 너무 많은 것뿐. 그녀가 담배를 마저 피우는 동안 우리는 아무런 이야기 없이 다시 각자의 공간으로 돌아갔고, 그녀가 또 보자는 인사와 함께 떠나고서도 나는 테라스에 조금 더 머물렀다. 그녀와의 짧은 만남이 오늘로 끝나지는 않을 것 같다는 생각이 들었다.

끊임없는 조 모임과 발표, 그리고 본격적으로 연습반이 시작된 정신없는 일주일이 지나고 여유를 되찾은 날, 잠들어 있기 보다는 깨어 있는 날이 많은 그 새벽 시간이 돌아왔다. 테라스 문을 여는 순간 오늘은 그녀가 없네, 하는 생각이 들었다. 혼자서 음악을 들으면서 난간에 기대어 서 있는데 그녀가 테라스 문을 열고 들어왔다. 들어오는 그녀와 잠시 눈인사를 한 후, 나는 다시 나의 공간으로 들어섰다. 그녀는 여전히 따뜻하지 못한 얼굴로 담배를 꺼내 물었다. 잠시 아무 말 없이 서 있던 그녀가 갑작스런 질문을 던졌다.

"그쪽은 꿈이 있어요?"

예상치 못한 질문에 나는 어떻게 말해야 할지 몰랐다. 그녀의 얼굴이 갑자기 쓸쓸해 보여서 어떤 답을 해야 하는 건지 더 고민이 되었다.

"아직 잘 모르겠어요. 어떤 일을 하면서 살지는 아직 찾고 있는 중이에요."

"나도 그런데. 하고 싶은 건 있어요?"

"음, 그것도 잘 모르겠네요. 하고 싶어도 잘할 자신이 있는 게 없더라고요."

"그렇죠. 좋아하는 거랑 잘하는 건 다르니까."

어떻게 답을 해야 할지 몰라 대충 넘겨보던 나는 그녀의 질문에 소홀하게 답을 해서는 안 될 것 같다는 생각이 들었다. 그건 아마 그녀의 말에서 느껴졌던 슬픔 때문이었던 것 같다.

"하지만 꿈은 있어요."

"꿈?"

"저는 학교를 세울 거예요."

"어떤 학교요?"

"진짜 교육을 하는 학교요."

"진짜 교육…… 그렇구나. 멋지네요."

"그쪽은요? 꿈 없어요?"

"나는 잘 모르겠어요."

"하고 싶은 게 딱히 없으신 거예요?"

"하고 싶은 건 있어요. 아니다, 있었다고 해야겠네."

"뭐요?"

"글 쓰는 거."

"어, 글 쓰시는구나."

"그냥 조금씩요. 좋아했으니까."

"지금은요?"

그녀는 바로 답을 하지 않았다. 그녀는 담배를 두 모금 정도를 뱉고서야 말했다.

"글 쓰는 거. 좋아해요. 그런데 이제는 다시 쓸 자신이 없네요."

그녀와 이야기를 하게 된 그즈음의 나는 꿈에 대한 생각을 하고 있었다. 꽤 심각하게. 직업 따위가 꿈이 될 수는 없었다. 직업은 꿈을 이루기 위한 과정에서 수단이 되어 주는 것일 뿐이라고 생각했다. 나는 원래 의사를 하고 싶은 아이였다. 혹은 교사를 해도 좋을 거라고 생각했다. 그런데 고등학교 3학년이 되면서 나는 내가 가진 그 꿈이라는 직업들에 회의를 느꼈다. 게다가 나는 누구도 요구하지 않은 어떤 사명감에 휩싸여 있었다. 마치 누가 강요한 것처럼 말이다. 문제는 그런 사명감이라고 하는 것이 나를 답답하게 만드는 어떤 족쇄 같다는 생각이 든다는 것이었다. 생각을 하면 할수록 더 혼란스러워지기만 했다. 그때 내가 얻은 생각 하나가 이것이었다. 꿈은 직업이 아닌 인생의 목표가 되어야 한다고.

그녀는 내게 꿈이 있느냐고 물었고, 그녀는 꿈을 잃어버렸다고 했다. 고등학교 시절, 그녀와 그녀의 친구는 글을 쓰는 것을 좋아했다. 그들은 서로의 글에 대해 함께 이야기하고, 글을 통해 서로를 이해하는 사이였다. 서로의 아픔을 보듬어 주기도 하고 때로는 잘못된 생각을 질책하기도 하면서 그들은 꿈을 함께 키워갔다. 그렇게 둘은 서로를 발전시켜 나갔고, 서로 주거니 받거니 하듯 글쓰기 대회에서 함께 상을 타곤 했다. 그녀는 그녀의 친구가 우울증이 있다는 것을 알고 있었다. 그런 감성은 어떻게든 글에 드러나기 마련이니까. 그녀는 그녀의 친구를 위로하고 싶었다. 하지만 그녀의 친구는 그녀의 가족이 모두 스스로의 목숨을 끊게 만든 선천적인 우울증에서 벗어나지 못했다. 글을 쓰며 얻는 위로조차 그녀의 친구를 스스로의 죽음에서 끝까지 지켜주지는 못했다. 그렇게 우울증이라는 것이 그녀에게서 친구를 빼앗아갔다.

친구의 죽음과 함께 그 친구의 우울증은 그녀에게로 옮겨왔다. 그녀는 그녀의 친구만큼 아픈 것은 아니었다. 하지만 여린 감성을 지니고 있던 그녀에게 우울증은 자잘한 금들이 수없이 가 있는 유리병을 힘 줘서 누르는 것과 같았다. 소중한 사람을 지키지 못했다는 생각은 그녀에게 큰 상처가 되었다. 공감을 해 줄 수 있는 사람도 적었다. 그녀는 언젠가부터 이 이야기를 누구에게도 하지 않게 됐다. 그리고 그녀의 친구가 떠난 그날 이후, 그녀는 백지 위에 글을 쓰려고 하거나 아무 글자도 없는 컴퓨터 빈 화면의 깜박이는 커서를 보고 있으면 구역질이 났다. 글을 쓸 수가 없었다.

　어느 정도 시간이 지나자 일상적인 글쓰기는 할 수 있게 되었다. 하지만 그녀는 더 이상 글을 쓰지 않기로 했다. 그녀의 글을 읽고 그녀와 온전하게 공감을 해 줄 수 있는 사람이 더는 존재하지 않았다. 그녀의 글은 태어나는 의미가 사그라져 버렸다. 그녀는 그렇다고 여겼다. 그만큼 그 친구의 빈자리는 컸다. 그녀는 글쓰기에 미련을 버리려고 아예 이과로 전향을 했고, 쓸데없는 생각을 하지 않기 위해 공부만 했다. 미친 듯이. 그렇게 여기까지 오게 됐지만 여전히 이곳에서 새롭게 하고 싶은 일은 찾지 못했다. 글 쓰는 게 아직 좋으면 글을 쓰면 되지 않느냐는 말에 그녀는 너무 멀리 와 있는 것 같다고 했다. 그녀는 다시 글을 쓰겠다고 했을 때 주변에서 보일 반응이 두려웠다. 자신도 없었다. 좋아한다는 이유만으로 다시 돌아가서 이미 제대로 공부하고 있는 다른 사람들에게 뒤처지는 것을 견딜 용기도 없었다. 더욱이 혼자서는. 이야기를 하는 그녀는 눈물을 글썽이지도 슬픈 표정을 짓지도 않았다. 다만 멀리 있는 아파트를 바라보고 있는 그녀의 눈이 공허하다는 생각이 들었다.

　그녀는 내게 멋대로 이런 얘기를 해서 미안하다고 했다. 사실 그랬다. 그녀가 왜 내게 이런 이야기를 하는지도 모른 채 나는 그냥 그녀의 이야기를 듣고 있었다.

　"그런데 다른 사람한테는 안 하게 된 얘기를 왜 저한테 해 주시는 거예요?"

　"아, 실은 그 쪽이 쓴 글을 봐 버렸거든요. 민, 맞죠? 예쁜 이름이라 기억해요."

　얼마 전, 제출했던 글쓰기 과제를 받아 가던 길에 흘린 적이 있다.

사감실 앞 게시판에 이름이 적혀 있기에 찾아갔는데, 알고 보니 그게 그녀가 사감실에 가져다 둔 것이었단다. 그녀는 익숙한 뒷모습이 종이를 떨어뜨리고 가기에 주워서 주려고 했지만 내가 어딘가 급하게 가 버렸고 테라스에, 그것도 늦은 새벽에 자주 나타나는 내가 어떤 글을 쓸까 궁금하기도 해서 그 글을 읽어 봤다고, 미안하다고 했다. 그녀는 나의 글을 멋대로 보고 나에 대해 알아버렸으니 자신도 자신의 이야기를 해야 할 것 같았다고 했다.

나는 방에 돌아와 옷도 벗지 않고 침대에 누워버렸다. 그녀가 했던 이야기와 내가 썼던 글에 대해 생각했다. 그녀가 읽었다는 나의 글은 나의 첫사랑에 대한 이야기였다. 갑자기 민망함이 몰려왔다. 글을 잘 쓴다는 그녀가 나의 솜씨 없는 글을 읽었다는 생각에, 그리고 뭔가 나의 비밀을 들켜 버린 것 같다는 생각에 부끄러웠다. 누군가에게 쉽게 보여줄 아픔은 아니었으니까. 그저 지나쳐 가는 사이였던 우리는 그렇게 서로에 대해 갑작스럽게 많은 것을 알아버린, 5층 테라스를 공유하는 관계가 되어 버렸다.

며칠 후, 여전히 깊은 새벽. 나는 방에서 맥주 두 캔을 가져와서 담배를 피우는 그녀에게 하나를 건넸다.

"웬 맥주?"

"오늘은 내 얘기를 하려고요. 들어줄 거죠?"

대학 1학년, 나는 처음으로 연애를 했다. 나는 그의 첫사랑은 아니었다. 하지만 그는 나의 첫사람이었다. 그는 생각이 많았다. 생각을 얕게 하는 사람도 아니었지만 그는 상처가 많은 사람이었다. 그 상처 받은 기억으로 스스로를 옭아매는 사람이었다. 그는 자신의 상처를 감싸주지 못하고 도리어 또 다른 상처를 주고 마는 나를 질책할 때 '그 상처'에 관한 이야기를 했다. 그러나 끝까지 그 상처가 무엇이었는지는 내게 말해 주지 않았다. 나는 그의 이야기가 듣고 싶었기에, 나의 이야기를 했다. 그렇지만 자신을 감추고 있는 그에게 나 역시 나의 모든 것을 내어 줄 수는 없었다. 우리는 그렇게 조금씩 각자의 깊은 상처를 감추고 서로에게 새로운 상처를 주었고, 결국 곪아버린 상처를 안고 각자의 길로 돌아가게 되었다.

그와 헤어진 후 나는 혼자서 첫사랑에 대한 집착을 버리지 못했다. 첫사랑에 대한 기억들로 다른 사람에게 마음을 줄 수 없었다. 그러다 보니 나는 누구에게도 마음을 주지 못하는 사람이 되었고, 그 어느 때보다 외로운 시간을 보내게 되었다. 극심한 외로움은 사람이 사소한 것에 민감하게 만들고, 그에 쓸데없이 과도한 신경을 쓰도록 한다. 그렇게 많은 생각을 하니 잠을 이루지 못하는 밤은 많아질 수밖에 없었다.

"그냥 이런 얘기였어요. 그 글도."

"많이 좋아했구나."

"처음으로 전부 다 주고 싶었던 사람이니까요. 언니한테 그 친구도 그런 사람이었어요?"

"그랬지. 꿈을 나눈 사람이었으니까."

"언니도 많이 사랑했나 보다."

"아마도. 응, 그랬어."

그날 이후, 5층 테라스는 우리의 이야기 터가 되었다. 우리는 중간고사 기간에도 5층 테라스의 담화를 계속했다. 우리는 종종 테라스가 아닌 학교의 다른 곳에서 마주치기도 했다. 하지만 그럴 때는 긴 이야기는 하지 않았다. 우리는 서로의 호실도 몰랐다. 알려고 하지 않았다. 그건 우리의 공간의 의미를 잃지 않기 위해 서로가 말없이 지키는 예의 같은 것이었다. 우리는 말도 안 되게 과제를 내 주시는 교수님을 욕하기도 하고, 서로 좋아하는 인디 밴드 이야기도 했다.

중간고사를 보고 나서는 휴학을 해야 하나 하며 엄살을 부리다가도 우리가 휴학을 해선 안 되는 이유와 우리가 지금 왜 이렇게 애태우며 공부를 하고 있는 것인지에 대해 열을 내며 서로에게 성토를 하기도 했다. 일단 우리는 지금의 위치에서 최선을 다하는 것이 필요했다. 우리의 결론은 그랬다. 그렇게 우리의 중간고사 기간은 어느 때보다 힘들었지만 그 어느 때보다 충만하게 흘러갔다.

중간고사가 끝나고 늦가을의 차가운 비가 내리던 날. 감기에 걸려 연습반 퀴즈 준비도 하지 못한 채 병원을 다녀오던 길목에서 한 여자와 함께 걸어가고 있는 그를 봤다. 갑자기 가슴이 먹먹해지면서 왈칵 눈물이 났다. 나는 서둘러 방으로 돌아왔다. 이제는 어느 정도 잊었다고 생각했는데 그게 아니었던 걸까. 펑펑 울다가 약 기운에 어느새 잠이 들었던 모양이다. 새벽 3시에 눈을 떴다. 통통 부은 얼굴로 5층 테라스에 갔다. 오늘은 그녀가 없었다. 위로 받고 싶던 마음을 혼자 접으려니 또 눈물이 났다. 찔끔찔끔 흐르는 눈물을 닦아내고 있는데 그녀가 왔다. 부어 있는 내 얼굴을 보고 놀란 그녀에게 오늘 있었던 일을 이야기했다. 담배에 불을 붙이려다 말고 그녀가 얘기했다.

"잊는다는 건 거짓말이야."

그녀는 에잇, 하면서 잠시 한숨을 쉬더니 담배를 도로 집어넣고 나를 보고 말했다.

"나도 내 친구를 잊으려고 애를 썼었어. 너무 힘들어서. 계속 슬퍼지기만 해서 빨리 그 친구를 잊어야 한다고 생각했어. 그런데 그게 아니더라. 잊는다는 건 있을 수 없는 일이더라고. 그렇게 소중했던 사람을 잊는 건 그래. 있을 수가 없는 일이지. 그건 자신을 속이는 일인 거야. 단지 자주 꺼내지 않는 기억들 속에 덮어놓으려고 애를 쓰고 있는 거지. 그런데 그럴수록 가끔씩 떠오르는 기억은 너무 강한 힘을 지니고 있어서 더 선명해지고 말아. 그렇지 않아?"

그녀의 말이 맞았다. 나는 그를 잊고 싶었다. 그를 잊으면서 나의 잘못들을 잊고 싶었다. 나는 잊으려고 했기 때문에, 잊는다는 건 있을 수 없는 일이기에, 나는 그를 온전히 마음에서 보내지 못했다.

"잊는다는 건 거짓말이야. 애쓰지 마. 그래야 정말 오래된 기억으로, 그래도 나중에 생각했을 땐 예쁠 수 있는 추억으로 만들 수 있어. 나도 잘하고 있지는 못하지만."

그녀는 담담하게 말했지만 그녀가 그 친구를 떠올리고 있다는 건 알 수 있었다. 그녀는 오늘은 그냥 자야겠다며 담배를 도로 집어넣고서 먼저 방으로 돌아갔다.

가을의 기운이 저물고 어느덧 겨울이 다가오고 있었다. 유난히 별이 밝던 밤. 그녀는 그녀의 담배를, 나는 그녀에게서 담배를 한 대 얻어 피우면서 그녀와 나의 우울한 감성에 대해 이야기했다. 우리가 찾은 우리의 공통점은 그녀와 나 모두 우울한 감성을 지니고 있다는 것이었다. 그건 각자의 글에서 찾아볼 수 있는 면모였다. 그녀의 친구가 유전적인 우울증을 갖고 있었던 것처럼 우리는 선천적인지 후천적인지는 알 수 없는 우울한 감성이라는 것이 우리 안에 있는 것을 알았다. 특별할 건 없었다. 그냥 우리는 조금 더 밝을 수 있는 감성 대신, 조금 더 우울해지기 쉬운 감성을 가지고 있는 것뿐이었다. 우리는 우울 외에도 많은 감성을 공유했다. 그저 우울이라는 감성에 더 공감을 할 수 있었을 뿐이다.

우리는 무엇보다 우리의 꿈에 대해 많은 이야기를 나눴다. 미래에 우리가 이룰 수 있을지 없을지 모를 꿈에 대해 이야기할 때면 서로 신이 나서 얘기를 주고받았다. 말도 안 되는 상상도 해 보면서 그러면 정말 좋겠다는 이야기를 했다. 그러다가도 현실로 돌아와서는 중간고사 때처럼 휴학을 하고 싶다는 이야기를 반복하고, 우리가 이곳에서 우리의 꿈을 찾아갈 수 있는지에 대한 이야기를 했다. 그런 이야기를 할 때면 또 기운이 빠졌다. 우리는 스스로 용기가 없는 사람이라는 걸 인정했다. 우리는 지금 우리의 현실을 깨 버리고 나올 만한 용기가 없었다. 용기 없는 우리는 중간고사 기간에 내린 결론대로 일단 각자의 현실에서 최선을 다하는 데에만 집중하고 있었다.

유난히 예쁜 첫눈이 오던 날, 새벽까지 이어진 막바지의 조 모임을 끝내고 서둘러 5층 테라스로 갔다. 그녀는 예전에 얘기했던 대로 민트 향의 담배를 피우면서 눈이 오는 것을 보고 있었다. 눈을 좋아하는 그녀가 첫눈이 오는 날을 기념하는 방식이었다. 그녀는 민트 향의 담배를 싫어했다. 이렇게라도 해야 담배를 끊어볼 생각이라도 한다는 것이 그녀의 이유였다. 유난히 그녀가 반가웠지만 어느 정도 긴장도 되어서 애써 차분한 목소리로 그녀에게 인사를 했다. 하지만 애쓴 것이 무색하게 내가 들떠 있어 보였는지 그녀는 의아해하며 물었다.

"좋은 일 있어? 신 났네."

"언니, 한 가지 전할 소식이 있어요. 그런데 혼내지 않는다고 약속해요."

나는 조심스레 그녀에게 신문 기사 조각 하나를 건넸다.

"뭔데 그래?"

그녀는 오늘따라 내가 이상하다는 웃음을 지으면서 신문 기사를 읽었다. 나는 기사를 읽는 그녀의 표정을 살폈다. 기사의 한곳에 그녀의 시선이 멈췄다. 그녀가 어리둥절한 표정으로 나를 쳐다봤고 나는 그녀가 말을 하기 전에 먼저 말을 꺼냈다.

"실은 전에 언니한테 글 보여 달라고 했던 거, 거기에 보내려고 한 거였어요. 내 멋대로였지만 그 공모전, 언니가 좋아하는 신경숙 작가가 심사위원이라고 하기에 놓치면 안 될 기회구나 싶었어요. 언니, 미안하지만 축하해요."

나는 그녀를 보며 웃었다. 그녀는 여전히 얼빠진 표정으로 서 있었다. 상황은 이랬다. 중간고사가 끝나고 얼마 되지 않은 시점에 인터넷 사이트를 돌아다니다가 대학 소설 공모전이 있다는 것을 알게 되었다. 그런데 심사위원이 신경숙 작가였다. 나는 그녀에게 알리려고 했지만, 그녀의 성격상 분명 글을 내는 것을 망설일 게 분명했다. 그래서 나는 그녀에게 그녀가 썼던 글을 보여 달라고 청했다. 그녀는 계속해서 거절했지만 나도 끈질겼다. 그녀는 마지못해 글을 보여줬다. 그녀의 글은 진솔했다. 그리고 나의 미숙한 판단이었을지언정 그녀의 글은 상당한 수준이었다. 나는 그녀의 글을 다음 날 바로 공모전에 보냈고, 첫눈이 오던 그날이 바로 그 공모전의 발표 날이었다. 단 한 편을 뽑는, 게다가 꽤 명성 있는 문학 공모전에서 그녀의 소설이 당선된 것이었다.

그녀는 아무 말 없이 계속 신문 기사만 바라보고 있었다.

"언니, 이제 언니 글에 자신감 가져도 돼요. 언니 글, 작가님이 인정한 거잖아요. 그죠? 그리고 나도 이제 내 꿈 찾아서 갈 거예요. 이번에 언니 글 보내면서 많이 생각했어요. 가슴 뛰는 일을 해야 된다는 거. 언니, 나는 사람을 살리는 일을 하기로 했어요. 그 일을 하면서 사람에 대해 배워서 진짜 학교를 만들 거예요. 꼭. 그리고 언니는 글을 쓰는 거예요. 그렇게 우리의 우리 꿈 버리지 말아요. 언니."

그녀는 눈에 눈물이 그렁한 채로 나를 바라봤다.

"고마워."

그녀는 신문 기사를 양손으로 꼭 쥐고서 웃었다.

기말고사를 치르기 일주일 전, 또다시 많은 눈이 내린 날. 그녀는 학교를 떠나기로 했다고 말했다. 제대로 글을 배우러 갈 거라고 했다. 그것이 자신의 글을 사랑해 줬던 친구에게 조금 더 빨리 선물을 줄 수 있는 길일 것 같다고 얘기했다. 그날 우리는 캔 맥주를 축배로, 그녀의 선택을 축복했다.

나에게도 좋은 소식이 있었다. 친하게 지내던 친구와 좋은 관계로 발전하기 시작했다. 참 착한 친구였다. 그 녀석 역시 생각이 많았지만 그 녀석은 자신의 상처를 나에게 적용시키지는 않았다. 죽어버린 줄 알았던 마음에 따뜻한 기운이 불어넣어지는 것 같았다. 섣불리 판단한 감정일지도 모르지만, 마음을 닫아 버렸던 내게는 마음에서 일어나는 작은 움직임조차 소중한 것이 되어 주었다. 그녀도 겨울에 찾아온 나의 봄소식을 함께 기뻐해 줬다.

나는 맥주를 마시고, 그녀는 담배를 피우면서 수다를 떨었다. 그렇게 5층 테라스에도 겨울이 왔고, 기숙사를 비울 시점이 되었다. 그녀는 기숙사를 떠남과 함께 학교를 떠났다. 나 역시 하고 싶었던 공부와 미뤄 두었던 일들을 하기 위해 잠시 학교를 떠나기로 했다.

1년 후, 나는 예전의 기숙사로 돌아왔다. 여전히 나에게 목요일의 저녁은 한 주를 정리하는 시간이다. 별다른 의미 없이 반복적인 몇 가지 할 일들을 하고 도로 노트북을 닫는다. 그러고는 기숙사 5층에 테라스로 간다. 테라스 난간에 기대어 담배를 물고서 주머니를 뒤적여 편지를 꺼낸다. 1년 전, 그녀가 내게 줬던 편지다. 그리고 다시 반대편 주머니를 뒤적여 신문 기사 조각을 꺼낸다. 거기엔 그녀의 이름이 있다. 공모전에 당선되었던 그녀의 인터뷰가 실린 기사이다. 담배를 끄고 신문 기사를 다시 읽었다. 인터뷰에서 그녀는 자신의 글에 대해 여전히 겸손하지만 자신감을 많이 회복한 모습을 보였다. 미소가 지어진다. 난간에 기대어 아래를 내려다본다. 거기 나를 아껴 주는 한 사람이 있다. 나는 손을 흔들면서 그 녀석의 이름을 불렀고, 그 녀석이 나를 올려다봤을 때 테라스를 벗어나 그 녀석에게로 뛰어내려갔다.

그리고 나는 학교를 떠날 때까지 그 테라스에는 가지 않았다.

두 갈래의 길

_ 화학과 11 김경헌

　칠흑같이 어두운 밤이었다. 택시 트렁크에서 가방을 꺼낸 나는 트렁크를 질질 끌며 기숙사에 도착했다. 오랜만에 타향살이를 하게 되었는데 같이 가야 하지 않겠냐는 부모님의 손도 뿌리치고 홀로 내려왔다. 이런 상황에서 뒷바라지는 더욱 나를 구차하게 만들기 때문이다. 8개월 만에 온 학교다. 기숙사 곳곳에서 떠드는 목소리들이 들려왔지만 어쩐지 다른 세상에서 들려오는 소리 같았다. 나 혼자 덩그러니 버려진 듯한 느낌에 서러움이 밀려왔지만 꾹 참고 짐 정리를 시작했다.

　나는 지난 학기에 휴학을 했다. 뒤틀린 배알을 부여잡으며 작년 2월 이 학교에 왔을 때부터 휴학하고 재수를 준비하는 것은 이미 예견된 일이었다. 그토록 원했던 A대학에 떨어지고 유학도 불투명해진 나에게 희망이란 건 전혀 없었다. 다시 대입에 도전하겠다는 집념 하나로 새내기로서 설레며 보내야 할 한 학기를 억지로 버텼다. 기말고사마저 끝나고 종강했을 때의 그 해방감은 아직도 잊을 수가 없다.

이제부터 내가 원했던 수능 공부만 하면 된다, 그러면 내가 꿈에 그리던 대학에 골라서 갈 수 있다. 이런 환상에 잠길 대로 잠겨서 더 놀다 집에 가자는 친구들의 손길도 뿌리친 나는 뒤도 안 돌아보고 학교를 떠났다.

하지만 이 나라의 입시는 내가 생각했던 것만큼 녹록하지 않았다. 모의고사 성적은 생각보다 잘 나오지 않았고 수능에서는 그것보다도 더 초라한 성적표를 받았다. 나의 '수능 드림'이 끝난 것은 혹시나 하고 원서를 넣었던 대학에서도 모조리 낙방하고 난 12월 말의 일이었다. 결국 나는 내가 다시는 오지 않겠다고 다짐했던 이 대학에 돌아오고야 말았다.

마음 같아서는 또 학교를 쉬고 싶었지만 그러기에는 리스크가 너무 컸다. 그리고 예상보다 훨씬 치열했던 입시의 세계에 덴 탓도 있었고 얼른 대학을 졸업하자는 부모님의 설득 탓도 있었다. 어쨌든 복학계를 내고 새 학기를 맞이해야 했다.

학교에 돌아올 생각이 전혀 없었던 나는 이번 학기를 위한 준비를 아무것도 하지 않았다. 수강 신청이나 다른 생활 문제는 차차 해결해 나가면 될 일이었지만, 기숙사 문제는 그럴 수 없었다. 특히 룸메이트가 제일 문제였다. 한 학기 내내 코빼기도 보이지 않던, 그렇다고 전화 한 통조차 하지 않은 친구에게 손을 내미는 아이들은 한 명도 없었다. 결국 룸메이트를 임의로 배정받아야 했다. 몇몇 친구들에게 생면 부지의 재학생과 같이 방을 써야 한다고 푸념을 했지만 돌아온 대답은 괜찮은 동에 배정이 되었다는 것, 외국인과 같은 방을 쓰지 않는다는 것에 감사하라는 것이었다. 이참에 친구로 지내면 되겠다는 대답이 돌아올까 봐 학번이 같다는 말은 차마 할 수 없었다.

방에는 짐들이 어지럽게 한가득 있었다. 책상에는 온갖 책들과 옷

방 정리 할 시간도 없는 학교생활.

가지, 과자를 비롯한 지저분한 음식들로 가득 차 있었고 바닥에는 정리가 다 안 된 트렁크와 쓰레기가 널브러져 있었다. 책장에는 잡다한 음료수 캔들과 과자, 컵라면이 쌓여 있었고 한 편에는 이 방과는 전혀 어울리지 않는 소설책 몇 권이 꽂혀 있었다. 책상 한가운데에 자리 잡고 있는 노트북에선 난생 처음 들어 보는 밴드 음악이 흘러나오고 있었다. 그리고 그에 못지않게 시끄러운 알림 소리가 간간히 들렸다. 음악을 틀어 놓고 메신저와 게임을 하다가 잠깐 나간 것이 분명했다. 한마디로 총체적 난국이었다. 내 동생의 짐이었으면 보란 듯이 당장 다 쓸어 담아다가 쓰레기통에 쳐 넣고 왔을 것이다. 하지만 아직 얼굴 한 번 안 본 사람의 짐을 버린다는 것은 조금 부담스러워서 한참을 붉으락푸르락한 채로 서 있었다. 그러기를 10분, 잘 도착했냐는 엄마의 문자를 보고서야 정신이 들었다. 이렇게 언짢은 상태로 시간을 죽여 봤자 내 손해라는 생각이 들었다. 엄마한테 대충 답장을 보내고 나서 나는 비로소 정리를 시작했다.

일단 '내 영역'의 바닥에 널린 룸메이트의 짐들을 가운데 선(불행인지 다행인지 도배 장판의 이음매는 딱 방 가운데를 가로지르고 있었다) 너머로 다 쓸어 옮겼고 정신 사나운 노트북에는 이어폰을 꽂아 소리를 없앴다. 대충 물티슈로 바닥과 내 책상을 닦고 빠른 속도로 책과 옷가지들을 차곡차곡 정리했다. 방문 앞의 신발까지 가지런히 정리한 나는 손으로 머리를 넘기며 방을 둘러보았다. 정확히 왼쪽은 짐과 쓰레기로 넘쳐났고 오른쪽은 나름대로 깔끔하게 정리되어 있었다. 성형 광고의 비포 앤 애프터를 보는 것 같아 살짝 웃음이 나왔다. 방에 도착하고 처음으로 나온 웃음인 것 같았다. 속으로 이렇게 자축을 하고 노트북을 켰다. 학교 포털 사이트에 올라온 이런저런 공지들을 다시 읽어 보고 있는 사이에 방문이 열렸다.

도대체 처음 마주치는 사람에게 무슨 말을 해야 하는가? 처음 10초 동안 난 아무 말도 하지 못했다. 그의 인상은 나를 더욱 당황하게 했다. 회색 트레이닝 바지에 맨발에 슬리퍼를 신은, 목선이 구겨진 검은 라운드 티에 야구 점퍼를 대충 걸치고 모자를 눌러 쓴 모습. 학교에서 자주 볼 수 있는 패션이었지만 지저분한 방의 모습이 그 인상과 겹쳐지면서 난 알 수 없는 절망감에 빠져들었다. 그렇게 어색하게 눈동자를 굴리는 사이 그 친구는 슬리퍼를 벗고 점퍼를 대충 침대에 벗어던지고 있었다. 그러고는 나를 힐끗 쳐다보았다.

"아, 안녕……."

얼어붙어 있던 내 입술에서 겨우겨우 나온 첫마디였다.

"……."

그 친구는 아무 말이 없었다. 노트북 모니터를 보는 척하던 나는 다시 고개를 돌렸다. 그 친구는 나를 쳐다보고 있었다. 아니, 시간이 멈추기라도 한 듯, 우수에 찬 눈빛인지 멍한 눈빛인지 알 수 없는 표정을 지은 채 내 주변 어딘가를 바라보고 있었다. 나는 무슨 말을 해야 할지 몰라 입술만 달싹였다. 고개를 홱 돌려버리지도 못하고 쳐다보지도 못하는 사이 그 친구는 정신이 들었는지 내가 뭐라 말할 시간을 주지도 않고 고개를 돌려 버렸다.

처음 느꼈던 불길함은 적중했다. 언제부터인가 나는 알 수 없는 짜증이 밀려오고 있다는 사실을 알 수 있었다. 그리고 그 짜증이 그 친구 때문에 생긴다는 점도 머지않아 알게 되었다. 생활 패턴부터 행동 방식 모든 것이 맞지 않았다. 헤드셋 너머로 들려오는 시끄러운 음악 소리는 약과였다. 밤마다 무슨 게임을 하는지, 그의 손은 조금도 멈출 줄을 몰랐다. 격정적인 피아노 음악을 치는 것 같은 손놀림으로 키보드를 두드리고 마우스를 딸깍거리는 탓에 나는 조그만 귀마개를 하고 잘 수밖에 없었다. 밤엔 또 얼마나 먹는 게 많은지, 항상 컵라면 아니면 매점에서 사 온 햄버거가 노트북 옆에 놓여 있었다. 그리고 다음 날에는 어김없이 구겨진 포장지를 책상에 던져 놓고선 침대에 벌러덩 누워 코까지 골면서 자고 있었다. 아침 수업이 하나쯤은 있을 것 같아서 나갈 때 흔들어도 그 녀석은 잠결에 신경질만 낼 뿐이었다. 일과 시간에야 강의실을 전전하고 도서관이나 독서실에서 시간을 보내면 되었지만 방에서 쉬고 싶거나 자려고 할 때는 보통 성가신 일이 아니었다.

여태까지 그렇게 살아온 적이 없었기 때문에 난 당최 어떤 말을 해야 할지 알 수 없었다. 저번 학기 룸메이트와는 그야말로 학기 말까지 "공손한" 사이여서 방을 서로 어지럽히지도 시끄럽게 굴지도, 친구를 데려오지도 않았다. 그러니까 이렇게 무례한 룸메이트에게 나는 어떻게 이야기를 해야 할지 더더욱 몰랐다.

2주가 지나서야 나는 그 친구에게 말을 걸었다. 뭐라고 운을 떼야 할지, 어떻게 내 의사를 전달해야 할지, 꼬박 한나절을 고민하고 머릿속으로 시뮬레이션을 하고 나서야 나는 입을 떼었던 것이었다. 역시나 잘 무렵인데도 시끄러운 키보드 소리는 멈추질 않았다. 헤드셋으로 시끄러운 음악을 듣고 있어서 그런지 등을 찔러 고개를 돌리게 하는 데에도 꽤 많은 시간이 걸렸다. 그리고 드디어 쳐다보자 입을 간신히 열었다.

"사실 너에게 하고 싶은 말이 있었어. 우리 방 생활과 관련된 건데, 내가 잘 때만큼은 소리를 줄여 주면 안 될까? 자판 두드리는 소리, 가끔 내뱉는 혼잣말 때문에 가끔 잠을 설칠 때가 있거든. 그리고 음식을 먹고 나서도 좀 정리해 주고. 냄새가 신경 쓰일 때도 있거든."

의외로 그 친구는 내 말을 고분고분 들어주었다. 진지하게 받아들이는 건지 건성으로 듣고 마는지는 알 수 없었으나 반박하고 화내지 않아서 퍽 다행스러웠다. 내가 말을 마치자, 고개를 몇 번 끄덕이더니 마침내 입을 떼었다.

"알았어."

너무나도 간단한 대답이었다. 그러고는 바로 노트북을 덮더니 씻으러 가는 것이었다. 예상보다 간단하게 이야기가 마무리된 거 같아 당황스러우면서도 속이 후련했다.

다음 날부터 게임을 하는 횟수는 눈에 띄게 줄어들었다. 게임을 할 때도 여전히 시끄럽긴 했지만 그 전에 비해서는 소리를 덜 내려고 노력하는 듯했다. 문제는 그 대신에 책을 읽기 시작했다는 것이었다. 경박한 라이트 노벨부터 두껍고 어려워 보이는 철학책까지 밤마다 스탠드를 켜놓고 책을 읽었다. 스탠드 밝기는 어찌나 밝은지 형광등을 다 꺼놓아도 눈이 부셨다. 여기에 책장 넘어가는 소리, 헤드셋 너머로 들려오는 시끄러운 음악 소리 덕분에 여전히 잠을 잘 수 없기는 마찬가지였다. 왜 심오한 책을 읽는지, 음악을 들으며 책을 읽어야 하는지 나는 알 길이 없었다. 라면과 패스트푸드 대신에 먹기 시작한 과자도 스트레스를 주었다. 입안에서 과자가 와작와작 부서지는 소리, 그리고 책상과 바닥에 떨어지는 부스러기들 때문에 나는 여전히 속이 탈 수밖에 없었다.

그때부터 난 손을 터는 버릇이 생겼다. 원래 어질러진 꼴을 못 보는 나로서는 과자 부스러기가 있는 방바닥을 보기만 해도 손가락에 덕지덕지 과자 가루가 묻어 있다는 느낌에 가만히 있을 수가 없었다. 그럴 때마다 손을 털기 시작해서 이제는 하루에 수십 번씩 손을 털고 있었다. 그 친구 앞에서 보란 듯이 탁탁 소리를 내며 손을 털었던 적도 여러 번 있었다. 결국 이리 됐든 저리 됐든 나는 도를 닦는 심정으로 기숙사 생활을 해야 했다.

불편한 마음이 폭발한 시점은 중간고사를 2주 앞둔 무렵이었다. 1년의 공백이 생긴 덕분에 나는 어느 과목 하나 편안하게 듣지 못했다. 매주 치는 퀴즈에서도 성적이 잘 나올 리 만무했다. 따지고 보면 공부를 성실하게 안 한 내 탓이 제일 크지만 이상하게도 그 모든 것이 저 못난 룸메이트 때문이라는 뒤틀린 심사를 떨쳐 낼 수가 없었다. 나의 행동도 덩달아 신경질적으로 변해 갔다.

퀴즈 두 개를 연달아 친 화요일이었다. 지난주에 친 퀴즈 결과는 바닥이었고 오늘 퀴즈도 거의 제대로 풀지 못했다. 거기에 오늘 아침까지 내야 했던 보고서는 늦잠을 자는 바람에 제대로 써 내지도 못했다. 나는 씩씩거리며 방까지 걸어왔다. 방문을 열자 늘 보이던 어지러운 풍경에 분노가 치솟았다. 갑자기 다 뒤집어버리고 싶어졌다. 나는 방에 버려져 있는 온갖 쓰레기들을 다 갖다 버렸다. 그리고 복도 쓰레기통 앞에 있던 큰 박스 하나를 들고 와서 널브러진 옷들과 책을 모조리 주워 쓸어 담았다. 그 친구의 물건으로 가득한 박스는 방문 앞에 내던져졌다. 그다음 간이 빗자루를 꺼내 방의 모든 먼지와 머리카락을 쓸어 그 친구의 책상 밑에 모두 털어버렸다. 빗자루를 구석에 던지고 손을 털며 나는 청소를 마무리했다.

그 친구가 들어온 시간은 청소가 끝난 직후였다. 슬리퍼를 끄는 소리가 문 앞에서 잠시 멈췄다. 짐을 보고 무슨 생각을 하는 모양이었다. 이윽고 문이 열렸다. 그 친구는 방을 한 바퀴 둘러보더니 나를 쳐다보았다. 저 흐리멍텅한 표정. 삶에 아무런 의욕이 없는 듯한 인상. 나는 또 다시 화가 났다.

'갑자기 왜……?'

그 친구는 어렵사리 입을 뗐지만 나는 아랑곳하지 않고 가방에 책 몇 개를 쑤셔 넣었다. 그리고 그의 어깨를 부딪치며 방을 나왔다. 어깨를 부딪치기 직전 입 모양으로 욕을 하는 것도 잊지 않았다. 기숙사를 나온 다음에는 도서관으로 향했다. 거기서 책을 읽고 돌아다니고 샌드위치까지 사다 먹은 후 새벽이 되서야 방에 들어왔다. 그 친구는 늘 하던 대로 침대에 대충 누워 자고 있었다. 상자가 방 안으로 들어온 것만 빼면 내가 나갈 때랑 거의 비슷했다.

그때부터는 아예 교류가 없었다. 아주 가끔씩만 얘기하던 말, 예컨대 '불 끌까?' 같은 말조차도 하지 않았다. 그 친구가 아예 방에 들어오지 않는 날도 있었다. 어떤 날은 노트북까지 챙겨 들고 나간 것 같았지만 나는 전연 개의치 않았다.

늘 그렇듯이 시험을 앞둔 기간은 무엇을 했는지조차 모르게 빨리 지나가 버렸다. 여태까지 과제나 퀴즈 성적이 저조했기 때문에 나는 중간고사에 최선을 다해야 했다. 이 학교에서 공부를 하는 게 너무 싫었지만 장학금까지 받지 못하고 다닐 수는 없는 노릇이었다. 또한 학부 졸업 이후 이 학교를 벗어나려면 평점이 0.01이라도 잘 나와야 할 것 같아 싫은 원서도 억지로 넘겨가며 공부를 했다. 그래도 휴학할 생각이 들지 않는 걸 보면 학교에 대한 적대감이 꽤나 줄어든 것 같기도 했다.

내 코가 석자인 상황이었으니 룸메이트는 당연히 관심 밖이었다.

나는 하루 종일 이어폰을 꽂고 방에서 책을 보거나 도서관에서 공부하기 일쑤였고 그 친구가 방에서 뭘 하든 뭘 먹든 어딜 가든 나는 신경을 쓰지 않았다. 아니, 그냥 몰랐다고 해야 할 것 같다. 다만 한 가지 확실한 것은 평소 때와 마찬가지로 공부는 전혀 하지 않는다는 것이었다. 놀면서 좋은 성적이 나올 리가 만무했지만 나는 그냥 그러려니 했다.

그렇게 무려 네 과목이나 시험을 쳤다. 목요일, 다음 날 두 과목만 더 치면 되었다. 그날도 나는 도서관에서 자정 너머까지 공부를 하다가 자려고 방에 들어왔다. 다른 날과 다르게 그 친구는 책상에 고개를 엎드린 채로 자고 있었다. 노트북은 꺼져 있었고 스탠드 불빛 아래에는 소설 한 권이 펼쳐져 있었다. 그리고 책상과 책장은 웬일인지 모두 단정하게 정리되어 있었다. 어쨌든 공부는 전혀 하지 않는 듯했다. 나는 한심하게 그를 잠깐 쳐다보고는 잠자리에 들었다.

다음 날, 중간고사가 다 끝났다. 연달아 두 과목을 치느라 피폐해진 몸을 이끌며 방에 왔더니 어느덧 따스한 봄 햇살이 방에 드리웠고 커튼이 잔잔한 바람에 살랑이고 있었다. 지난 두 달간 내 방의 풍경과는 사뭇 달랐다. 나는 그제야 고개를 여기저기 돌려보았다. 아무도 없었다. 짐도 없었다. 나는 룸메이트의 책상을 봤다. 책상엔 종이 한 장만이 놓여 있었다. 종이에는 이렇게 적혀 있었다.

그동안 즐거웠어. 방해만 해서 미안하다.

결국 휴학을 한 모양이었다. 그 상태로는 도저히 성적이건 학업 생활이건 제대로 되지 않을 거라는 생각이 들었나 보다.

룸메이트는 떠나갔고 나에게는 큰 방 하나가 남게 되었다. 드디어 방을 혼자 쓰게 되었다. 학교로 내려온 지 두 달만에 얻게 된 내 방. 우리 방이 아닌 내 방. 심지어 시험도 막 끝났다. 그야말로 나는 자유의 몸이 된 셈이었다. 그럼에도 나는 별로 기쁘지 않았다. 오히려 또 다른 짐이 생긴 것 같아 부담스러웠다. 그리고 알 수 없는 먹먹함에 휩싸였다. 자는 것도 아니고 노는 것도 아닌 채로 하루가 갔다.

저녁에 그 친구의 어머니가 오셨다. 몇 가지 남아 있는 짐도 정리하고 서류도 낼 겸 오셨다고 한다. 도와드리겠다고 의례적으로 말씀을 드렸지만 아주머니는 그러지 말라고 하셨다. 내가 침대에 누워 만화책을 보는 사이 아주머니는 방을 분주하게 드나들며 정리를 마쳤다. 그러고는 그동안 같이 방을 쓰느라 고생했다며 식당에 데려갔다. 나는 그 자리가 꽤나 부담스러웠지만 우수에 찬 아주머니의 눈빛을 거절할 수 없었다.

저녁을 먹으며 아주머니로부터 그 친구의 이야기를 들을 수 있었다. 휴학을 결심한 것은 중간고사 전 주였다고 했다. 이미 중간고사가 끝나기 전에 휴학계를 제출했고 일주일 동안 이런저런 마음의 정리를 했다고 한다.

그 친구, 그러니까 진운이는 뛰어난 성적으로 일반 고등학교를 나와 큰 기대와 관심을 갖고 이 학교에 입학했다고 한다. 하지만 이곳에서의 공부와 생활은 진운이의 생각과는 달랐나 보다. 학교의 경쟁적이고 삭막한 분위기와 빡빡한 수업은 진운이가 꿈꿔왔던 현실과는 멀었다고 한다. 갑자기 어려워진 전공 공부를 소화하느라 계속해서 밤을 새고 고생을 했지만 허망해지는 마음이 더 괴로웠다고 한다. 특히 지난 학기, 그러니까 내가 휴학을 한 동안 학교엔 많은 일이 있었다. 학교 분위기와 정책, 그리고 학생들을 옭아매는 제도들에 다들 일어선 것이었다. 유례없이 재학생들이 모여 집회를 하고 대자보를 붙였으며 몇몇 학생들은 심지어 스스로 세상을 떠났다고 한다. 친한 친구가 학교생활의 스트레스로 우울증 치료를 받는 것을 보며 진운이도 많은 일을 했다고 한다. 아는 사람도 없는데 학생회 사이트에 글도 올리고 대자보도 붙이며, 수업을 듣는 교수들과 행정 담당 교수들한테 묻기도 따지기도 하면서 말이다.

결국 학교는 학생들의 반발에 조금 고개를 숙였지만 우울증에 걸린 친구는 결국 자퇴를 했고 진운이는 학교에 환멸감을 느꼈다고 한다. 게다가 힘들어서인지 피폐한 마음 때문인지 종강을 하자마자 쓰러져서 몇 주를 누워 있었다고 한다. 그렇게 몸과 마음을 추스를 새도 없이 새 학기가 시작되었고 완전히 지쳐버린 진운이는 모든 것을 놓아 버렸다고 한다.

나는 조용히 진운이 어머니 말을 듣고만 있었다. 진운이 어머니는 나라도 열심히 공부해서 멋진 모습으로 졸업하라고 말씀하셨다. 처음에는 진운이의 그런 행보가

벚꽃이 흩날리는 사랑관 기숙사 앞.

이해가 되지 않았지만 생각을 해 보니 과연 내가 이해를 하고 말지를 판단할 자격이 있나 싶었다. 나는 우리 학교에 대해 별로 아는 게 없었다. 입학한 첫 학기는 일말의 애교심도 없이 학교를 다녔고 그 다음 학기는 다시 대입에 도전한다고 쉬어버렸으니 말이다.

문제는 내가 학교에 돌아와서도 나는 크게 달라지지 않았다는 것이었다. 학교 일에 대해선 여전히 관심이 없었고 룸메이트에겐 차가웠다. 전공이 뭐고 이번 학기에 무슨 과목을 듣는지, 전화번호는 뭐

고 미니홈피나 SNS는 하고 있는지, 주말엔 어디 나가서 뭐 좀 먹자든지, 이런 말 정도는 할 수 있었는데 나는 그러지 못했다. 어제만 해도 나는 책상에 엎드려 자는 진운이를 깨우지 않고 그대로 둔 채로 잠에 들었었다. 어쩌면 나의 무관심한 행동도 삭막한 학교를 만드는 데 일조했던 것이 아닌가 싶었다.

어느새 자정 무렵이 되었다. 그래도 내 마음은 좀처럼 가벼워지지 않았다. 전공 과목 시험보다도 해결하기 어려운 문제에 머릿속이 짓눌렸다. 뭐가 문제인건지, 어떻게 해결해야 할지. 주말이 가고 기말고사가 다가오고 종강을 해도 이 상태는 나아지지 않을 것 같았다.

TIP 캠퍼스 라이프

공순이 생활백서

아름관 정원

2월 10일 PM 9시

아름관 기숙사는 미음자 모양이다. 미음의 각 변을 따라서 방들이 자리 잡고 있다. 그렇다면 그 가운데에는? 바로 아름관의 비밀 정원이 있다. 이곳이 만들어진 정확한 의도는 잘 모르지만 나는 밤마다 이곳에서 줄넘기를 한다. 벌써 8일째다. 학기 말까지 매일매일 3천 번 정도 줄넘기를 해서 나도 S라인 몸매를 만들어야겠다. 그렇지만 1층에서 사는 사람들에게 이곳의 소음이 그대로 들리니 나의 날렵한 쌩쌩이는 좀 자제를 해야 한다. 가끔 먼 곳에 있는 남자 친구의 얼굴을 그리워하며 밤새워 이곳에서 통화하는 사람들도 있다. 사랑도 좋지만 조금 조용히 떠들었으면 좋겠다.

비밀 정원에서 바라본 아름관의 밤.

3인실 휴게실

3월 10일 PM 6시

취사 금지! 그러나 몰래 먹는 밥은 정말 맛있어!

오늘은 3인실에 모여 살고 있는 동아리 언니들과 기숙사에서 밥을 해 먹기로 한 날이다. 사실 아름관은 취사는 금지되어 있다 (아, 이거 비밀인데). 그래도 어쩌겠는가. 가끔 조미료가 역하게 느껴질 때는 어쩔 수가 없다. 굶을 수는 없지 않나. 방에 전기밥솥을 둔 언니들이 육개장까지 해 뒀다. 밥을 먹은 후, 언니들이랑 얘기를 하면서 방을 둘러보는데 아무리 봐도 3인실은 정말 넓다. 물론 세 명이 쓰는 공간이라 그만큼 가구들이 차지하는 공간도 많지만 그래도 딱 보기에 진짜 넓다는 생각이 든다. 3인실은 예전에 휴게실로 쓰던 공간으로 여학생 수가 많아지면서 불가피하게 방으로 개조한 공간이다. 그래서 방문이 여전히 한 층에 하나씩 휴게실로 사용되고 있는 공간과 같은 철문으로 되어 있어서 가끔 휴계실인 줄 알고 방문을 벌컥벌컥 여는 사람이 있다. 그래서 보통 3인실 방문 앞에는 '여기는 사람이 사는 곳입니다. 휴게실이 아니에요. 제발 문 좀 열지 마세요.'라는 문구가 붙어 있다.

택배들

3월 11일 PM 3시

전공 수업이 언제쯤 끝날까? 자꾸만 핸드폰으로 시간을 확인한다. 그때 진동이 울린다. 누굴까 싶어서 문자를 확인하니까 방금 택배를 전달했다는 택배 아저씨의 문자다. 교수님께서 수업을 끝내자마자 득달같이 기숙사로 달린다. 기숙사 현관에는 갖가지 크기의 택배 상자들이 산처럼 쌓여있다. 홈플러스나 이마트에서 배달 온 생수나 햇반 같은 식량도 눈에 띈다. 이 많은 상자들 중에서 내 걸 찾는 건 그렇게 쉬운 일이 아니다. 가끔 택배가 바뀌기도 하니까 신중하게 나의 물건을 찾아야 한다. 기숙사 로비에는 택배 장부가 있는데, 무사히 자기 택배를 찾은 이들이 승리했음을 자축하며 날쌔게 자신의 사인을 새겨 넣는다. 쌓여 있는 택배 상자를 하나하나 들춰보며 내 호수가 적힌 상자를 찾는다. 아! 찾은 줄 알았는데 룸메이트의 것이다. 룸메이트 것은 옆구리에 끼고 다시 내 것을 찾는다. 오, 드디어 내 거다. 뭘 샀냐고? 그건 비밀이다.

택배가 한가득! 다들 뭘 주문한 걸까?

방음이 안 되는 기숙사

3월 11일 AM 2시

미치겠다. 잠이 안 온다. 내일 일찍 일어나서 9시 수업에 있을 발표를 준비해야 하는데 큰일 났다. 소리에 예민한 나의 귀가 다시 발동을 걸기 시작했다. 자리에 누웠는데 좀처럼 잠을 잘 수가 없다. 이 기숙사는 정말이지 방음이 너무 안 된다. 그리고 2층에는 개념 없는 여자들이 너무 많이 살고 있다. 이 새벽에 슬리퍼를 질질 끌고 다니는 소리가 복도에 울려 퍼지게 하고, 샤워하면서 노래를 부르질 않나, 복도에서 신이 나서 통화를 하질 않나. 정말 돌아 버릴 지경이다. 사실 방음이 안 되는 게 평소에는 별로 거슬릴 게 없다. 심지어 방음이 안 되는 것 때문에 재밌는 일이 벌어지기도 한다. 한 번은 진동 소리가 계속 울리기에 전화가 온 건 줄 알고 쌓여 있는 옷가지들 틈에서 핸드폰을 찾느라 난리를 피웠는데, 그게 위층 방바닥에서 울리는 진동 소리였다. 그때 어이가 없어서 룸메이트랑 둘이 엄청 웃었던 적이 있다. 또 우리가 방에서 라디오 〈컬투쇼〉를 듣고 있었는데 재미있는 부분에서 옆방과 우리가 동시에 웃음이 빵 터지는 바람에 미친 듯이 웃었던 기억도 있다. 하지만 지금처럼 잠도 안 오는데 나를 괴롭히는 소리가 들리는 기숙사에 누워 있는 건 정말 힘든 일이다. 아, 그냥 밤을 새야겠다.

애정녀의 출현

3월 12일 AM 8시

아름관 기숙사에는 세탁기가 공용 샤워실에 있다. 아주 많은 사람들이 사용하는데 가끔 어떤 사람들이 새벽에 세탁기를 돌린다. 윙윙거리는 소리에 잠을 설친 적이 한두 번이 아니다. 그런데 언제부턴가 새벽에 세탁기가 돌아가는 소리가 조금 줄어들기 시작했다. 무슨 일인가 보니까 아름관 애정녀가 나타난 거다. 신원 미상에 성별만 확실한 그녀는 세탁기 위에다 새벽 2시가 넘어가서 세탁기 소리가 나면 아무나 와서 세탁기를 정지시켜도 좋다고 붙여줬다. 새벽 2시도 충분히 늦은 시간이긴 하지만 이 정도면 완벽한 정책이다. 아름관 애정녀 파이팅!

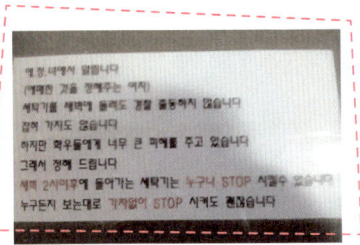

누군가 애정녀를 자처했다!

10시에 문자 와서 술 마시러 나가는 아름이

3월 12일 PM 10시

슬슬 또 배가 고파진다. 요즘 먹어도, 먹어도 배가 고프다. 공부를 너무 열심히 해서 그런가. 그건 아닌 것 같은데 왠지 계속 배가 고프다. 일단 뭘 좀 먹어야겠다. 요새 치킨은 좀 많이 먹었으니까 뭘 먹을까 하면서 'welfare(카이스트 학생복지위원회 홈페이지)'를 뒤지고 있는데 새터반 친구에게서 연락이 왔다. '술 먹자.' 타이밍 적절하다. 나가자. 역시 술집마다 사람들로 북적인다. 시험 기간 직전의 마지막 발악이다. 다른 학교 친구들한테 이 시간에 전화가 와서 술 마시러 나가고 있다고 하면 무슨 이 시간에 술 마시러 나가냐고 하지만, 우리는 늘 이 시간이 시작이다. 7시쯤 술집에 가면 한산하다. 무슨 술을 그리 일찍부터 마시나. 내일 첫 수업이 10시니까 3시까지는 들어와야지. 아, 배고파.

맛바 자판기, 우유 자판기

3월 13일 AM 9시

생각보다 일찍 깼다. 10시 수업이라 아침을 제대로 챙겨 먹을 시간이 없으니 우유나 먹어야겠다. 1층 음료수 자판기 옆에 있는 우유 자판기가 없었으면 아마 나는 매일 아침 그냥 굶고 말았을 거다. 북측 남자 기숙사에 사는 애들은 기숙사에 우유 자판기가 있다고 하면 기겁을 하면서 자기네는 왜 없냐고 한다. 불쌍한 녀석들. 다른 기숙사도 다 있던데 역시 북측 남자 기숙사는 엘리베이터도 없고 여러모로 불편한 게 많다. 위치는 좋지만. 우유 자판기에서 내가 먹는 건 고작 팩에 든 흰 우유와 초코 우유뿐이지만 고를 수 있는 종류는 다양하다. 아이들이 아침으로 가장 선호하는 건 요거트랑 시리얼이 같이 있는 '비○○'라는 간식. 나는 요거트가 시어서 잘 못 먹겠는데 애들은 그게 맛있다고 잘 먹더라. 아, 이런. 그새 우유가 다 나갔다. 딸기 우유는 몇 개 남았지만 나는 딸기 우유는 안 먹으니까 패스. 여기까지 내려와서 아무것도 안 먹을 수는 없으니 맛바라도 뽑아 먹어야겠다. 정말 인스턴트의 냄새가 풀풀 나는 포장되어 있는 맛바지만 그래도 배고플 때 먹으면 꿀맛이다. 방에서 어제 사 둔 주스랑 같이 먹고 얼른 씻고 나가야겠다.

살짝 배가 고픈데? 우유 한 개 뽑아 먹을까?

야식(아름관 근처 전멸)

3월 15일 AM 1시

학번에 상관없이 밤 10시 이후의 아름관 옆 철망은 늘 만원이다. 이제 오나 저제 오나 철망 너머로 고개를 쭉 빼서 확인하는 모습이 마치 인기 가수의 팬 사인회를 기다리는 모습 같다. 그래서 달달달 소리를 내며 달려온 오토바이가 자기가 시킨 야식 집이 아니면 엄청 실망하기도 한다. 자기가 시킨 야식 집의 오토바이가 도착하면 괴성을 지르며 돈을 손에 쥐고 모여든다. 야식과 돈을 교환하는 현장은 흡사 장물아비들의 거래 현장 같이 비밀스럽다. 먼저 야식 집에 전화를 해서 주문을 한 후, 다시 야식 집으로부터 몇 분 후에 접선하자는 전화가 온다. 그 시간에 맞춰 아름관 옆 철망에서 대기하고 있으면 어디선가 오토바이 소리가 들린다. 철망 위로 음식을 넘겨받은 후 소중한 쌈짓돈을 꺼내 철망 위로 다시 건넨다. 지폐의 개수를 확인한 배달부는 아주 쿨하게 뒤도 돌아보지 않고 돌아간다. 배달은 오토바이가 매개가 될 때가 많지만 자전거나 승합차가 올 때도 있다. 학교 내의 식량이 부족한 상황에서 야식 배달은 정말 중요한 생명 보존 요소이다. 오, 내 사랑 파닭이 곧 도착한다고 한다. 얼른 받아와야겠다.

<mark>여자 공용 샤워실</mark>

4월 9일 AM 7시 30분

 기숙사 생활을 단 한 번도 안 해 본 사람들에게 공용 샤워실은 약간의 민망함과 조금의 혐오감까지 동반할 수 있는 그런 곳이다. 하지만 걱정할 필요는 없다. 모든 샤워실은 각 칸마다 불투명한 칸막이가 설치되어 있으므로 아무도 그대들의 몸매를 직접적으로 훔쳐볼 수는 없다. 하지만 불투명하다고 해도 아예 투시가 안 되는 건 아니다(약간의 실루엣이 옆 칸에 보일 수는 있다). 가끔 샤워를 하다 보면 옆 사람의 몸매가 너무 비현실적이어서 거울에 비친 나의 현실적인 몸매를 보고 다이어트를 결심하게 되는 경우도 있다. 좌우는 불투명한 칸막이로 막아주고 뒤쪽은 불투명한 커튼이 자리 잡고 있다. 가끔 부주의하게 커튼을 확 젖히는 친구가 있을 수 있으니 누군가 샤워실에 들어온 것 같으면 인기척을 내는 것이 중요하다. 그 모든 게 싫고 혼자 샤워를 하고 싶다면 밤보다는 이른 아침에 하는 게 좋다. 아무도 그 시간에는 샤워실을 쓰지 않는다. 그럼 난 이제 여유롭게 샤워를 즐기도록 하겠다.

<mark>중앙냉방의 아픔</mark>

5월 16일 PM 1시

 아직 한여름도 아닌데 너무 덥다. 창문을 열어 놔도 바람은 안 들어오고 벌레만 엄청 들어올 뿐이다. 이럴 땐 에어컨을 켜고 싶어도 켤 수 없는 중앙냉방 시스템이 슬프다. 두서없이 냉난방을 틀었다 껐다 해서 냉탕과 온탕을 늘 오고간다. 웃긴 게 어떤 기숙사는 냉난방이 자유고, 어떤 기숙사들은 중앙냉방이다. 일관성 없는 정책에 나는 쪄죽을 것 같다. 전기세 아끼기 전에 내가 먼저 죽어 버릴 것만 같다. 누군가 내 방을 밥통에 넣어 놓고 취사를 누른 것 같다. 누가 나 좀 살려 줘, 제발! 옷을 벗고 숨을 쉬도록 해야겠다.

통금이 없는 카이스트의 조 모임

5월 20일 AM 3시 30분

지금 뭘 하냐고? 조 모임을 하는 중이다. 카이스트 안에는 조 모임을 할 수 있는 공간이 여러 곳 있다. 물론 남자 기숙사에 여자가 들어가거나 그 반대의 것도 불가능하니 기숙사 안에서는 모일 수 없다. 서로 스케줄이 바쁘다 보니 늦은 시간까지 조 모임을 하게 되는 경우가 많다. 그래도 걱정은 없다. 카이스트의 기숙사에는 통금이 없기 때문이다. 아, 새

밤에 먹는 야식은 꿀맛!

벽 3시가 제일 힘든 시간이다. 슬슬 머리가 안 굴러가는 시간이 되었기 때문이다. 조장 오빠가 멋있게 핸드폰을 꺼내더니 야식을 시켜 먹자면서 팀원들에게 파이팅을 선사한다. 오빠가 이렇게 멋있어 보일 줄이야. 몇 번 학생회에서 기숙사의 통금 시간을 고려해 본 적이 있으나 학교의 특성상 결국 한 번도 실현되지 못했다. 일단 통금 시간이 생기려면 모든 학생들이 당신의 수업만 듣는 줄 아시는 교수님들의 상식의 전환이 필요하다. 기숙사의 안락한 침대가 그리워지는 새벽이다.

동아리 활동

12월 1일 AM 3시 나래관

오늘도 동아리 연습을 마치고 새벽 3시가 되어서야 들어간다. 이제는 이 시간에 들어가는 게 그냥 일상이 됐다. 우리 학교 기숙사는 통금 시간이 없다 보니 동아리 활동을 매일 이렇게 새벽까지 한다. 끝나고 그냥 조금 걸어가서 방에 들어가서 자면 그만이니까(이번 학기에는 신신축 기숙사인 나래관에서 지내게 되어 편하다). 다른 학교 애들은 보통 다들 집에 가야 하니까 아예 같이 밤을 새면서 합숙을 하거나 아침 일찍 모여서 끝낸다는데, 우리는 연습반도 있으니까 다 함께 모일 시간을 맞추면 9시나 10시는 되어야 연습을 할 수 있다. 물론 다음 날 있는 나의 9시 수업은 전혀 배려 받지 못하고 있지만 말이다. 그래도 공연 준비 막바지가 되면 기숙사 생활을 한다는 게 얼마나 축복받은 일인지 느끼게 된다. 아, 이건 이제 선배가 돼서 하게 되는 생각일지도 모른다.

신신축 게시판

12월 2일 AM 2시 30분

몸이 거의 녹아내린 상태로 기숙사에 들어가는 길. 조금만 있으면 바닥에 툭 떨어져 버릴 것 같은 고개를 겨우 들어서 사감실 앞에 붙어 있는 게시판을 쓱 훑어봤다. 아, 달렸다, 댓글! 낮에 기숙사에서 나가기 전에 엘리베이터에 비춘 뭔가 뚱뚱해 보이는 내 모습을 보고 성질이 나서 게시판에 글을 적고 갔다. '아름관처럼 전신 거울 좀 놔 주세요.

신신축 게시판은 우리만의 이야기 공간.

엘리베이터에 비추는 건 제가 아니었으면 좋겠어요. ㅠㅠ'라고. 그 아래에 폭풍 댓글이 달려 있었다. '좋아요.', '맞아요, 엘리베이터 너무해!', '세면대 거울은 아래가 안 보여요.' 등. 그리고 맨 아래 사감 선생님의 댓글. '전신 거울 신청했어요.' 아싸! 내가 건의한 게 실현된 건 이번이 처음이었다. 원래 매번 게시판에 적혀 있는 글들을 슬슬 보기만하거나 소심하게 댓글 정도 달았는데, 내가 건의해서 가져온 전신 거울이 기숙사에 놓인다니. 거울을 볼 때마다 왠지 뿌듯할 것 같았다. 매일 나갈 때마다 열심히 보고 가야지. 내가 적은 것과 댓글들 옆에는 신신축 주변에 사는 고양이가 이번에 새끼를 낳았는데 밥을 어떻게 주면 될까 하는 질문과 몇 년째 학교의 길고양이들을 키워 온 고양이 전문가들의 답변, 다음 학기 룸메이트를 구한다며 자신의 신상정보를 공개해 놓은 글들과 그냥 뜬금없이 'OO언니 메롱'이라고 손도 안 닿는 높은데다가 적어 놓은 글처럼 별의별 글들이 다 적혀 있었다. 나래관 게시판은 어느 순간부터 이렇게 나래관에 사는 기숙사 메이트들의 이야기 터가 되어 버렸다. 괜히 기분이 좋아져서 나도 댓글을 달았다. '완전 좋은 하루 되세요.♡'

TIP 캠퍼스 라이프

한눈에 보는 카이스트

CC동산

| 인문사회과학부 건물 동쪽에 위치한 공원. 원래 CC동산이란 이름은 캠퍼스 커플들이 많이 모인다고 해서 지어진 것인데, 생각보다 사람이 많지는 않다. 가끔씩 가 보면 사람은 없고 대지의 황량함만 느껴질 뿐이다. 캠퍼스 커플이 없어서라기보다는 기숙사와 멀리 떨어진 위치에 있고, 대부분 바쁜 나날을 보내다 보니 먼 CC동산까지 와서 연애를 하기보다는 기숙사 앞에서 보거나 교양분관에서 함께 공부를 하는 경우가 더 많다. 하지만 이런 CC동산도 사람들로 가득 차는 시기가 있는데, 그건 바로 4월 딸기 파티가 열릴 때이다. 1995년 어려웠던 충남 논산의 딸기 농가를 돕자는 취지에서 시작된 딸기 파티는 해마다 중간고사가 끝난 4월 초에 열린다. 이때 학생복지위원회에서는 딸기를 저렴한 가격에 판매한다. 넓게 펼쳐진 잔디밭은 딸기 파티를 하기에 안성맞춤인 장소여서 많은 이들이 CC동산에 모여 딸기를 먹는다.

딸기 한 팩 사서 CC동산에 가 볼까?

신신축 기숙사 지하

| 가장 최근에 지어져 최신식의 시설을 자랑하는 신신축 기숙사. 신신축 기숙사는 미르관(남자)과 나래관(여자)이 함께 붙어 있어 남녀 학생이 만나기에 최적의 장소를 이루고 있다. 신신축 기숙사 건물에는 지하 1층이 있는데, 그곳에는 소파들이 정갈히 자리 잡고 있어 연인들이 자주 데이트를 하곤 한다. 어째서 데이트를 하는데 소파가 필요한지는 모르겠지만 아무튼 그렇다. 지하 1층에는 매점이 있기 때문에 가끔 늦은 밤 매점에 가 보면 소파 위에서 애정 행각을 하고 있는 연인들을 볼 수 있

어머나! 다정한 학생들의 모습.

다. 대개는 하하 호호 웃으며 얘기를 하거나 서로 포옹하는 모습이지만 그 이상의 것들도 자주 목격된다. 솔로인 학생들의 입장에선 배알이 꼴리는 장면이 아닐 수 없다.

아름관 앞

| 아름관은 여자 기숙사다. 아름관 앞을 지나다 보면(특히 밤에) 연인들이 아름관 앞에서 조잘조잘 웃음꽃을 피우고 있는 걸 볼 수 있다. 신신축처럼 소파가 있다거나 한 것은 아니지만, 그냥 서서 이야기를 하거나 아름관 입구에 있는 계단에 쪼그리고 앉아 있는 모습을 볼 수 있다. 대부분 데이트를 하고 여자 친구를

연인들이 헤어지지 못하는 아름관 기숙사 앞.

기숙사까지 데려다 줄 때, 차마 헤어지기 아쉬운 연인들이 아름관 앞을 서성이며 좀 더 시간을 보내는 것으로 추정된다. 지하도 아니고 구석진 곳도 아닌 탁 트인 장소이지만 밤의 어둠을 교묘히 이용해 수위 높은 애정 행각을 벌이는 커플들도 종종 보인다.

교양분관

환경이 좋으니 공부는 저절로!

| 교양분관은 많은 학생들이 조 모임을 하거나 개인 공부를 하는 곳이다. 캠퍼스 커플의 경우 시험 기간이 시작되면 교양분관에서 함께 공부를 하며 연애를 한다. 물론 조용한 분위기 때문에 웃고 떠들고 할 수는 없지만 옆자리에 앉아 같이 책장을 넘기는 것만으로도 사랑이 피어나는 것 같다.

엔드리스 로드

| 엔드리스 로드(Endless Road)란 말 그대로 끝이 없는 길이다. 물론 정말로 끝이 없다는 것은 아니다. 다만 아무 장애물 없이 일직선으로 곧게 뻗은 길이라니 길게 느껴질 뿐이다. 실제 길이는 약 1.5km. 카이스트 북측으로부터 대학가인 어은동으로 통하는 쪽문까지 긴 도로가 펼쳐져 있다. 엔드리스 로드라는 이름의 유래

끝나지 않을 것 같은 길, 엔드리스 로드.

는 여러 가지 설이 돌고 있다. 대표적인 것들은 '학문의 길은 끝이 없다'라는 뜻에서 끝이 없는 길이란 설도 있고, 그냥 정말 걸어도 걸어도 끝이 안 나서 엔드리스 로드라는 설도 있다. 또 하나는 앤들리라는 사람이 카이스트를 위해 기부한 돈으로 길을 만들었다는 것이다. 그리고 그의 이름을 따 앤들리스 로드라고 길의 명칭을 정했다. 즉 Endless Road가 아니라 Andley's Road인 것이다. 하지만 설은 설일뿐 정확히 증명된 것은 없다. 이상하리만큼 엔드리스 로드의 유래에 대한 명확한 진실은 어느 곳에도 존재하지 않는다. 재미있는 사실은 카이스트에서 어은동으로 걸어 나갈 때는 엔드리스 로드가 상당히 길게 느껴지는 반면, 어은동에서 술을 잔뜩 마신 후 카이스트로 돌아올 때는 엄청나게 짧게 느껴진다. 비틀비틀 걸어오다 보니 어느새 기숙사에 도착해서 그런 것일까. 새벽만 되면 취객들이 많아지는 거리라, 엔드리스 로드를 끼고 위치한 기숙사에선 밤마다 술 취한 학우들의 괴성을 들을 수 있다.

북측 벚꽃 길

| 아름관에서 인문사회과학동까지 이어지는 북측의 메인 도로에는 양 옆으로 벚나무가 심어져 있다. 쭉 늘어선 벚나무는 매년 봄만 되면 장관을 이룬다. 그래서 벚꽃이 피는 주말에는 꽃구경을 나온 외부인들로 문전성시를 이룬다. 벚꽃이 필 때면 커플들이 홍수 터지듯 생겨난다. 그리고 그렇게 생긴 커플들은 벚꽃이 지면서 함께 진다는 전설이 있다. 봄 학기 개강이 다른 대학보다 한 달씩 빠르다 보니 중간고사가 끝나는 시점에는 벚꽃이 만개한다. 그때 딸기 파티도 열리기 때문에 이 시기의 카이스트는 축제가 두 번 열린다고도 볼 수 있을 만큼 들뜬 분위기가 형성된다.

사랑에 빠질 수밖에 없게 만드는 벚꽃 길.

임은지

　카이스트 기숙사는 이 책에 글을 쓴 모든 친구들에게도, 그리고 저에게도 학교의 어느 공간보다도 소중한 기억들이 스며 있는 곳입니다. 카이스트에서 지낸 4년이란 시간 동안, 지친 몸을 이끌고 혹은 기쁜 마음을 안고서, '돌아갈 수 있는' 그 어떤 공간이 되어 준 곳이 바로 기숙사입니다. 기숙사에 관한 글을 쓰는 동안은 내가 살아온 이 공간이 내게 어떤 의미가 있는지에 대해 생각해 볼 수 있는 시간이었습니다. 그리고 학생 편집자로서 책을 만들던 기간은 카이스트 곳곳에 숨어 있는 나와 우리의 삶의 모습을 추억으로 예쁘게 담아낼 수 있는 시간이 되어 주었습니다. 이 책에는 같은 공간에 살면서도 참 다양한 이야기를 품은 사람들의 값진 기억들이 담겨 있습니다. 그런 하나하나의 소중한 이야기를 가지고 함께 작업하는 과정은 아마 제 인생에 다시는 없을지도 모르는 귀중한 경험이었을 것이라고 생각합니다. 함께 이 책을 만들었던 친구들에게, 제 글의 모토가 되어 주었고 아마 영원히 나의 룸메이트로 남을 원댕에게, 그리고 타지에서 자유로운 기숙사 생활을 하는 딸임에도 늘 믿어 주시는 부모님께 감사를 드립니다.

오서희

2012년, 이 글을 쓴 학기 초에 룸메이트가 외국인인 것을 알게 되었을 때 걱정도 했었지만 한편으로는 새로운 경험이기에 기회라고도 생각했습니다. 지금 상황이 바뀌어 저 또한 외국인 학생이 되어 보니, 그때 경험해 보기를 잘했다는 생각이 듭니다. 또 '룸메이트에게 좀 더 신경 써 줄걸.' 하는 후회도 들었습니다. 그래서 한국으로 돌아가면 버디프로그램(외국인 학생과 1:1로 짝지어 도움을 주는 프로그램)이라는 새로운 경험을 해 보려고 합니다.

저는 외국인 룸메이트와 한 학기를 살았던 경험 덕에 좋은 글을 쓸 수 있었고, 학생 편집자라는 값진 기회도 얻을 수 있었습니다. 기회를 주시고 함께 해 주신 모든 분들께 감사드립니다.

살면서 오는 여러 가지 기회들이 있습니다. 운으로 잡을 수 있는 기회도 있지만 많은 기회들은 준비가 필요합니다. 저는 준비할 수 있다는 것을 기쁨으로 여기고 감사하게 생각합니다. 힘이 들더라도 즐겁게 준비하고 조금 망설여지더라도 기회들을 잡는다면 그것들은 꿈으로 다가가는 또 다른 기회가 되어 돌아올 것입니다. 여러분의 앞길에도 많은 기회가 함께하기를 바랍니다.

원소연

처음 이 책이 나온다는 이야기를 들은 건 제가 학교를 쉬면서 잠깐 회사에서 인턴을 하던 올해 봄이었습니다. 그리고 다가온 여름은 몇 차례 출판사 분들과 만나 본격적으로 책을 준비하면서, 동시에 혼자 유럽에 배낭여행을 다녀와 유달리 짧게 느껴졌습니다. 다시 학기가 시작하고 길었던 날이 짧아지고 다시 긴 밤을 새고 시험을 한 번 보고 계절의 색깔이 바뀌니까 진짜로 책이 나온다고 하네요. 너무 먼 미래의 일처럼, 일어나지 않을 일처럼 멀게만 느껴졌는데 시간은 아주 열심히 지나 드디어 책이 나온다고 합니다. 학생 편집자라는 타이틀을 걸고 했던 일은 사실 많지 않지만, 친구들이 썼던 글을 다시 읽고 다시 읽으면서 제가 4년 동안 다니고 있는 학교에 대해 다시 생각해 보았습니다. 처음엔 제게 좌절만 안겨 줬던 바로 그 학교에 저는 이미 많이 익숙해져 있다는 것을 깨달았습니다. 이러니저러니 해도 그 안에서 4년을 지냈습니다. 학교만 다니는 것이 아니라 그 안에서 4년을 살았던 것입니다. 저는 졸업이 얼마 남지 않았습니다. 내년 이 계절이 오면 학교에 없을 것입니다. 책에는 제가 이 학교에서 치열하게 살고 있었다는 흔적이 담겨 있습니다. 저뿐만 아니라 우리 학교를 다니는 모든 친구들이 그렇듯이.

강승체

글을 써 보자는 막연한 생각은 어릴 적부터 가지고 있었습니다. 다만 편집자라는 역할은 한 번도 생각해 본 적이 없었습니다. 어쩌다 보니 이런 기회를 얻어, 새로운 경험을 하게 된 것에 대해선 순전히 운이라고 밖에 말할 수 없습니다.

당연하다면 당연한 일이겠지만, 카이스트라는 한 대학의 내부는 이런 저런 다양한 이야기들로 구성되어 있습니다. 그런 이야기들을 모아 편집을 진행하고 책으로 엮어냈습니다. 편집을 진행하면서 학우들의 글을 읽을 수 있어 즐거웠습니다. 개인적으로는 이렇게 대학생들의 작품들로 책을 구성하는 것이 꽤 멋진 일이라고 생각합니다. 프로 작가들의 글은 아니어도 대학생들의 글에서만 느낄 수 있는 어떤 매력이 있을 테니까요. 끝으로, 멋진 경험을 하게 해 주신 카이스트와 살림출판사의 모든 분들에게 감사의 뜻을 전하고 싶습니다.

카이스트 공부벌레들

펴낸날	초판 1쇄 2012년 12월 7일
지은이	임은지, 오서희, 원소연, 강승체 외 카이스트 학생들
펴낸이	심만수
펴낸곳	(주)살림출판사
출판등록	1989년 11월 1일 제9-210호

경기도 파주시 문발동 522-1
전화 031)955-1350　팩스 031)955-1355
기획·편집 031)955-1366
http://www.sallimbooks.com
book@sallimbooks.com

ISBN 978-89-522-2221-3　13040

※ 값은 뒤표지에 있습니다.
※ 잘못 만들어진 책은 구입하신 서점에서 바꾸어 드립니다.
※ 이 책은 이엘케이(주)의 지원으로 출간되었습니다.

책임편집 **허현정**